复兴之路

展品 **100** 个故事

吕章申　主编

北京时代华文书局

图书在版编目（CIP）数据

复兴之路展品 100 个故事 / 吕章申主编　--北京：北京时代华文书局 , 2017.5
ISBN 978-7-5699-1482-5

Ⅰ . ①复… Ⅱ . ①吕… Ⅲ . ①文物—中国—通俗读物 Ⅳ . ① K87-49

中国版本图书馆 CIP 数据核字 (2017) 第 056505 号

复兴之路展品 100 个故事

Fuxingzhilu Zhanpin 100 Ge Gushi

著　　者 | 吕章申

出 版 人 | 王训海
策　　划 | 王训海　余　玲
责任编辑 | 余　玲　徐敏峰
责任印制 | 刘　银

出版发行 | 北京时代华文书局 http://www.bjsdsj.com.cn
　　　　　北京市东城区安定门外大街 136 号皇城国际大厦 A 座 8 楼
　　　　　邮编：100011　电话：010 - 64267955　64267677
印　　刷 | 北京富诚彩色印刷有限公司　010-60904806
　　　　　（如发现印装质量问题，请与印刷厂联系调换）
开　　本 | 787mm×1092mm　1/16　　印　张 | 14　　字　数 | 275 千字
版　　次 | 2017 年 5 月第 1 版　　　　印　次 | 2018 年 6 月第 3 次印刷
书　　号 | ISBN 978-7-5699-1482-5
定　　价 | 58.00 元

复兴之路展品 100 个故事

主　　任　　　吕章申

副 主 任　　　黄振春

编　　委　　　吕章申　黄振春　陈履生　冯靖英　李六三
　　　　　　　陈成军　古建东　白云涛

主　　编　　　吕章申

执 行 主 编　　白云涛

统　　筹　　　陈 莉 刘 罡

撰　　稿　　　（按姓氏笔画排列）
　　　　　　　丁纯怡　万　婷　王　南　王海蛟　尹　静　仲叙莹
　　　　　　　刘艳波　江　琳　安　莉　纪远新　李守义　李　良
　　　　　　　李翠萍　杨志伟　何志文　汪洪斌　张玉兰　张维青
　　　　　　　陈　禹　陈　莉　陈红燕　季如迅　周靖程　项朝晖
　　　　　　　赵　锋　侯春燕　郭幼安　黄　黎　曹亚玲　龚　青
　　　　　　　董　帅
编　　务　　　项朝晖　安　莉
装 帧 设 计　　潘　艺
文 物 保 障　　张玉兰　万　婷　陈红燕　董　帅　吴　虹

封 面 题 字　　吕章申

序 言

中国国家博物馆馆长　吕章申

　　中国国家博物馆基本陈列"复兴之路"，以宏大、深刻的主题，系统、生动的展示，围绕重要人物、重大事件、重大活动、重大成就，通过1280多件（套）珍贵文物和875张历史照片、36件经典美术作品，以及其他各种展陈手段，回顾了1840年鸦片战争以来100多年间，陷入半殖民地半封建社会深渊的中国各阶层人民，在屈辱和苦难中奋起抗争，为实现中华民族伟大复兴进行的种种探索，特别是中国共产党领导各族人民争取民族独立人民解放、国家富强人民幸福的光辉历程，深刻揭示了历史和人民为什么和怎样选择了马克思主义，选择了中国共产党，选择了社会主义道路，选择了改革开放。深刻揭示了历史和人民为什么必须始终坚持高举中国特色社会主义伟大旗帜不动摇，坚持中国特色社会主义道路不动摇，坚持中国特色社会主义理论体系不动摇。昭示出没有共产党就没有新中国，就没有中国特色社会主义，只有社会主义才能救中国，只有改革开放才能发展中国、发展社会主义、发展马克思主义。这是一个全面展示170多年中华民族仁人志士，为中华复兴而努力探索、积极奋斗为政治主题的陈列展览。

　　2012年11月29日，党的十八大闭幕刚刚半个月，中共中央总书记习近平同志率领新一届中央政治局常委和中央书记处的同志来到国家博物馆参观"复兴之路"基本陈列。习总书记发表重要讲话，第一次提出"中国梦"的命题。习总书记在讲话中说："复兴之路这个展览，回顾了中华民族的昨天，展示了中华民族的今天，宣示了中华民族的明天。展览图文并茂，文物很多，观后给人以深刻教育和启示……"中央电视台等重要媒体将此消息做出广泛报道后，来国博参观"复兴之路"的观众如潮。

"复兴之路"基本陈列从 2009 年开展到现在，已经接待观众 2200 多万人，接待团体参观 4 万多批，有的观众和团体多次前来参观。参观过程中，许多观众在文物前长久驻足，认真观看，并向讲解人员询问文物的详情。很多观众在留言中建议我们将"复兴之路"在展文物详细介绍，编辑成书，以使观众进一步了解文物背后的故事，接受更深刻的革命历史传统教育。

我们从 1280 多件（套）"复兴之路"在展文物中精选出 100 件，较详细地讲述了文物背后的历史故事。我们期望，通过这本书的出版，能够为广大读者进一步了解中华民族近代以来反对外来侵略、争取人民解放的抗争史，了解中国共产党领导各族人民为中华民族伟大复兴而奋斗的创业史和改革开放史，有所帮助。

实现中华民族伟大复兴的中国梦，是中华儿女共同的梦想，需要全体中华儿女的共同努力。让我们继承革命先烈、仁人志士的革命精神，为实现中华民族伟大复兴的中国梦而努力奋斗！

2016 年 4 月

目录

二　探求救亡图存的道路

三　中国共产党肩负起民族独立人民解放历史重任

四 建设社会主义新中国

五 走中国特色社会主义道路

一

中国沦为半殖民地半封建社会

01

卖官敛财的铁证
清政府户部发给段忠位的捐官执照

江琳

人们常用"三年清知府，十万雪花银"来形容官场的腐败，李宝嘉的小说《官场现形记》更是将清末官场的丑陋揭露得淋漓尽致。其实，在清朝200多年的历史中，卖官搂钱不仅反映了官场腐败，也是清政府敛钱的一贯政策。

清代所订捐官章程，分暂时事例和现行常例两种。康雍时期，只捐虚衔，不能做实官。顺治时期，要买个官，捐银约七八千两，但还得考试，文理通顺的可以给个知县，不通顺的只能给个守备。到清代后期，将捐官列为朝廷的财政收入，虚衔之外还可以捐实官。捐什么官，要多少银子，都明订章程，明码标价。京官郎中以下，外官道台以下，都可按规定银两数捐得。具体的捐官操作由户部捐纳局主管，捐得的银两统一交户部国库，后来也有一部分分到省里边用，但主要归户部国库。

"复兴之路"基本陈列中展出的这份捐官执照，纵59厘

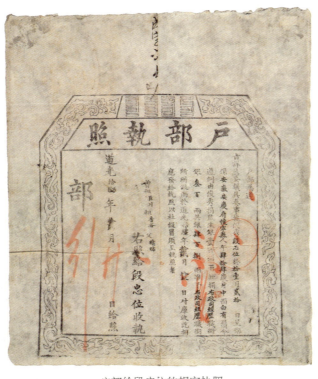

户部给段忠位的捐官执照

米，横49厘米，为纸质、石印、墨笔填写。执照印制的图形呈六角形，边饰花卉图案。执照的所有者是安徽安庆府怀宁县人段忠位。执照中记录了段忠位的体貌特征，他身材中等，面白有须，年龄为44岁。这是身份的证明，以防止假冒。执照上还记录了段忠位的家庭情况，"曾祖巨川，祖香谷，父晴昉"，以示祖上三代身家清白，没有从事过娼、优（卖艺人）、隶（衙门里下等当差的人）、卒（军中下等服役的人）等这些低下的、不符合选官条件的职业。

根据执照提供的信息，段忠位"由俊秀捐监生银一百八两，加捐布政司职衔，银三百两"。所谓俊秀，是指明清时期，援生员之例捐资纳粟入国子监读书的富家子弟。"捐监"就是花钱向清政府买"监生"学历。"监生"地位要高于举人和秀才，它是"国子监的学生"的简称。国子监是中央的官学，能在最高等的学府读书，身份自然就显得尊贵些，所以捐纳监生这桩买卖生意兴隆。从这份执照可见，清朝捐一监生的费用是108两白银。不过根据学者研究，到了咸丰六年（1856），因为鸦片战争，大量白银外流，国库空虚，为调动广大绅商捐官的积极性，捐一个监生的费用标准由之前的108两已经减少到88两。

清朝大量的捐纳是捐监生，但"监生"只是"出身"而不是官职，虽然监生经过一定程序也有出任资格，但是时间长，机会也少。根据清朝统治者在《钦定大清会典》中的规定，清朝的一些官职必须由科甲出身的人担任，还有一些实权官职必须由正途出身的人担任。所谓正

途，是指除恩贡、拨贡、副贡、优贡生、恩监生、优监生和荫生外，其余出身的人如果经过国家大员（指一、二品的高官）的保举，也可以看作是正途出身。而旗人享有特权，不必有人保举也可以看作等同于正途出身。段忠位既没有高官保举，又不是旗人，如果以俊秀身份捐官的话，就只能授给从九品或未入流的官。因此，他在缴纳了108两银子之后，又交了300两银子，为自己加捐了布政司经历职衔。官位为从六品。虽然官位不高，但有了这个保障，就增加了他获得实官，真正走上仕途的机会。

这份道光二十六年（1836）十月由户部发放的捐官执照，是清政府卖官敛财制度的铁证，它从侧面揭示了清代官场腐败的一个根源。捐纳制度给一部分富人打开了挤入缙绅阶层或官员队伍的方便之门。有的人虽然没有当上实官，但也可以享受到官员的礼遇和特权，免除了老百姓所必须承担的徭役和赋税，俨然成了当地有钱有势的缙绅。官位和职级可以靠捐纳一定数量的银钱或米粮后获得，那么这些人得到官位后又怎么会不想办法去搜刮百姓来补偿自己的损失呢？因而，买官卖官最终的受害者是普通的老百姓。百姓穷困潦倒，自然民心思变，从而动摇了清政府统治的基石。

02

科举难成才
光绪十一年乙酉科山西乡试试题卷

江琳

科举制度在中国存在了上千年，它标榜"唯才是举"，给广大下层民众提供了入仕的机会，体现了一种开放性和平等性。但是，因为它尊经义、重文辞，轻视自然科学，排斥技艺知识，又导致中国科学技术落后，社会经济停滞不前，因而在清末受到了一些有识之士的批评。

科举的正式考试有三种：乡试、会试、殿试。乡试是每三年一次，每逢子、午、卯、酉年的八月进行，地点一般为各省的省城。乡试要考《四书》《五经》和策问、诗赋三个部分。参加乡试的是秀才，但是秀才在参加乡试之前先要通过本省学政巡回举行的科考，成绩优良的才能选送参加乡试。乡试考中了以后就称为举人，举人实际上是候补官员，有资格做官了。

这份科举考卷是光绪十一年（1885）乙酉科山西乡试的试题，纵58厘米，横126.5厘米，共有9张。从试卷的考试内容来看，其严格限定围绕着《四书》《五经》出题。比如，这套试卷第一场就是《四书》题，说的是子华出使齐国，冉求替他的母亲向孔子请求补助，而孔子主张

1885年乙酉科山西乡试试题卷

"君子周急不济富"。这个题目阐释的是儒家的"仁爱"思想，不过答得符合标准并不容易，因为《四书》答题对考生是有严格要求的，考试作文要揣摩古人口气，决不能肆意妄论。而且《四书》答题必须遵从宋代理学家朱熹的《四书章句集注》解释，因此更加限制了考生的自我发挥能力。清代对《四书》的考题非常重视，顺天乡试的《四书》文题目，都由皇帝钦命。按照规定，如果第一场《四书》考试不合格，则第二、三场的经文策问考试即便有可取之处，也不能推荐给上级考官。

科举考试的另一个重要考试范围，就是经学的问题。除了《五经》，还要考察对古文经的认识。例如有一个问题是这样的："《仪礼》《周礼》皆有古文、今文。自汉以来传者甚少，大小戴记篇什多寡间有不同，后世尊而行之本何人？"这类答题鼓励考生各抒己见，并无确定答案，全靠临场发挥。试卷中还包括历史问题，比如问春秋的五位循吏，他们的治理的方法好在哪里？历史考试的内容时间跨度由春秋至唐宋。在历史问题中还包括有关历史文献的问题、史学史的问题、史家史例的问题。这些问题基本都要求进行分析、阐释性论述，如果不长篇大论是很难说清楚的。

既然考试的目的是为了选拔具备管理国家能力的人才，那么如何作答试题卷中有关行政治民与管理方法的问题，就显得尤为重要。不过，这张试卷中这类考题看似考察行政能力，实际却像是在测试考生是不是知道历史名臣的功绩。比如题中说"隋文帝令诸州立义仓储蓄委积，意美法良其议创自何人？"这类测试，名义上虽是考察考生是否有行政能力，实际上根本不具备实践性，也不过是纸上谈兵。

清朝的科举试卷非常重视答卷的规范、整洁。这份科举试卷中就有这样的规定，例如诗文策的每一篇结尾，都要填写添注、涂改的字数。写的时候要求"一字一格，不得跨格挤写"。写了多少字，要准确注明，要用壹贰叁肆伍陆柒佰玖拾等字样，不得用一二等字。如果添注、涂改的文字超过100个字，或者统计字数以多报少、以少报多超过10个字，都要被通报。

光绪十一年（1885）时，从1860年开始的洋务运动已经进行了25年，自1872年派出国的留美幼童和留学欧洲的近代海军学生也都已经回国。可以说，当时中国并非没有新式知识分子，然而清政府却没有给这些掌握西方科技知识的有志青年一展抱负的机会，还在固守科举考试的老一套，重视《四书》《五经》八股文章，轻视西方文化和科技知识培养。由于新知识无用武之地，那些新式知识分子因出身不由科第，为了实现自己的抱负，不得不也走上科举的道路。比如就在这一年，中国近代第一批海军生严复因回国后没能受到重用，就捐了一个监生，取得了参加乡试的资格，结果满身新知识的他实在无法达到八股取士的要求，最终没能考中。

03

大快人心事
林则徐、邓廷桢、怡良合奏虎门销烟完竣折

万婷

19世纪初，英、法、美等资本主义国家的经济取得飞速发展，迫切需要掠夺海外殖民地作为商品市场和原料供应地，中国便成了他们向东方侵略的目标之一。由于在中英正常贸易中，中国一直保持着出超地位。于是，英国资产阶级便把鸦片作为打开中国大门的重要手段。源源不断输入的鸦片，使得中英两国的贸易地位完全改变。中国处在白银大量外流、经济面临崩溃的边缘。面对鸦片泛滥所产生的严重危害，清廷朝野上下要求查禁鸦片的呼声日高。

1838年6月，鸿胪寺卿黄爵滋上书道光帝，针对当时烟毒泛滥的严重情况和许乃济提出弛禁主张所产生的消极影响，向道光皇帝上了一个主张严禁鸦片的奏折，这便是有名的《请严塞漏卮以培国本折》。

湖广总督林则徐对黄爵滋的建议大加赞许，并向道光帝指出："当鸦片未盛行之时，吸食者不过害及其身，故杖徒已足蔽辜。迨流毒于天下，则为害甚巨，法当从严。若犹泄泄视之，是使数十年后，中原几无可以御敌之兵，且无可以充饷之银。"林则徐率先在两湖地区实施禁烟，成绩显著，成为禁烟派的著名代表人物。

道光帝认识到鸦片输入将造成军队瓦解、财源枯竭的严重后果，于1838年12月，任命湖广总督林则徐为钦差大臣，节制广东水师，赴广州查禁鸦片。

1839年3月，林则徐到达广州后，与两广总督邓廷桢、广东水师提督关天培

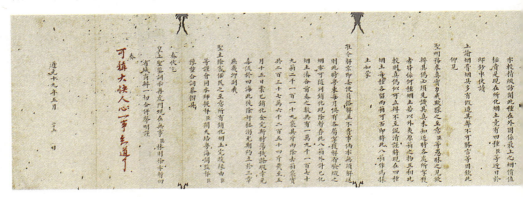

林则徐、邓廷桢、怡良合奏虎门销烟完竣折

等严拿烟贩，整顿水师，惩办不法官吏。林则徐下令派兵封锁十三行，并且断绝粮食供应，迫令烟商交出鸦片。义律得悉十三行被围困后，立即从澳门赶到十三行。他指使大鸦片贩子颠地逃跑，并阻止外商交出鸦片。为了打击义律的破坏行为，林则徐下令停止中英贸易，派兵监视洋馆，断绝广州与澳门之间的交通往来。义律看到阻挠缴烟的计划无法实现，便命令英商缴烟，保证烟价由英国政府赔偿，同时也劝告美商缴烟，声明烟价同样由英国政府给付。这样做显然是为英国政府发动战争制造借口。经过坚决的斗争，英美鸦片贩子被迫交出鸦片，共计19179 余箱、2376254 斤。6 月 3 日至 25 日，林则徐亲自监督，在虎门海滩将收缴英、美商人的鸦片当众销毁。

1839 年 7 月 5 日 (清道光十九年五月二十五日)，林则徐会同两广总督邓廷桢、广东巡抚怡良上奏道光皇帝 (旻宁) 虎门销烟完竣事。林则徐在奏折中详细介绍了销烟的具体情况和办法："窃臣等钦遵谕旨，将夷船缴到烟土二万余箱在粤销毁，所有核实杜弊，并会督文武大员公同目击情形，已于五月初三日 (6 月

13 日) 销化及半之时，先行恭折会奏在案。嗣是仍照前法，劈箱过秤，将烟土切碎抛入石池，泡以盐卤，烂以石灰，统俟戳化成渣，于退潮时送出大海。"在折尾，林则徐将销烟的成果呈报道光皇帝："现除暂存此八箱外，计已化烟土，凑合前奏之数，共有一万九千一百七十九箱，二千一百一十九袋，其斤两除去箱袋，实共二百三十七万六千二百五十四斤，截至五月十五日 (6 月 25 日)，业已销化全完。斯时荡岁秽涤瑕，幸免毒流于四海，此后除奸拯溺，尤期约立于三章，庶几仰副我圣主除害保民之至意。……"道光帝阅后，在折尾朱批"可称大快人心一事，知道了"。

此奏折纵 21.7 厘米、横 (每折) 10 厘米，纸质，毛笔写。字体秀丽，书写工整。这是中国近代重大历史事件——虎门销烟的历史见证，反映了中国人民查禁鸦片、捍卫国家主权的决心，也是中国近代史上极为珍贵的文献史料。原为清宫档案，清亡后，由章士钊收藏，后赠予我馆。现在在"复兴之路"基本陈列中展出。

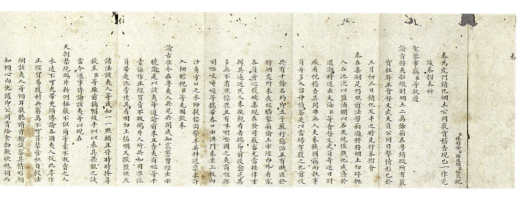

04

屈辱的城下之盟
为被迫签订《南京条约》上清廷的奏折

江琳

鸦片战争爆发后，清朝大军屡次失败，使得原来一心给英军迎头痛击的道光帝不得不考虑实行安抚政策。1842年初，道光帝派出耆英为钦差大臣南下浙江，准备看战争的形势进展情况，找机会与英国议和。但同时，他希望清军能够挫一挫这些洋人的气焰，最好将其一举剿灭。然而，清军战场一再失利，6月吴淞失守后，7月底英军攻克了镇江，并在8月兵临当时长江流域最大最著名的城市——南京城下。

7月26日，就在道光帝收到镇江被攻陷报告的那一天，他命令耆英和伊里布前往京口（镇江对面），以适当方式处理一应事务。耆英全名爱新觉罗·耆英，是满洲正蓝旗人，清朝的宗室大臣，是道光帝信得过的人。和他一起被派来解决南京被围困问题的还有一个一贯主张对英妥协的"前钦差大臣"伊里布。伊里布是满洲镶黄旗人，刚因为1841年擅自与英军大臣订立停战协定，承认英军继续占领舟山及附近岛屿被揭发，而受到革职处分。这次因为英军压力，道光帝不得不再次起用他与耆英一起向英议和，还授予了他四品顶戴，并署乍浦副都统。1842

年8月初，耆英和伊里布先后到达南京，开始紧锣密鼓地和英军协商退兵、议和事宜。

"复兴之路"基本陈列中展出的这份奏折上奏于道光二十二年七月初九（1842年8月14日），纵26.5厘米，横56.5厘米，是在英军围困南京期间，负责与英军交涉的清朝办理夷务大臣就南京城的情况，以及英军动向，上奏给道光帝的。根据当时的情况看，奏折的起草者应为与英军交涉的主要负责人耆英和伊里布。

奏折中称，道光二十二年（1842）七月初七日（8月12日），清办理夷务大臣收到塔布芬（耆英从盛京带来的佐领）带回来的英方要求，其中有三项主要条件：第一条是赔款2100万元，本年先交600万元，其余分年代交；第二条是将香港占为码头，并准往广州、福州、厦门、宁波、上海等地贸易；第三条是要求与中国官员用平行（即平等）的礼节。同时，英军还毫不客气地威胁清政府："如其所请，即当永订和好，不敢再起兵端，不如所请，即行开仗，并往别省滋扰。"

然根据上报的奏折显示，在清政府方面还没答复的时候，英军就因听闻清军

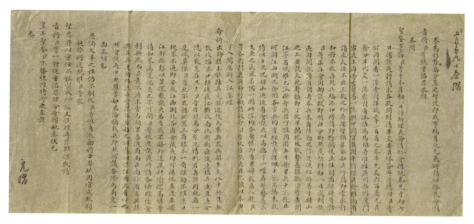

为被迫签订《南京条约》上清廷的奏折

要调兵防御，在初八日（8月14日）换上了红旗，在钟山架起大炮，声称第二天要攻城。而此时，清朝方面军力准备不足，江宁（南京）城周围50余里兵少根本不够用，城外的守军也"士气不扬"，而城中的居民更是人心惶惶，有数万人聚集到衙门前，高呼救命。除了兵力不足和人心不定种种不利因素外，奏折中还分析了面对这万分紧迫的情形，如若不尽快议和的严重后果，那就是"若再与固执"，一旦南京城保不住，不但导致"京口阻塞不通"，恐怕还要危及安徽、江西、湖北各省。考虑到周边各省安危，清办理夷务大臣请求道光帝同意英军所提条件，认为英人是"贪利无厌，而其意不过求赏码头、贸易通商而止，尚非潜蓄异谋"。

展读这份奏折，与其说是请旨，不如说是婉言传达英方的威胁。这样一份奏折到达皇帝手中，自然是给道光帝增添了无穷的压力。而据当事人，也就是参与和英方往来传递文件和传话的伊里布家人张喜记录，在英方威胁8月14日天明时分，如果清政府方面仍然没有回信就要开

炮的时候，耆英、伊里布和两江总督牛鉴就迅速在当天日出之前出具了同意英方要求的照会。当天上午，原吉林副都统、四等侍卫咸龄和蜀江宁布政使、江苏按察黄恩彤，与英方代表麻恭、马儒翰重开谈判。此后，8月16日英方拟就条约草案，19日双方再次会谈，咸龄、黄恩彤表示接受条约。

8月26日，英方谈判全权代表璞鼎查等人进入南京城，正式交付条约文本。耆英等人表示接受条约。当日，耆英将《南京条约》内容上奏道光帝，气愤之极的道光帝下旨说："我真是又恨又惭愧啊，事情怎么到了这个地步？但关系数百万民众的生命和国土安全，我只有强自忍耐，答应他们的要求了。就照着议和条款办理吧。"8月29日，在南京江面的英国军舰皋华丽号上，耆英、伊里布在《南京条约》上盖上了关防。中国近代历史上第一个不平等条约——中英《南京条约》签订了。

05

圆明园浩劫的记忆
历尽沧桑的鼠首、兔首铜像

江琳

"复兴之路"基本陈列展出了两尊兽首铜像，其中鼠首高43.5厘米，兔首高61厘米（带底座）。展出的鼠首、兔首铜像面部都有磕痕，胡须缺失，兔首的右耳连接构件也已脱落。鼠首、兔首铜像是在第二次鸦片战争期间，英法联军火烧圆明园时遗失的，它们是圆明园西洋楼海晏堂前十二生肖报时喷泉的构件。

圆明园这组十二生肖报时喷泉由意大利人郎世宁（Giuseppe Castiglione）主持设计、法国人蒋友仁（P. Michel Benoist）负责监督修造，在乾隆十二至二十四（1747—1759）年间，由清廷造办处工匠制作完成。

海晏堂是郎世宁设计建造的西洋楼中最大的建筑，十二生肖喷水池就设置在它的正前方。最初，郎世宁设计了大量的人体喷泉，但在大清皇帝乾隆看来，裸露的人体不适宜放在东方的皇家花园里，他建议用中国的十二生肖动物来代替。一种动物代表一年，每12年一个轮回。根据皇帝建议建成的海晏堂喷水池在南北两岸设立了12个石台，各坐表示12个时辰的兽首人身肖像。兽首为铜质，身躯是穿罗汉袍的石雕。从技艺上看，兽首铸工精细，外表色泽深沉、内蕴精光。从造型上看，兽首采用了写实风格，自然而生动，细节刻画也很到位，

圆明园鼠首兔首铜像

连动物的皱褶和容貌都清晰可见。这 12 个生肖雕像呈八字形盘坐排列在水池两旁，南岸分别为子鼠、寅虎、辰龙、午马、申猴、戌狗；北岸则分别为丑牛、卯兔、巳蛇、未羊、酉鸡、亥猪。生肖口中喷水，用以报时。一天 24 小时，各个生肖动物，每隔两个小时依次轮流喷水。中午 12 点钟，12 只动物则一齐喷水。

铜像铸成的 100 年后，英法发动了第二次鸦片战争。1860 年 10 月 6 日在英法联军军队进攻北京前，先攻陷了皇帝行宫圆明园，他们把园内凡是能拿走的东西，统统掠走；拿不动的，就用大车或牲口搬运；实在运不走的，就任意破坏、毁掉，十二兽首也在此时被切割掠走，流失海外，再无踪迹可循。10 月 18 日和 19 日，3000 多名侵略者奉命在园内放火。大火连烧三天，烟云笼罩了整个北京城。这一园林艺术的瑰宝、建筑艺术的精华，就这样化成了一片灰烬。从此，遗失的十二兽首铜像、无数流落海外的中华奇珍、断壁残垣的圆明园，成为中国人心中抹不去的历史伤痕。

从 1985 年美国一位古董商发现马首、牛首和虎首铜像开始，陆续有圆明园兽首头像出现在国际拍卖市场。至 2007 年，已有牛、虎、猴、猪、马 5 件兽首铜像回归祖国。2009 年，鼠首、兔首出现在法国名设计师伊夫·圣罗兰 (Yves Saint Laurent) 的藏品拍卖会上，通过媒体报道，我们大致还原了鼠首和兔首的流浪旅程。

根据报道可知，兽首最早藏家是欧洲著名画家和摄影师、西班牙人荷西·马利亚·塞特。兽首何时离开赛特手中尚无记录可考，只知道它们后来由被德－博姆罗侯爵收藏。此后的几十年中，鼠首、兔首一直保存在巴黎，这中间它们又经过几次转卖已无资料可查，直到 1985 年，古董商尼古拉·库格和阿莱克斯·库格兄弟将他们的收藏卖给了法国时装设计大师伊夫·圣罗兰和皮埃尔·贝杰。在巴黎波拿巴街一座公寓的二楼，有一间单独的套房，来自圆明园十二生肖兽首喷泉中的鼠首和兔首铜像就陈列在那里。

2008 年 6 月，71 岁的圣罗兰因脑癌去世，他将藏品遗赠给了皮埃尔·贝杰－伊夫·圣罗兰基金会。2009 年，皮埃尔·贝杰作为基金会主席，决定拍卖基金会的所有艺术品，鼠首和兔首首次出现于公众的视野。2 月 25 日，兽首在巴黎被拍卖，福建商人蔡铭超以 3000 多万欧元的天价拍下鼠首、兔首后，拒绝付款，使得这两尊铜像回到了原持有人手中。后来，作为佳士得拍卖行的控股家族，皮诺家族最终决定将它们"完璧归赵"。2013 年 4 月 26 日，随法国总统奥朗德访华的弗朗索瓦－亨利·皮诺在北京宣布，将向中方无偿捐赠圆明园鼠首和兔首铜像。6 月 26 日，国家文物局宣布兽首铜像已经到达中国，并将划拨给中国国家博物馆收藏。至此，在海外漂泊了 153 年的鼠首、兔首铜像回到了祖国。

伤痕累累的鼠首、兔首铜像为我们形象展示了鸦片战争以来的 100 多年间帝国主义侵略中国、掠夺中国珍贵文物的历史，同时也以事实说明了"落后就会挨打，发展才能自强"的道理。

06

八国联军占领北京的证据
《京城各国暂分界址全图》

江琳

1900 年 6 月，英、美、法、俄、德、日、意、奥等国组成八国联军发动侵华战争。8 月 14 日凌晨，联军来到北京城外，向北京发起总攻。8 月 16 日晚，联军基本上占领北京全城。此后，八国联军对北京城实施分区占领和统治长达近 1 年时间，直到 1901 年 8 月 8 日才完全撤出北京城。

八国联军占领北京城后，对北京实行分区占领，并对中国人民实行殖民统治。这幅《京城各国暂分界址全图》就是八国联军占领北京城的证据，它由八国联军绘制并设色而成，1960 年 4 月入藏中国国家博物馆。这幅地图纵 62.7 厘米，横 54 厘米。图中以黄、蓝、绿、红、米色及蛋青等颜色区分各国占领区域及各衙门公所，其中"各国公署英界黄色、法界蓝色、美界绿色、德界红色、义（意大利）界米色、日本蛋青色"。由于年代久远，这幅地图上的颜色仅依稀可辨，但各区域分界线还很清楚。其大体状况是：东四以北由日军占领，东四南大街以东由俄军占领，以西由意军占领，皇城东北由德军占领，皇城东部由日军占

京城各国暂分界址全图

领、皇城东南由英军占领。西城由美军、法军、英军、意军占领，外城由英军、美军、德军占领。图中右上方的文字专门指明了各国对清政府衙署的占领分配，"大内及詹事府、顺天府具系日本所站（占）；吏、户、礼部、宗人府、太医院、钦天监具系俄站（占）；兵、工部、銮驾库、天坛系英站（占）据；其景山系法站（占）；先农坛系美站（占）；礼藩院系各国公署"。这说明联军已完全接管了清政府的各个重要政治、经济、司法机关，甚至是皇家的居所也未能幸免。

由于各国军队进入北京城的时间不同及势力消长，各国在北京的管辖范围也不断变化。据《庚子记事》记载，1900年8月底，各国的管辖范围曾为："前门外大街以东归英国管；大街以西归美国管；前门内大清门以东，至东单牌楼，英国管；大清门以西，至西单牌楼，美国管；崇文门内以东法国管；宣武门以西英国管；东单牌楼至四牌楼俄国管；西单牌楼至四牌楼义国管；东华门外义国管；西华门外法国管；东四牌楼以北日本管；西四牌楼以北法国管。"但到9月初德军进入北京城之后，"前门外自崇文门以西，骡马市，三里河大街以北，直至彰仪门，均改归德国管辖"。10月，管辖区又改为"东长安街以北，改归德国管辖；东华门以北，改归义国管辖"。

1900年10月17日，八国联军总司令瓦德西进京后，设总司令部于中海西门内的仪銮殿（今怀仁堂）。此时，驻京联军已超过3万。八国联军占领北京之后，给北京城带来了空前的浩劫。他们"挨门搜掠财物，奸污妇女，奸拐幼童，稍有抗拒即用刀砍枪击，历时殒命。捉拿男子驱使，百般毒打，稍不遂意，亦用枪击"。

八国联军还在北京城内耀武扬威，对中国主权肆意践踏。为威慑北京市民，联军发布了占领告示，称"遇有执持枪械华人，必定即行正法。若由某房放枪，即将该房焚毁。嗣后某国武官来索兵器，有者即刻交出，如有隐匿一经觉察，即将该房焚毁。倘华人有抢夺情事，亦必就地正法"。这些占领告示也珍藏在中国国家博物馆，成为八国联军侵犯中国主权、占领北京城的又一证据。

在八国联军占领北京期间，中国的珍贵文物也遭到了空前的浩劫。皇宫和颐和园里珍藏多年的宝物和典籍被抢掠。《永乐大典》和《四库全书》就是在此时被损毁抢劫，至今在伦敦、巴黎的博物馆、图书馆里还藏有部分当年被抢掠去的古籍。

八国联军对于中国的侵略行动，以清政府与11个国家签订丧权辱国的《辛丑条约》而告终。1901年9月7日签订的《辛丑条约》规定：清政府赔款白银4.5亿两，分39年还清，本息合计9.8亿两；在北京设立"使馆区"，区内不许中国人居住；拆除大沽及大沽至北京沿线的炮台；准许各国派兵驻守从北京到山海关铁路沿线的12个战略要地等。《辛丑条约》是中国近代史上赔款数目最庞大、主权丧失最严重的不平等条约。但八国联军占领北京城后所犯下的累累罪行，成为中国人民心中挥之不去的历史伤痕。

07

沉重的枷锁

大清国债赔款清单

江琳

甲午战争期间与战后，清政府曾多次向各国借款。这张国债清单纵56.3厘米，横64厘米，列出了光绪二十年至二十八（1894—1902）年间，清政府向英、俄、法、德等国举借的8笔外债的情况。包括：(1) 光绪二十年十月初四（1894年11月9日），向英国汇丰洋行借白银1090万两。(2) 光绪二十一年正月初一（1895年1月26日），向英国汇丰洋行借300万英镑。(3) 光绪二十一年闰五月初六日（1895年7月3日），向英国克萨银行借100万英镑。(4) 光绪二十一年闰五月初九日（1895年7月6日），向俄国和法国借四万万法郎。(5) 光绪二十二年二月十九日（1896年3月14日），向英国和德国借款1600万镑。(6) 光绪二十四年二月初九日（1898年2月19日），续借英德洋款1600万镑。(7) 光绪二十一年闰五月初九日（1895年7月6日），向德国的瑞记洋行借款100万镑。(8) 庚子年赔款（1901年9月7日），本利总计982,238,150两。

到底是什么原因，清政府会向外国银行欠下这一笔笔巨额借款呢？

第一笔、第二笔向英国汇丰银行的借款发生在甲午战争期间，由清朝户部和总理衙门负责举借，借款目的是为了筹措中日战争沿海防务和装备军械费用。第三笔克萨借款和第七笔瑞记借款由两江总督张

大清国债赔款清单

之洞经办。其中克萨借款是为筹措南洋军饷和加强军备。第七笔德商瑞记洋行借款，是作为军饷炮械费用及拨作南洋纺织局和铁路总公司费用。

第四笔借款总数达 4 亿法郎，折银约 9800 余万两。这笔巨款是为偿还中日《马关条约》规定的 2 亿两白银赔款而举借。清政府为在 3 年内还清对日赔款，从而免掉按年每百抽五的利息，决定借款。然而，1894 年清政府年财政收入还不到 8900 万两，无法支付第一年要交付给日本的 1 亿两赔款和 3000 万两赎辽费，最终，总理衙门只好派许景澄同俄法银行团代表在彼得堡签订了借款合同。

第五笔借款——英德洋款，是为了偿付第二期对日赔款及支付威海卫军费等。这次，清政府借款 1600 万英镑（合银约 9700 余万两），以海关税担保，而且起债后 6 个月不向他国借款。借款合同还规定，借款没还清时，中国总理海关事务"应照现今办理之法办理"，也就是 36 年内英国将继续霸占中国的海关。

第六笔"续借英德洋款"，也是清政府为了筹措甲午对日赔款而举借的。这次借款总额为 1600 万英镑（折银 11,200 余万两），是以海关税收，苏州、淞沪、九江、浙东的厘金和宜昌、湖北、安徽的盐厘作担保，并归总税务司征收管理。

第八笔就是近代中国数额最大、涉及国家最多，本利欠款总数达约 9.8 亿的庚子赔款。1901 年，入侵中国的八国联军逼迫清政府与德、法、俄、英、美、日等 11 个国家签订条约，拿出 4.5 亿两白银赔偿各国，加上年息 4 分的利息，本息高达约 9.8 亿两。

巨额的外债负担给清政府的财政造成了致命的打击，与当时国际金融市场上的外债行情相比，中国的借款具有几个显著特点。

其一是利息高。当时西方发达国家之间的借款利息一般为年息 3 厘，而清政府的借款利息一般高达八九厘。比如向英国汇丰银行的借款利息为 7 厘，按清单计算：清政府向汇丰银行借银 1090 万两，至光绪四十年（1914）仅利息就应付 11,063,500 两，已经超过借款总额。

还有，就是这些借款大都迫使清政府以关税、盐税等作为外债抵押，从而使债权国控制中国主要财政收入。为获得最大利润和继续控制中国海关，外国银行和资本家尽量延长还款期限。如英德借款就在合同中规定："三六年期内，中国不得或加项归还，或清还，或更章还。"续借英德洋款的合同还把还款期限延长为 45 年，并规定 45 年内中国的海关行政机构不得改变，表明了两国打算长期控制中国海关和税收的企图。

巨额的外债像沉重的枷锁，牢牢地套住了已经处于风雨飘摇状态中的清政府。为了还债，清政府加力搜刮，各种税收层出不穷，这些赋税负担都毫无例外地加在了平民百姓的身上。结果，中国的社会经济更加停滞落后，人民的生活状况日益困苦不堪，国家的危机更趋深重。

08

上海公共租界扩张拓界的实物见证

上海公共租界界碑

周靖程

租界是近代中国开始沦为半殖民地半封建社会后，西方列强设立的外国人在中国的居住区域。在租界内，西方列强设立市政机构工部局进行管理，不但拥有行政自治权，还拥有领事裁判权。居住在租界的外国人，完全不受中国法律的约束。所以，近代中国的租界，被称为西方列强在中国的“国中之国”。

第一个在中国建立租界的是英国。1842 年，鸦片战争中国战败，英国逼迫清政府签订《南京条约》，规定中国开放广州、福州、厦门、宁波、上海为通商口岸，并准许英国人携带家眷居住。《南京条约》没有说明英国人在通商口岸如何寄居，英国人希望“自由居住，不受限制”，但清朝官员担心洋人不好约束，主张英国人租赁一块地方集中居住。1845 年，中英签订《上海租地章程》，英国租得外滩附近 837 亩土地，在此建筑房屋，英国人陆续进住。上海英租界，也是第一个外国在华租界正式诞生。美、法两国竞相效尤，纷纷提出租地申请，要求建立租界。1848 年，美国在上海建立美租界。1849 年，法国在上海建立法租界。不久，西方列强在中国其他城市也纷纷建立租界。至 1911 年，西方列强在中国各地建立了 30 多个租界，形成一个个的“国中之国”。

1863 年，上海英美租界合并，形成一个租界，英美两国共同管理，被称为上海公共租界。

列强在中国开辟租界后，往往借口界内中外居民增多，原有的土地、房屋不敷使用，不断扩展租界，重新划定租界区域。上海公共租界界碑，就是英美上海公共租界扩张租界区域的实物见证。

上海公共租界成立后，英美列强通过对清政府施加压力，不断拓展租界面积，至 1893 年，上海公共租界面积猛增至 10,676 亩。1895 年，上海公共租界以“不足以供界内华洋居民使用”为由，再次要求拓界。经数年交涉，至 1899 年双方就拓界达成一致，实地测量并树立上海公共租界界碑，作为界至标示。当时在扩展后的租界线上竖立有多块界碑，仅在西区静安寺一带便立有 24 块界碑。界碑分大小两种，大的为长方体，正面刻“公共租界石”，背面用中、英文字刻竖立界碑的中外机构及时间等，立于重要地段；小的为三棱柱形，三面均有文字，立于次要地段。

这块"上海公共租界界碑"序号为C，当为大租界石的背面。该文物为一级品，纵136厘米、横76.1厘米，碑文中英文对照。中文书："此界石系由工部局董，会同上海县王，暨奉南洋大臣刘特派之两委员福、余，按照苏松太道李，于光绪二十五年三月二十九日所出推广公共租界告示，内载之四址，眼同定立。"

碑文中的"工部局董"是工部局总董斐伦，"南洋大臣刘"即两江总督、南洋大臣刘坤一，"上海县王"是上海知县王豫照，"两委员福、余"分别系美国人、南洋公学校董福开森和福建布政使余联沅，"苏松太道李"系上海道台李光久。

最初同工部局办理上海公共租界拓展交涉的上海道台蔡钧，态度很强硬，后迫于英美列强压力，清政府做出让步，1899年4月将其罢免，换上新道台李光久，并命力主妥协的两江总督刘坤一办理拓界交涉。根据这个碑文，可知刘坤一委派曾任上海道台、熟悉上海民情的福建布政使余联沅与美国人、南洋公学校董福开森为代表，会同上海道台李光久与驻沪领事团会商租界扩充问题。福开森是加拿大安大略省人，1886年毕业于美国波士顿大学，获文学学士学位。当年福开森来华，先在镇江学习华语，次年赴南京。福开森长期在华从事传教和文化工作，是一名精通中外文化的"中国通"，因此被刘坤一聘为私人顾问。由于刘坤一实行妥协政策，再加上福开森居中"斡旋"，租界拓展谈判进展顺利，上海公共租界很快达到了自己的拓展目的。

1899年5月8日，也就是碑文中的光绪二十五年三月二十九日，经刘坤一批准

上海公共租界界碑

后，李光久发布了推广公共租界告示，并竖立上海公共租界界碑，作为界至标示。租界扩充后的"四至"，东自杨树浦桥起，至周家嘴角止；西自泥城桥起，至静安寺镇止，又由静安寺镇划一直线，至新闸苏州河南岸止；南自法租界八仙桥起，至静安寺镇止；北自虹口租界第五界石起，至上海县北边界限止，即上海、宝山两县交界之线。经过这次扩展，上海公共租界面积增加到33,503亩（22平方千米），整个租界划分为中、北、东、西四个区。

1925年以后，大规模的越界筑路基本停止，上海公共租界继续向外扩张的态势才逐渐稳定下来。

09

美国争夺粤汉、川汉铁路借款权

美国与清政府关于修建粤汉、川汉铁路借款合同修改稿

周靖程

甲午战争后，清政府掀起"借债筑路"的高潮，而华商资金有限，且缺乏开办铁路的技术条件和管理经验，举借外债自然成为重要选择。列强也认为投资铁路是扩张殖民地"最有效的方法"，争相向中国借贷，从甲午战争后至辛亥革命爆发，共借款 30 余笔，金额 3.4 亿两白银。

1898 年 1 月，清政府批准湘、鄂、粤三省绅商修建粤汉铁路（从广州经湖南到武昌）的奏请，谕令湖广总督张之洞、督办铁路大臣盛宣怀等会同三省绅商招股借款，从速开办。由于张之洞坚持铁路国有官办，选择向美国合兴公司借款筑路，三省绅商并未参与其中。只是后来合兴公司屡屡违约，暗自将股权的 2/3 卖给比利时，该路才转为商办。三省绅商各筹各款，各修各境，但由于资金短缺，政府压制，几年下来，仍然无所进展。1904 年 1 月，四川总督锡良奏准设立"川汉铁路公司"，计划修建川汉铁路（从成都经重庆等地至汉口）。为避免重蹈粤汉铁路的覆辙，川汉铁路公司宣布不借外债，以抽租股，即摊派到全省农户头上的股份为主要股本来源。而四川人民也不顾负担沉重，

对修建铁路寄予很大希望。但由于公司经营不善，工程进展极为缓慢，从 1909 年末开工到 1911 年 5 月，仅修好了 17.5 公里的运料车铁路。英、法、德、美等列强利用两路商办的窘境，争相向清政府投资借款，这件"美国与清政府关于修建粤汉、川汉铁路借款合同修改稿"，便是美国争夺粤汉、川汉铁路贷款权的历史见证。

由于国力孱弱，清政府对向谁借款，借多少，及其所包含的附加条件，根本无法做主，所以干脆自弃主权，由列强自行商议。1909 年 5 月 15 日，英、法、德三国相互勾结，背着中国在柏林达成了分赃协议。6 月 6 日，张之洞与英、法、德三国银行团议订借款草合同，借款 550 万英镑。

美国获悉此事后，以保持中国"门户开放"为借口，一面照会英、法、德三国政府，一面迫使清政府同意，组成美、英、法、德四国银行团负责借款事宜。英、法、德三国并不愿意将唾手可得的利益过多分给美国，双方讨价还价，争执不下。但美国方面态度越来越强硬，8 月 6

借款合同修改稿

日，美国国务院致电驻华代办费莱齐，要求"使美国资本家获得借款的四分之一，并须享有与英、法、德三国银行家在草合同完全同等的权益"。10日，费莱齐与清政府外务部暂时商妥借款的相关事项，即"复兴之路"基本陈列中的这件"关于修建粤汉、川汉铁路借款合同修改稿"。

该文物纵 10.8 厘米、横 28 厘米，文中对 6 月 6 日张之洞与英、法、德三国银行团所签合同列出四点修改意见：

第一条　借款数目增至六百万磅，内三百万磅分归两湖之粤汉铁路，三百万磅分归在湖北之川汉铁路。

第二条　在湖北之川汉铁路借款将一半分拨美银行，系一百五十万磅。凡银行所得之利益，美国须一律照分。按原定合同，英、法、德于办理材料一节，美国当与一律，其英、法、德银行应享购料之利益，美银行亦需均沾。

第三条　按原定合同内称，如另有借款或附借款，以后须当遵守此项合同，如

湖北境之川汉铁路有附借款事，美银行当分一半。

第四条　英、法、德、美按照以上之意见，立一附合同，由中政府亦当允准后，美国即于将所不承认之原定合同照会收回，即作罢论。

26日，张之洞致电外务部尚书梁敦彦，接受美方的强硬要求。之后，美、英、德、法四国展开多轮磋商，1910年5月20日达成"妥协"，美国取得了与其他三国"平等"的借款投资权。

1911年5月9日，清政府宣布将粤汉、川汉铁路收归国有。20日，清政府与四国银行团订立《粤汉、川汉铁路借款合同》，借款600万英镑，四国各占1/4，年利5%，折扣95%，期限40年，聘用英、德、美总工程师各一人。清政府这一卖国罪行，引起全国人民的强烈抗议，掀起了群众性的保路运动，成为辛亥革命的前奏。

10

上海公共租界会审公廨的华人审判权
上海租界会审委员钤记

周靖程

"复兴之路"基本陈列中有这样一枚钤记,纵 9.2 厘米,横 6.2 厘米,高 13.1 厘米,用篆体阳文刻"上海租界会审委员钤记"。钤记属于官印的一种,为清代低级官吏所用,这件文物是上海道台向上海租界会审公廨中方谳员镌发的官印。会审公廨是设于租界内的由中外官员共同办案的审判机关,在上海、汉口、鼓浪屿等租界都有。上海公共租界的会审公廨最为典型,其谳员又称会审同知,即审理案件的官员,正五品。根据规定,他享有对纯粹华人案件的单独审判权,但事实上这一权力长期遭到列强的侵犯。

上海租界建立后,列强依据不平等条约中领事裁判权的保护,在租界设立领事法庭,审理涉及"有约国"(即享有领事裁判权)的外籍人士案件。1864 年 5 月,"洋泾浜北首理事衙门"在上海公共租界成立,由上海道台委任的理事与英、美副领事组成法庭,会同审理租界内的华人案件,这是对我国司法主权的又一次严重破坏。直到 1868 年底,这种不合理的状况才在法律上有所改变。清政府与英、美驻上海领事议订《洋泾浜设官会审章程》,规定在租界设立会审公廨,由道台任命

的中方专职会审官(谳员)与外方陪审官(领事)会同审理租界内牵涉洋人及为其服役华人的案件,但纯粹华人案件,由中方谳员独自审断,洋人不得干预,并且不能随意拿获案犯;如华人犯案重大,则由上海县审理;会审公廨可将华民刑讯、管押、定罪。会审公廨虽然名义上是中国的司法机构,但在行使权力时经常受到外国领事的干扰,他们根本不把中方谳员放在眼里,不但经常带领巡捕到庭插手纯粹华人案件,有时还擅自判决,并将罪犯一概收押至巡捕房。上海道台多次向驻沪

上海租界会审委员钤记

领事团提出抗议，但都无功而返。1905年发生的"大闹会审公廨"事件，便是这种矛盾日益激化的反映。

1905年12月8日，上海金利源码头走下了一位运送亡夫灵柩的妇人黎黄氏，由于随行人群中有15名小女孩，十分引人注目。巡捕房接到线报后，遂以"拐带人口"罪名将其拘捕，交至会审公廨审理。按理来说，这个案件没牵涉外国人，外国领事不应该干涉，而且黎黄氏与随行女孩的口供一致，均称她们是由广东亲戚委托买来作丫鬟的，并带有身价凭据，很显然，"拐带人口"的罪名不足为信。中方谳员关絅之决定照章将黎黄氏一行暂押公廨女所，待查明事实真相后，再行发落。谁知英国陪审官副领事德为门强烈反对，要求将嫌犯带回巡捕房女西牢。关絅之据理力争，以《洋泾浜设官会审章程》没有将女犯押于西牢的条例，且又未奉道谕为由，坚决回绝。向来霸道的德为门哪里受过这等礼遇，当即粗暴地说："本人不知有上海道，只遵守领事的命令。"关絅之闻言针锋相对地说道，"既如此，本人也不知有英领事"，命令廨役将黎黄氏等人带下。德为门恼羞成怒，令巡捕大打出手，他们手持警棍，当场打伤两名廨役，强行挟持"犯人"破门而出，将黎黄氏等人押进西牢，十五名女孩则送进济良所。

如此大闹公堂，藐视会审法庭，无视中国主权的野蛮行径，立即在社会上引起轩然大波，无论为官为商，还是普通民众，莫不为之愤慨。12月18日，公共租界中国商人罢市，英商工厂华人罢工，上千名愤怒的群众示威游行，并围攻老闸巡捕房和工部局市政厅，早已守候在那里的巡捕悍然向群众开枪，造成三十余人受伤，十余人死亡的惨案。

流血事件发生后，上海道台袁树勋生怕事态扩大，无法向清廷交代，一面前往现场弹压，一面出榜安民，勒令华人开市复业，不得聚众闹事。租界当局虽然在这次事件中获得了胜利，但也付出了惨重的代价，商人罢市、工人罢工，使繁华的租界几陷于瘫痪，特别是他们看到了中国人民不甘凌辱，同仇敌忾的勇气和决心，不得不有所让步。12月21日，两江总督周馥奉命到沪与领事团协商解决办法。1906年3月14日，清政府外务部与北京外国公使团商定，《洋泾浜设官会审章程》继续有效。也就是说，外国领事不可以再随意侵犯会审公廨中方谳员的华人审判权，及其他相关权力。但辛亥革命爆发后，驻沪领事团又宣布外国官员将陪审纯粹华人民事案件。

1926年12月，中国政府与外国领事团签订了《收回上海会审公廨暂行章程》，次年元旦，会审公廨被中国政府收回。

上海租界会审委员会钤记印痕

11

租界武装"万国商团"
上海万国商团旗样

周靖程

　　说起"商团",如果不熟悉历史的人,往往会误以为是类似于"商会"性质的社会团体。其实不然,商团在中国近代历史上特指一种准军事商人团体,有中国人成立的,也有外国人成立的,其中最为著名的当属上海万国商团。

　　这面万国商团的旗样,纵 10.5 厘米,横 25.2 厘米,在蓝色底面的八角形图案中间绘有上海公共租界工部局局徽,下面绘着"4TH APRIL 1854"。1854 年 4 月 4 日,万国商团首次参战便击败清军,取得泥城(今上海西藏路桥一带)之战的

胜利,这一天后来便成为商团的"建军节"。局徽的外圆写有英文"Shanghai Volunteer Corps",即万国商团。工部局是指上海公共租界的"市政委员会",由于当时清政府并无严格意义上的市政机构,时人便以与其负责内容相近的工部为所指,译为"工部局"。工部局由董事会领导,董事会在 1870 年以后一般有 9 名董事组成,其中英国人占据半数以上席位,并且担任总董,美国人占据 1—2 席,德国人也保有一个席位。工部局下设捐务处、卫生处、工务处、教育处、财

万国商团旗样

务处、巡捕房等机构，万国商团也归其领导。1868 年，工部局设计局徽作为印章图案，并于次年使用，此后其所属巡捕房、万国商团等机构组织设计旗帜、徽志时都以局徽作为中心图案。这面旗样中的局徽内圆书"工部局"，并绘英国的米字旗、美国的星条旗、德国的单鹰旗、法国的蓝白红三色旗、俄国的白蓝红三色旗、丹麦的红底白十字旗、意大利的绿白红三色旗、葡萄牙的蓝白色带国徽旗、荷兰的红白蓝三色旗、奥地利的红白红双色旗、挪威的蓝底黄十字旗、西班牙的黄红黄红黄双色旗。工部局局徽当中的旗帜其实前后有所变化，例如一战后取消了德国的单鹰旗，后来又用日本国旗取代了俄国国旗，还加了中国的五色旗，所以这面旗样应该是一战结束之前设计的旗样。但不管如何改变，局徽中间图案始终为十二面旗帜（一战后曾有一段时间，局徽中的德国旗被删去，变成空白），可能寓意上海公共租界的十二个国家共同管理租界。需要指出的是，可能由于旗样的关系，它并不是成品，设计时难免会有一些失误，意大利的绿白红三色旗、西班牙的黄红黄红黄双色旗、奥地利的红白红双色旗，在这面旗样中都存在着颜色偏差。

1853 年 4 月，因太平军和小刀会给上海租界带来的军事威胁，英国驻沪领事阿礼国召集租界内西人会议，决定成立"上海本埠义勇队"，以保护界内各国侨民的安全。义勇队英文名为 Shanghai Volunteer Corps，因其成员主要为各国的洋商侨民，中文翻译成"万国商团"，最初由在沪部分男性外籍侨民组成，1870 年被工部局接管。这面旗样便充分包含了商团的名称、隶属关系、成立时间，及"万国"性质等多项内容。

商团最初成立时，成员主要是英籍侨民，及部分美、德侨民，后来随着各国人数的增多又陆续按国别下设德国队、日本队、美国队、中华队等，成为名副其实的"万国商团"。后来规模不断扩大，下设轻骑兵、重炮、装甲车、通讯、运输、防空等分队，人数最多时曾达到 2000 余人，已逐渐成为正规军。万国商团并没有什么商业色彩，它的任务主要为弹压"暴动"。在太平天国军队逼近上海、甲午战争、义和团运动、辛亥革命、北伐战争、"八一三"事变等期间，万国商团都采取"紧急动员"，镇压中国人民的革命运动。

此外，万国商团还有一项重要活动，即炫耀武力。在昔日繁华上海公共租界的主要路段，人们经常会见到耀武扬威的万国商团游行，一般在重大节日，如商团"建军节"，或重要人物来访时，都可以看到这种"盛况"。商团成员身着笔挺的制服，手持武器，在嘹亮的军乐声中依次经过主席台接受检阅，接着还会进行队列操练、马上劈刺、持枪搏击等项目表演。这一天，上海的高官显贵，如各国领事、工部局总董和中方的上海地区最高长官，还有各界名流都会成为座上宾，道路两旁则是争相观看的民众，人山人海，轰动一时。工部局之所以不惜成本大肆庆祝，其真正目的无非是炫耀商团的武力，震慑中国人民，警告他们不要在租界"捣乱"。

1941 年太平洋战争爆发，日军全面占领租界，存在租界近 90 年的万国商团不久也被解散。

12

德国强租胶州湾
德国强租胶州湾后发行的邮票

周靖程

《马关条约》签订后，列强强租海港，划分"势力范围"，掀起瓜分中国的狂潮。1898年，德国借口两名传教士被杀，强租胶州湾，把山东划为其势力范围。

胶州湾古称胶澳，位于山东省青岛市境内。湾内港阔水深，终年不冻，且该地"上顾旅顺，下趋江浙"，地理位置十分重要。自19世纪70年代以来，列强开始打上了这块"风水宝地"的主意，屡次派人前来勘探测绘。1869年，德国人李希霍芬对山东进行了一个多月的考察，详细记录了各地地质、气候、植被、交通和人

文等情况，并于1877年向德国政府提交《山东地理环境和矿产资源》报告，建议德皇把胶州湾变成德国的港口。1897年10月1日，在与英、法、俄等国达成"谅解"后，德国驻华公使海靖通牒清政府，要求将军舰"停泊胶州湾"，清政府婉言拒绝。德国并没有因此放弃，他正在寻找一个可以出兵强占胶州湾的借口，而不久之后发生两名德籍传教士被杀的"巨野教案"，终于为此提供了绝佳的口实。

1887年初，德国传教士在张庄建立

德国强租胶州湾后发行的邮票

巨野第一个天主教堂，随后向邻近各村扩展。传教士为了扩大教会势力，滥收教徒，一些地痞流氓纷纷入教。这些人一旦入教，便和传教士一起横行不法，欺男霸女，而地方官府也处处谄媚洋人，包庇教民。巨野位于鲁西南，属菏泽市，民风素来强悍，传教士伤天害理的行径，必然激起他们的强烈反抗。11月1日夜，刘德润、奚老五等人，闯进张庄天主教堂，杀死德国神甫韩·理加略和能方济，制造了震惊中外的"巨野教案"。

德皇闻知巨野教案后欣喜若狂，命令德国远东舰队"立刻开往胶州湾，占据该地"。11月14日，德国士兵借着清晨薄雾的掩护，一举占领了清军火药库，成功登陆胶州湾，并迅速割断电线、抢占山头，逼迫清军退出阵地。清政府生怕事态扩大，无法收拾，一再电令守将章高元"万无开仗之理"。就这样，清政府一退再退，竟于12月17日将守军全部撤离胶州湾。

1898年3月6日，李鸿章与海靖签订《胶澳租界条约》，允许德国租借胶州湾99年，并可在山东修建两条铁路，开采铁路沿线的矿产。德国租借胶州湾，不仅严重损害中国国家主权，并进一步刺激了帝国主义列强瓜分中国的野心。第一次世界大战期间，胶州湾被日本强占，直至1922年才被我国收回。

"复兴之路"基本陈列中，有两枚夏衍先生1959年捐赠我馆的"德国强租胶州湾后发行的邮票"，这便是德国强租胶州湾的历史见证。这两枚邮票纵3厘米，横2.6厘米，呈棕色的面值为一分，呈绿色的面值为二分，图案正

中是德皇游艇"霍汉索伦号"，上方印有"KIAUTSCHOU"（胶州）。霍汉索伦即霍亨索伦，是欧洲的三大王朝之一，为勃兰登堡－普鲁士（1415—1918）及德意志帝国（1871—1918）的主要统治家族，其中索伦意为"城堡"，霍亨则有"高贵"之意。鸦片战争后，英国首先在香港设立邮局，此后各国纷纷效尤，至20世纪初，英、法、美、德、日、俄等在我国设立邮局340多处。这些外国在华邮局，被称为"客邮"。客邮开始都是使用本国邮票，后来发行加盖"中国"或中国地名的客邮邮票。德国在华开办邮局始于1886年，在上海、天津、烟台、厦门、北京等地都设有邮政局所。德国强租胶州湾后，1899年在青岛设立邮政代办所，次年升格为邮政局，以后又在台东等镇设立邮政局所数处。从1900年起，德国在胶州湾租借地共发行4套胶州邮票，其中第三套邮票于1905年10月发行，分凸版和雕刻版两种，共10枚，这枚邮票便是凸版其中之一。从这套起，中国货币元、分取代了德国货币马克、芬尼作为邮票面值单位。这些胶州邮票不仅通行于青岛和租借地内，而且在胶济铁路的沿线城市也可以使用。1914年11月，日本占领青岛后，德国胶州邮票从此停用，德国的在华邮局也被封闭。

13

力挫敌焰　九龙告捷

林则徐、邓廷桢、关天培奏广东水师击败英军挑衅折

侯春燕

这通奏折是由钦差大臣林则徐、两广总督邓廷桢和广东水师提督关天培联名上奏的，共22折，纵22厘米，横231厘米，具奏日期为1839年9月18日，道光皇帝朱批日期为1839年10月11日，内容是向道光皇帝禀报1839年9月4日中英九龙之战的起因和具体战况。

奏折开篇明确指出，武装冲突是由英国人挑起的：英国商务监督义律在离开澳门后，以"索食为名"率船向清军师船开炮。那么，英国人的索取食物又从何说起呢？

1839年3月10日，林则徐以钦差大臣的身份抵达广州查禁鸦片。经过一个星期的周密考察和准备，他和两广总督邓廷桢等人一起传讯十三行行总。十三行是清政府指定的专门与外国人做生意的机构，行总是十三行的总头目，也是代表清政府与洋人进行交涉的人员。林则徐命令行总转告洋商，务必在3天之内上交所有鸦片，并书面保证今后永不夹带，如有携带，一经查出，货物全部没收，涉案外商要接受中国法律处置。

经过几番较量，义律不得不暂时妥

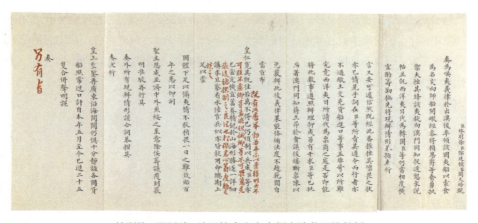

林则徐、邓廷桢、关天培奏广东水师击败英军挑衅折

协，截至 5 月 18 日，停泊在伶仃洋中的 22 艘趸船将所携鸦片全部上缴。6 月 3 日到 25 日，林则徐在太平镇镇口村海滩高地上，采用挖池引水、投放石灰的办法，将 237 万余斤鸦片当众集中销毁，创造了中国近代历史上的虎门销烟壮举。

林则徐以为，鸦片收缴完毕，贸易即可恢复正常。可是，义律为了继续寻找贩卖鸦片的机会，通告英商不许出具书面保证，不许进关照常贸易，并率船南下尖沙咀，企图将中外贸易由黄埔转移到澳门。一波未平，一波又起。1839 年 7 月 7 日，约 30 名英国水手上岸进入尖沙咀村，酗酒行凶，殴打村民，导致村民林维喜殒命。这次暴行，连义律也不得不承认是一次可耻的骚动。林则徐义正词严地要求义律交出杀人凶手，义律却置之不理。这就是林则徐在奏折中所强调的义律顽固抵制"具结"和"交凶"的始末。

为了迫使义律就范，林则徐发布告示，一方面禁止向英人供应粮食及一切生活用品，另一方面又命令为英人服务的买办、仆役等务必在两天内撤出。林则徐仁至义尽的劝说毫无效果，不得不于 8 月 24 日采取断然措施，谕告澳门葡萄牙总管，将英人驱出澳门。英人撤出澳门后，一部分寄居于南潭仔洋面的空趸上，大部分聚居于九龙半岛和香港之间的海湾里。他们为了私售鸦片和牟取新鲜食物，四出游弋，伺机寻衅。沿海居民则响应林则徐的号召，实行坚壁清野，不让英人获得任何食物和淡水。

正当 50 多艘英船和数千英人的生活陷入困境之时，两艘英国军舰驶抵广东海面。义律顿时胆壮气粗，9 月 4 日，率快艇和巡洋舰前往九龙山。九龙山口岸距离尖沙咀 20 余里，停泊有 3 艘清军水师船，负责查禁接济和防护炮台。义律派人先向水师船递送了要求接济生活用品的信件。下午 2 时，义律又派人送去最后通牒并威胁说，如果在半小时以内还不备好供应物品，就要轰沉水师兵船。双方交涉尚未结束，5 艘英舰却突然向中国水师船同时开火。兵丁欧仕乾弯身料理军械时，被英军炮弹打穿肋下，不幸殉国。大鹏营参将赖恩爵当即挥令水师船和炮台弁兵进行反击。战斗持续到 6 时半，由于天近黄昏，英船撤出战斗。关于伤亡情况，林则徐在奏折中称，清军死亡 2 人、重伤 2 人、轻伤 4 人；又据新安县知县梁星源等禀报，英人死亡 17 人，受伤者尤不胜计。

九龙之战是鸦片战争前哨战中的第一仗，完全由义律蓄意挑起。他以索食为借口，在距离中国水师战船很近时，突然向中国水师船开火，妄图一举摧毁中国水师船，结果却惨遭失败。九龙之战的胜利，也使林则徐乃至清廷判断失误，低估了英军实力。林则徐在奏折中称，欺软怕硬是英人的本性，之前我军不愿诉诸武力，只是不想担负主动挑衅的责任，谁知英人却误以为我方胆怯，竟敢先行开炮。在林则徐看来，九龙一战的结果表明，如果我方奋力交攻，就一定能够以少胜多，足以使英夷胆战心惊。道光皇帝在朱批中也称赞清军水师"可嘉之至"，并谕示林则徐等人，既然已经对英人施以"兵威"，也就再没必要示以"柔弱"啦。这种轻敌的念头，也是导致清政府在鸦片战争中接连失利的原因之一。

14

虎门抗英　义胆忠魂

邓廷桢、关天培监制的大炮

侯春燕

　　这门大炮制造于1836年，由两广总督邓廷桢、广东水师提督关天培、督标中协达里保和广州协镇郭宏升监督，增城参将洪发科和广州协镇左营中军都司黄廷彪监造，禅山（今广东佛山）炉户李陈霍等承造。为了保证大炮质量，实行层层负责制，同时，还与承造商户订明，保固30年，如在保固期限内炸裂，应由承造商户负责赔造，所以炮身铭文也把承造商户同时铸上，以便追究。大炮长2.5米，口径15.5厘米，重3000斤，射程约1000米。炮脊上的铭文，因年代较久多已脱损锈蚀。当时虎门要塞共有炮台11座，总共设有大炮300多门，重量从3000斤到8000斤不等。这种3000斤重的大炮当时一共铸造了9门，用了将近两个月时间，共花费白银1620两，分别安置在永安、巩固和蕉门炮台。炮身轻重表示炮的大小和火力强弱，另外，每发大炮须配备火药的数量也需根据炮身轻重而定，当时规定每百斤炮重配备火药4两，如3000斤大炮，每发应装配火药120两。炮作筒形，前小后大，两侧有炮耳，用以支撑炮身平衡和调整上下射向，但不能调整左右射向。如果炮耳缺损，则大炮失效，形同废铁。虎门失守后，沿海各炮台遭到英军破坏，除台址被拆毁外，大多数大炮的炮耳也被击毁。这门大炮的双耳就是被

邓廷桢、关天培监制的大炮

英军毁掉的，这既是英国侵略者的罪证，也是中国守军英勇抗击英军进犯的历史见证。

1840 年 6 月 28 日，英军封锁珠江口和广东海面，并一路向北进犯福建厦门和浙江定海。8 月 11 日，英军进抵天津海口，并向清政府提出鸦片贸易合法化、赔款和割地等侵略要求。道光帝顿时惊慌失措，急忙委派直隶总督琦善与英军交涉。通过实地观察，琦善认为英国人的确是"船坚炮利"，而中国军队的武器装备水平与他们相差太远。于是，他与穆彰阿、伊里布等一起向道光帝夸大英军军力，并将战争责任归咎于林则徐，极力主张罢战言和。义律本来也只是想展示一下英国炮火的威力，加之在舟山群岛的英军出现了传染病，便顺势答应了琦善的求和要求。不久，英舰驶离天津，琦善则因退兵有功被派往广东取代林则徐。到广东后，他不顾林则徐的劝说，撤除广州海防，遣散水勇兵丁。

道光帝虽然同意对英国人让步，但又认为英国的要求太过分，下令琦善一面谈判，一面备战。1841 年 1 月 7 日，谈判破裂，英军向虎门第一隘——大角和沙角炮台发动进攻，虎门战役开始。副将陈连升和其子陈长鹏等 600 多名炮台守兵浴血奋战，大都壮烈殉国。8 日，琦善与义律重开谈判，商订了《穿鼻草约》，暂时商定赔偿英国 600 万银圆，割让香港给英国等。

1 月 21 日，义律单方面公布所谓的《穿鼻条约》，并于 5 天后根据条约强行占领了香港。道光帝感觉大失颜面，下诏捉拿琦善，并任命奕山为"靖逆将军"，准

备重新开战，以显皇威。获悉中方态度后，英军先下手为强，于 2 月 25 日再次向虎门其他炮台发起进攻，包围了横档、永安两炮台，26 日拂晓又分别进攻靖远、镇远、威远和巩固等炮台。

这些炮台属于广州的第二道防线，也是虎门要塞核心。如果这道防线失守，第三道防线只有大虎山一座炮台及小虎山少数清兵，广州城岌岌可危。负责镇守的老将关天培始终主张坚决抵抗。他多次请求援兵，但琦善仅派出 200 人予以敷衍。一些下属甚至向关天培讹索钱物作为守台条件，他不得不典当自己的衣物，换钱散发给兵丁。外无援兵，内缺粮弹，关天培决心以死报国。他命家丁将几件旧衣服和几颗脱落的牙齿送回老家，以示诀别，然后亲自坐镇靖远炮台。他亲自燃放大炮，与敌激战近 10 小时。后英军自炮台背后发起进攻，关天培受伤数十处，血染衣甲，仍坚持与登陆英军白刃作战，终因弹尽援绝，伤重力竭，与游击麦廷章及所部士兵壮烈殉国。不久，其他炮台相继失陷，大虎山、小虎山上的清军则不战而退，虎门要塞六炮台在一天之内尽丧敌手。

综观英军进犯虎门要塞的过程，大多数炮台的清军都是未战即溃，以致众多的大炮、战船以及险要地势都没有发挥应有的作用。如果清军官兵都能像关天培及其所部那样誓死抵抗，英军怎么可能那么轻易得手，长驱直入？关天培壮烈殉国的消息传到广州，已被撤职查办的林则徐失声痛哭，当即挥笔写下了"我不如你"四个大字，以表达胸中的无限悲愤。

15

烈士暮年　誓守边关
清军扼守镇南关城全图

侯春燕

　　清军扼守广西镇南关城全图．绢本设色，纵 34.6 厘米，横 57.7 厘米，形象地展示了镇南关（今友谊关）战役期间的布防情形。它所承载的历史记忆历久弥新，宛若一首酣畅淋漓的史诗，颂赞着冯子材在中法战争中的爱国情怀。

　　1883 年 12 月，法军向进驻越南山西的清军发起进攻，中法战争正式爆发。清军接连失利。1884 年 12 月，年近七旬的在籍宿将冯子材（号萃亭）奉命组建钦州萃军 18 营，誓师开赴广西前线。

　　在侦察到法军企图进攻广西龙州后，冯子材亲赴营地，反复勘察，选定关前隘（今隘口南）地区为预设战场。关前隘位于镇南关通往龙州官道的要冲，地势险要，易守难攻。西面有凤尾山，也叫西岭；东面有大、小青山，也称东岭。两山对峙，中间夹有一条宽二三里、长四五里的盆谷，南北大道经隘口穿盆谷而过。冯子材命令部队在关前隘筑起一道长达 1500 米、高过 2 米、宽逾 1 米的土石长墙，横跨东西两岭之间，墙外挖掘 1 米多深的堑壕；同时在东西两岭上构筑数座大型堡垒，占据主要山头，居高临下，控制着整个盆谷。小青山向南延伸到长墙以外，是主阵地的依托，又是长墙的屏障。大青山是关前隘地区的制高点，不仅可以坚守，而且可以屯兵，是主阵地侧后的屏障。凤尾山筑有大型堡垒，形成对主阵地右翼的保障。凤尾山向南延伸地势渐低，直至地平面处，叫龙门关，有向西斜出的偏道通往扣波，便于支援兵力灵活转移，从而形成一个较为完整的山地防御体系。如此设防，中国军队进可攻，退可守，处于比较主动的地位。从"清军扼守镇南关城全图"中可以清楚地看到，凤尾山炮台为最大的炮台，驻勇 1200 名，其余炮台驻勇为 200 名和 100 名不等。炮台、望楼和营盘上均明确标示着与关门的距离为一里、一里半、二里、三里、四里和五里不等，"督"旗飞扬，关门上"镇南关"三字显赫地宣示着中国的领土主权。

　　在兵力部署上，冯子材率所部扼守长墙及两侧山岭险要，担任正面防御；右江镇总兵王孝祺军屯于冯军后半里许，以为犄角；广西提督苏元春军和镇南军统领陈嘉军，屯于关前隘之后 5 米处幕府；副将蒋宗汉、记名提督方友升军屯于凭祥，在幕府后 30 米；广西巡抚潘鼎新军屯于海村，在幕府后 60 米；候补道魏纲军屯

清军扼守镇南关城全图

于艾瓦，在关西100里；前福建布政使王德榜军屯于油隘，在关外东30里，形成了多梯次、大纵深的防御体系。

1885年3月23日晨，法军1000余人趁大雾偷偷闯入镇南关内。在炮火掩护下，经过几小时的激烈争夺，法军占领了小青山三座堡垒，并向长墙发起猛攻。清军奋力抵抗，协同作战，阻止了敌军前进。24日晨，法军分三路再次发起攻击，沿东岭、西岭、中路谷地猛扑关前隘。冯子材与各部统领相约，如有临阵退却者，皆斩杀。当法军逼近长墙时，冯子材持刀大呼，率领儿子冯相荣、冯相华跃出长墙，冲入敌阵。清军士气为之大振，手执短戟，一起跃出，将中路法军300余人大部歼灭。下午3时，清军发起反攻，收复东岭三座堡垒。之后，王德榜军从法军右侧后夹击东岭之敌，王孝祺军击退向西岭进攻的法军，冯子材率部从正面出击。法军三面被围，伤亡甚多，后援断绝，弹药将尽，狼狈逃回文渊（今同登）。冯子材率军乘胜追出镇南关，深夜才收队回关。

为了继续扩大战果，不给法军喘息之机，3月26日午刻，冯子材率军出关攻打文渊，并要求王德榜调拨"楚军"由小路抄袭法军右翼，形成四面环攻之势。法军被迫倾巢齐出，奋力拒战。法军头目中弹落马，余兵随即溃散。冯子材率军攻克文渊，随后又分路追击，27日到达界牌，距谅山仅15里。谅城为越南的据边要省，法军的精锐部队及武器辎重等大多聚集于此。法军第2旅司令尼格里企图坚守谅山，待援军抵达后再行进犯镇南关。冯子材下令乘胜追击，尼格里受重伤，法军被迫于28日深夜撤出谅山。

事实上，从1884年12月底开始，中法双方就在为结束战争秘密谈判。至1885年3月中下旬，各项条款已基本谈妥，但法国茹费理政府心有不甘，企图通过战场上可能出现的胜局迫使清政府让出更多权益。然而，法军却遭遇了镇南关、谅山一线的全面溃败，茹费理内阁因此倒台。

16

旗进人进　旗退人退
三元里人民抗英的指挥旗——三星旗

侯春燕

　　三星旗，黑底，四周镶白牙边，三星相连，纵103厘米，横80厘米。该旗原为三元古庙（原称北帝庙）的旗帜，1841年三元里民众抗英斗争中曾被用作组织和指挥的指挥旗。

　　虎门大战后，英军乘胜闯入珠江，占领了广州城外所有据点，杀人抢船，横行无忌，气焰十分嚣张。1841年5月29日上午，一队英军闯入广州城外北郊的三元里村，捉鸡捕鸭，抢劫扰民。农

民韦绍光的妻子李喜模样俊秀，刚从家中走出来，即遭遇英兵调戏。李喜一边反抗，一边大声呼救。韦绍光和附近几个农民听到呼救急忙赶来，用锄头、扁担等砸向英兵。英兵来不及开枪，只得举起枪柄和刺刀顽抗。经过一番激烈的搏斗之后，英兵被打死了八九名，其余的人则仓皇而逃。

　　韦绍光等打死肇事英兵的消息传开后，村民们纷纷聚集到三元古庙，商议对策。他们估计到英国人不会善罢甘休，一定要前来报复，决心团结一致，组织16岁以上、60岁以下的男子，以刀、矛、棍、斧等为器，与英军一决雌雄。为统一行动，他们议定以供奉在三元古庙神案上的三星旗为令旗，誓约旗进人进，旗退人退，击鼓进兵，鸣锣收兵。为了争取更多的乡民共同抗敌，他们还派出代表赴邻近各乡求援。在三元里乡民和爱国士绅的发动与号召下，广州城北郊外103乡的人民汇成了一股声势浩大的抗英力量。5月29日下午，各乡代表聚集在牛栏冈上，商定以乡为单位，每乡准备大旗一面，写上乡名。同时以原有团练为基础组成抗英队伍，每5人为一队，公举领队1人，头缠

三星旗

红布，指挥作战。各乡准备大锣数面，遇有警报，一乡鸣锣，众乡皆出。

义民们商定首先对英军盘踞的四方炮台发起佯攻，目的是把英军引入地形复杂的牛栏冈后集中歼灭。5月30日上午10时，约4000乡民手执长矛、大刀、藤牌和铁棍等兵器，杀向四方炮台。英军远征军总司令郭富率领几个团的兵力进行抵抗。乡民们则按照计划且战且退。英军向北追击，路遇一小队乡民在大树底下喝茶。在遭到英军射击后，乡民们丢下茶杯及手中的长矛撒腿就跑。英军误以为乡民是胆怯而逃，继续向前追击。忽然，又有一队乡民杀出，稍作对抗后即向北奔跑，英军不知不觉便追到牛栏冈。牛栏冈一带水田四布，道路崎岖，周围有山冈环绕，是聚歼敌人的极好战场。正当英军试图辨明方向时，只听锣声四起，牛栏冈顶升起三星旗，早已埋伏好的乡民手持刀、矛、锄、耙等武器，杀声震天，围攻而来。乡民们不论是否收到传檄，都纷纷赶来参战，到中午时分，已经达到2万余人，逐渐形成包围圈。至下午2时左右，忽然雷电交加，英军的火药枪被雨水淋湿，无法使用。英兵穿着笨重的皮鞋，有的深陷在四面皆田的泥泞中，狼狈不堪；有的蜷缩在瓜棚豆篱下，淋成了落汤鸡。漫山遍野的抗英民众，借助雨势奋力拼杀。英军不得不落荒逃窜，撤回四方炮台。许多因不识路而窜入树林的士兵，被民众一一搜杀。

三元里人民获得牛栏冈大捷。据当时记载，英军伤亡近50人，被俘虏20多人。又据奕山在8月21日呈递清政府的奏折中说，三元里战后，呈交清廷检验

的战利品有铁甲衣、连环甲、西洋剑、象牙印章、铜护心镜、镶钻帽子等。在"复兴之路"基本陈列展览中，展品不仅有三元里人民抗英的指挥旗——三星旗，也有缴获的战利品英军铁甲衣、军大衣、象牙印章、佩剑、肩章和帽子等。它们既是英国侵略者的罪证，也是中国人民英勇不屈、反抗外国侵略的物证。

为掩饰其侵略罪行和失败惨状，英军贴出告示称，三元里百姓刁蛮顽抗，但承蒙大英宽容相待，没有对其予以惩戒，希望村民们以后不要再犯。广东人民立即针锋相对，在商馆门前贴出《申谕英夷告示》，痛骂英国侵略者豺狼成性，盛赞林则徐禁烟抗英，揭露琦善等不开炮火、卑怯求和的懦弱行径，歌颂三元里人民严惩英军的英勇事迹。他们还警告英国侵略者，以后若胆敢再犯，广东义民将不用官兵，不用国币，自己出力，杀尽尔等，表现出中国人民不畏强暴、不屈不挠的决心和必胜信念。晚清诗人张维屏曾赞叹："三元里前声若雷，千众万众同时来，因义生愤愤生勇，乡民合力强徒摧。"

据1951年广州市人民政府民教科调研时三元里村民们回忆，自1841年以来，当地人民只要遇有大事需要"出队"，一定都是要以三星旗为标志。这种旗帜烂了再造，只是百年以来式样始终沿袭未变。展览中的这面三星旗质地为洋布，由缝纫机缝边，有人据此推断，它并非三元里人民抗英斗争中使用过的指挥旗，而是民国年间"烂了再造"的。

17

不言而喻　一目了然
兴中会会员、爱国华侨谢缵泰绘制的《时局图》

侯春燕

　　"复兴之路"基本陈列展览中有一幅时事漫画《时局图》。画面呈现的是：在一张清末中国版图上，大黑熊代表践踏中国东北并窥伺蒙古领土的俄国，老虎代表盘踞长江流域的英国，蛤蟆代表活跃在泰国、越南并环伺中国广西、广东和云南的法国，蛇代表匍匐在山东境内的德国，长着人的四肢和五官的太阳代表割占中国台湾并觊觎其他地区的日本，口衔星条旗的老鹰代表正从太平洋扑向中国的美国，右下角那些摇旗狂吠的动物，代表蠢蠢欲动准备加入瓜分中国行列的其他列强。而在这种危机四伏的形势下，置身于版图中的清廷官吏或酣然入睡，或沉迷鸦片，或醉心八股科考。整个画面，生动形象地展现了中国将被列强瓜分豆剖的严峻局势和清朝官吏的昏庸腐败。

　　该画由清末爱国人士谢缵泰创作。谢缵泰祖籍福建，生于澳大利亚悉尼，16岁时随家人迁居香港，就读于皇仁书院，结识了杨衢云等爱国青年，之后加入孙中山等联合组织的香港兴中会。1895年，中国在甲午战争中战败，被迫与日本签订《马关条约》，割让辽东半岛给日本。

　　为了维护自身利益，俄国、德国与法国迫使日本把辽东归还中国。以三国干涉还辽后索取"酬劳"为开端，西方列强掀起了共同瓜分中国的狂潮。俄国侵入东北，又强租旅顺和大连；德国强租胶州湾，强划山东为势力范围；法国强租广州湾，将广东、广西和云南划为势力范围；英国强租九龙半岛"新界"和山东威海卫，强划

时局图

长江流域为势力范围；日本割占台湾，并将福建划为势力范围；美国提出"门户开放"政策，倡议各国相互承认他在中国境内享有平等的通商权利。面对列强的瓜分狂潮，中国人民掀起了救亡图存的高潮。此时，谢缵泰与孙中山等爱国志士正在筹划广州起义。1898 年 6 月，谢缵泰绘制了《东亚时局形势图》，并将其刊载于香港《辅仁文社社刊》上，以警示国人。此后，随着国内国际形势的变化，他又做了多次修改。

1900 年，俄国趁八国联军侵华之机，出兵侵占中国东北全境。1902 年 4 月 8 日，中俄签订《交收东三省条约》，约定俄国分 3 期撤军，每期 6 个月。1903 年 4 月 8 日为第二期撤军的最后期限，俄国不但不肯撤兵，反而提出无理要求，企图独吞东北三省。为唤起国人对东北三省前途的关注，1903 年 12 月 25 日，蔡元培等人在上海创刊《俄事警闻》，并在创刊号上刊登了谢缵泰绘制的《瓜分中国图》。配图说明形象地描述了该图的喻义：一个是熊，有横霸无忌的样子，占东三省地方，是譬喻俄国；一个是狗，有守住不放的样子，占长江一带地方，是譬喻英国；一个是蛤蟆，有任意收揽的样子，占广东、广西、云南地方，是譬喻法国；一个是蛇，有贪得无厌的样子，占山东地方，是譬喻德国；一个是太阳，他的光线到福建地方，是譬喻日本；一个是鸟，飞来分食，是譬喻美国。此版的图案比较简单，没有出现官员们的腐朽形象，另英国的代表物是狗而不是虎。这是至今所能见到的《时局图》的最早版本。

陈列中的《时局图》版本，是爱国知识分子朱士嘉于 1940 年在美国国立档案馆摄制的。从内容上可以判断，该图是在《瓜分中国图》基础上改绘而成的，成图时间应该在 1904 年之后。1904 年 2 月，日军突袭旅顺港的俄军，引发了日俄战争。而腐朽的清政府竟然宣布保持中立，任由两个帝国主义国家在自己的领土上进行瓜分中国的战争。这一事件引发国人的不满情绪，进步团体和媒体都开始发出批判政府和唤醒国人的声音。陈列中的《时局图》，兼具了反帝和反封建的两种职能，不仅将一些动物做了修改，而且增加了表现清政府官员腐败昏聩的内容。但是因其来源不清和注释不明，对于该图的文字说明至今仍有不少分歧，尤其是关于德国的代表物说法不一，有人认为是肥肠而非蛇。

随着民族危机的日益加深，《时局图》中将英国的代表物由狗改为虎，并加上"不言而喻，一目了然"的提示，使画面更有意境和说服力。无论图中的象征动物是狗还是虎，是蛇还是肠，所变的是具体图案，不变的是唤醒国人救亡图存的民族意识的宗旨。"沉沉酣睡我中华，那知爱国即爱家，国民知醒宜今醒，莫待土分裂似瓜。"《时局图》振聋发聩的题词，正是要激励国人的爱国热情和反清革命的决心。

二

探求救亡图存的道路

18

分庭抗礼的象征
太平天国天王洪秀全的玉玺

李守义

作为太平天国最高权力象征的天王洪秀全的玉玺，是中国历代农民战争史中重要的文物。1864年清军攻陷太平天国都城天京后，大量太平天国文献被付之一炬，天王玉玺也曾一度下落不明。收藏于中国国家博物馆的太平天国天王玉玺，为学者研究太平天国史提供了实物资料。

太平天国天王玉玺由青白玉雕成，边长20.4厘米，印台高2.7厘米，钮高7.4厘米，净重3.85千克。玉玺钮背刻云纹，钮侧刻双凤朝阳纹。玺文四周上作双凤朝阳纹，左右作龙纹，下作立水文。

太平天国天王玉玺原存于南京天朝宫殿内。1864年7月19日天京失陷后，湘军在城内夺取天王玉玺。后由曾国藩派员送交北京军机处，存于方略馆。

中华民国成立后，民国政府收回方略馆（太平天国）玉玺，移国务院存保。

1912年7月，民国教育部筹建了国立历史博物馆。1923年，民国政府将太平天国天王玉玺拨交国立历史博物馆。

1931年"九一八"事变爆发后，东北三省沦陷，北平、天津受到威胁。1933年1月，日军进入山海关，进攻热河和长城各口。为保护文物避免战火的破坏和

太平天国天王洪秀全的玉玺

落入敌手，民国政府提出文物南迁计划，行政院代理院长宋子文下令要求包括国立历史博物馆在内的北平诸家文物保管单位将其重要文物南迁。

面对紧张的时局，防患于未然，历史博物馆将一部分重要文物秘密保存于北平浙江兴业银行，另一部分重要文物分四批南迁。太平天国天王玉玺是历史博物馆第一批南迁的文物。1933 年 2 月 27 日，历史博物馆将包括太平天国天王玉玺在内的 36 件重要文物运到上海，并由中央研究院上海办事处接收保管，将之存放于上海浙江兴业银行保管库。这样，太平天国天王玉玺因避国难辗转到上海。所幸的是，这件文物虽经抗日战争、解放战争战火兵戎的劫难，却在数次灾难中得以完整保存下来，并一直保存至新中国成立。

北平和平解放后，中央开始筹建中央革命博物馆，并开始征集革命文物。1949 年 10 月 11 日，中共中央宣传部即向各中央局、分局宣传部发出《关于收集革命文物的通知》，要求"各中央局、分局宣传部并通知各级宣传部门及时（迟则不易收集）负责收集革命文物，专人负责，集中保存"，"待革命博物馆成立后即派人迁京"。

通知刊发后，各省市人民政府文教机关、革命文物保管收集委员会，为配合革命博物馆的成立，开始搜集具有革命历史意义的文物。同时，因日本侵华战争而被迫迁往各地的文物开始陆续回迁。1950 年 1 月 15 日，中央博物院工作人员王振铎从上海运回（南京）原历史博物馆寄存在浙江兴业银行的珍贵文物。但保存其中的太平天国天王玉玺则被上海市文物管理委员会征集。《人民日报》1950 年 2 月 7 日对此事做了报道："上海革命文物收集委员会自去年十二月成立以来，已征集革命文献史料多种，其中较为重要者有……太平天国大玉玺。"

鉴于太平天国天王玉玺重要的历史价值与艺术价值，中央文物局得到消息后，便"派员来会（上海市文物管理委员会）洽取，已于去年（1950）十月十一日先后携往北京，准备在中央革命博物馆陈列"。

这样，在经历了无数战火后奇迹般保存下来的太平天国天王玉玺又回到了北京，并在中国革命博物馆陈列。2003 年 2 月，在原国立历史博物馆基础上成立的中国历史博物馆与在中央革命博物馆基础上成立的中国革命博物馆的基础上，正式组建了中国国家博物馆。太平天国天王玉玺几经播迁之后，又回到了国家博物馆，并在"复兴之路"基本陈列中展出。

19

充实军需　维护民生
张朝爵颁发的榨油坊营业执照

王南

这张榨油坊营业执照见证了太平天国由盛转衰的过程。

太平天国前期和任何一个有作为的政权一样，为了保障经济和军事的发展，进而巩固政权，在所辖区域内都进行了经济制度的建设，也制定了一系列的经济措施，如：对农民夺回土地、不交或少交地租的行动加以保护，有些地区发"田凭"，确认其土地所有权；有些地区勒令地主富豪多交赋税，减轻贫苦人民的负担。手工业者分别组织在"诸匠营""百工衙"中，从事生产。商业允许自由贸易，不准囤积居奇、投机取巧。财政上鼓励铸造钱币，实行轻税政策。这些措施有效地支持了太平天国的军事进展。然而，1856年发生的自相残杀的内讧——"天京事变"大大地削弱了太平天国的力量，太平天国管辖的面积也有所缩小，但是战争规模却反而扩大了，反扑的清军夺去武汉、九江等地，加强和重建江北、江南大营，这种局面严重地影响了太平天国的经济和军事形势。为了扭转不利局面，太平天国加强了税收管理，以补充军事需要。这张执照就是在这样的形势下产生的。

执照的发行者是张朝爵。张朝爵（约1821—？），广西人。初为太平天国东王杨秀清麾下部卒。1853年转随石达开赴安庆安民。后石达开离任返天京，秦日纲代守安庆，以他为副将。1861年，湘军攻陷安庆，他走脱后回到天京。1864年天京陷落后，不知去向。

这张榨油坊营业执照颁发于太平天国己未九年四月初六日，即清咸丰九年四月十四日，也就是1859年5月16日，是发给榨油户朱物吝、朱玉桂的，号数二十。此执照的行文抬头是"真忠报国启天福兼中军安徽省文将帅张"，说明了他的头衔。"真忠报国"说明张朝爵的自我表白，他是忠于天王报效天国的；"启天福"是爵位称号，"福"是1859年刚刚出现在太平天国六级爵位中的一个级别，即义、安、福、燕、豫、侯。在太平天国后期的官阶系统中，官职、爵位呈交叉状态，王之下有天将、朝将、主将，然后是上述六级爵位，可见"福"是属于中层的爵位级别。"中军"原是古代军队中重要将领的一种官名，一方面表明张朝爵在军队中的地位，另一方面也表明太平天国的官职制度有一定的复古倾向。"安徽"即太平天国时期的安徽省，与今无别，省是地方最高

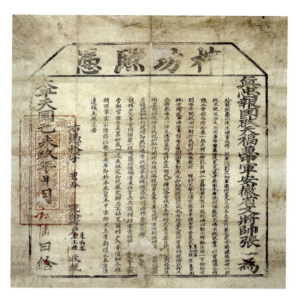

张朝爵颁发的榨油坊营业执照

行政级别，以下有郡、县，共三级，有别于清朝的省、府、道、县四级制。"文将帅"则是主管民务的省一级文职官员，有的省设同级别的总理民务官，也是主管一省的民务官员。从这一行文抬头可以看出，张朝爵当时是掌管安徽军政大权的中层官员，这一现象也符合太平天国官员历来不分军民，武将可掌管民务，文官亦能领兵打仗的特点。

榨油户朱物齐、朱玉桂居住在安徽省怀宁县，该县位于安徽省西南部，属安庆治下。安徽省是太平天国极为重要的省份，自1853年秋冬间石达开安庆易制后，一直是太平天国最巩固的根据地，张朝爵是主政该省最久的省级官员。怀宁是富庶之地，物产丰饶，盛产花生、油菜、芝麻等油料作物。从执照的文字"国家开创之初，军需均宜充足，而各色牙行业已定有额课，惟油榨一款从未税及分文，向因库帑丰盈，姑从宽免，兹者舆图未扩，采办

维艰，故不得不税取若干，以资接济"中可以看出，这张执照的颁发是为了加强对榨油作坊的管理，并征收榨油税，以此充实军需。照凭规定："大榨一榨能出油二百余斤者，则每日取税油四斤；小榨能出油一百余斤者，则每日取税油二斤。"很明显税率是2%，属于低税率，这样的税率对于榨油户不算高，而对于国家需求则是小量的补充。朱物齐、朱玉桂开的是日榨油200余斤的小榨油坊，所以每日油税是2斤。

照凭还规定，无论"大小额数每月一解至总油盐廨过称查收，领取印挥以备查核。"也就是说要统一管理。此外，照凭还有更为严格的规定：榨房主人必须到总油盐廨告知开榨日期，以保证按月收税，如果私自开榨就按漏税治罪；如要收榨也要到总油盐廨告知收榨日期，以便按月销号，如果私自收榨，就按一年收税；如果不领照凭私自开榨，就将榨房充公，相关榨房主人也要拿问治罪；在领了照凭开榨后，遇到官兵滋扰索贿，一经查实立即从严追究查办，绝不姑息。这张照凭有增加税收、充实军需的一面，也有加强管理、维护民生的一面。

此照凭纵46.7厘米，横40厘米。纸质，木刻印，毛笔写，钤盖"太平天国真忠报国启天福兼中军安徽省文将帅张朝爵"双龙文大朱印。

20

太平军北伐震京畿
清政府绘制的《京师布防图》

王南

这张《京师布防图》是清政府为了防范太平军的进攻而绘制的，它产生于1853年，是在太平天国10多年的战事中产生的众多文物里的一件，虽然它不是太平军自身的物品，却从反面见证了当时的战争状况。

1853年3月19日，太平军经过两年多的艰苦征战，占领了江苏南京，并定都南京，改称天京。此后，掌握太平天国军事大权的东王杨秀清，不顾清朝军队在南京和扬州附近建立了旨在围困天京的江南大营和江北大营，仍决计派出"扫北"大军直捣北京，从而实现尽快推翻清朝统治的大政方针，这就是著名的太平军北伐战争，这确是一着险棋。

1853年5月13日，由林凤祥、李开芳和吉文元统帅的扫北军两万余人正式出征。此三人是太平军中著名的骁勇战将，所统领的这支军队是当时太平军所有作战部队中战斗力最强的，仅两广老战士就多达3000人，应该说是能征善战，这从该军前期的战绩中就能明显地看出。扫北军自5月13日兵分三路击溃清军防守部队山东兵和黑龙江马队起，到10月30日在天津西郊遭地方民团排枪伏击受挫，转而退守独流、静海等处为止，该军入安徽、经

河南、渡黄河、过山西、进河北，攻城略地，攻守兼备，击垮重重防线，突破围追堵截，威迫保定、进逼天津、转战、攻克数十城镇，京畿震动。正是这样的军事成果，迫使清廷在北京设巡防所，宣布戒严，官僚富绅逃迁者达3万户。

此时的北伐军写下了豪迈的歌谣："争天下，打天下，穷爷们天不怕来地不怕。杀到天津卫，朝廷好让位；杀到杨柳青，皇帝爷发了昏。"面对北伐军的强大攻势，清廷制定出的防御计划屡屡破产。而1853年10月10日北京误传太平军已攻至定州，清廷大震，咸丰帝于次日任命惠亲王绵愉为奉命大将军、科尔沁郡王僧格林沁为参赞大臣，加强京城防务，由京城巡防处统筹。该处除密集调兵遣将围追堵截北伐军外，在京城内外也加强了防务。为了确保京城万无一失，在天津、通州、宝坻、霸州、固安、良乡、卢沟桥、磨石口、马驹桥、密云、田村、雄县、黄村等重要战略要地增派重兵把守。在京城内，更是加紧精心布防。局部上，仅西直、广安两门就设大小炮258尊，守护炮位的兵丁达340名。在紫禁城各门都添设鸟枪护军守卫，极为严密。总体上，在北京内外城设置大小铜炮1830尊，其他铝铁炮、抬枪、鸟枪、弹药

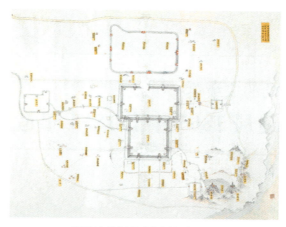

清政府绘制的《京师布防图》

不计其数。此外，在京城天安门、西直门、阜成门、宣武门、正阳门、朝阳门、崇文门、安定门、德胜门、东直门和各紫禁门，以及各城街道密布岗哨，由步军统领、五城巡城御史、顺天府等衙门在城内外进行严查，缉捕太平军的潜伏人员。

在京城加紧布防的时候，僧格林沁亲率所部近 5000 人赶赴京南涿州防堵，清将胜保也督军火速北上保定拦截。但是扫北军并未从保定直击北京，而是趁暴风之日东向连克献县、交河、泊头镇、沧州、青县，占静海，下独流，前锋直抵杨柳青。然而，此时的扫北军经数月征战，已现人困马乏之态，且粮弹不济，深秋缺衣，寒冬将至，于是驻军休整，等待援军，以做攻击北京的准备。而这一休整就是三个月，也是和清军相持的三个月。此时隆冬来袭，以南方兵士为主的北伐军面临严峻的考验。这三个月也是北伐军由胜转败的三个月，这支曾经英勇善战的劲旅开始走向败亡之路。自 1854 年 2 月 5 日，驻扎独流的太平军向静海集中。次日，扫北军乘夜幕踏冰向西南方向急速转移。到

1855 年 5 月 31 日，北伐军的最后堡垒山东茌平冯官屯被清军攻陷止，北伐军一面和清军进行殊死的战斗，一面与无情的严冬做顽强的抗争，冻死者多于战死者。吉文元、林凤祥、李开芳等也先后战死、被俘、被害，而天京迟发的援军或被围剿消灭，或无功而返。但是，扫北军的征战，震撼了清廷的心脏地区，牵制了大量清兵，对南方太平军和北方人民的斗争均起了屏障作用。

扫北军的失败主要是敌强已弱，加之太平天国的领导中枢犯了战略性错误，令扫北军陷于孤军深入、后继无援的艰难境地，而北国的寒冬则帮了清军、毁了扫北军。清廷在京师所做的防范和部署虽然没有发挥什么作用，但其留下来的布防图却让今天的人们可以从中了解对阵双方在这场战争中的心态和所作所为。荡气回肠的史迹已成过去，慷慨悲歌的壮举依旧感人，历史的见证物仍然能引发人们的思绪。

本图为纸本设色。纵 72.5 厘米，横 90.5 厘米。图中长方纸条上写的是清军设防的地名。1959 年 3 月个人捐赠。

21

一张洋务运动的成绩单

江南制造局1865年至1885年造船清单

李良

1865年，李鸿章合并上海和苏州的洋炮局，买下上海的美商旗记铁厂，再加上容闳赴美国购买的一部分机器设备，建成江南制造总局。1867年，江南制造总局迁至城南濒临黄浦江的高昌庙，经过不断扩充，1870年时占地面积达400多亩，并且先后建成16个分厂，成为洋务派创办的规模最大的近代军事企业。

江南制造局初创时，由于经费不足，专造枪炮，后来曾国藩奏准以江海关二成收入作为制造局经费，其中一成专为造船之用。经费问题解决后，制造局设立船厂，建设了一座长325英尺的船坞，开

始造船。"复兴之路"基本陈列中展出了一份江南制造局呈送给上级机关的1865年至1885年期间所造船只清单。清单纵21.5厘米，横106厘米，上面显示：从1865年至1885年奉旨停造轮船止，江南制造局共生产"惠吉""操江""测海""威靖""海安""驭远""金瓯""保民"八艘兵船及一些小型船只。

1868年（同治七年），江南制造局制造成功中国近代第一艘具有实际航行价值的蒸汽船——"惠吉"号兵轮（当时称"恬吉"号，后改称"惠吉"号）。据清单记载，该船长185尺，宽27尺，

江南制造局1865年至1885年造船清单

舱深 12 尺，吃水 8 尺，载重 600 吨，明轮机器，实际马力 392 匹。"惠吉"号船身为木质，船身与锅炉由制造局自行制造，蒸汽机自外购买。轮船建成后试航，由黄浦江开出吴淞口，至浙江舟山返回，虽然海上风急浪大，但轮船航行平稳，速度达到 37 里。后来曾国藩亲自登船试航，欣喜地称："中国初造第一号轮船而迅且稳如此，殊可喜也。"中国自己制造的第一艘蒸汽船试航成功，在上海引起轰动，沪上报刊纷纷对当时的盛况予以报道。

"惠吉"轮之后，至 1876 年，江南制造局又先后制造了"操江""测海""威靖""海安""驭远""金瓯"六艘兵轮。其中"海安""驭远"两姊妹舰长度达到 300 尺，载重 2800 吨，马力达到 1800 匹，在当时已算很大的兵舰了。虽然船体巨大，但"驭远"轮下水时，水不扬波，平稳暇逸，《申报》称赞其"技精入神"。与同时期日本所造的船只相比，江南制造局制造的轮船性能明显占优。

江南制造局虽然任用外国人作技师，但是它能较快掌握造船技术并生产出性能良好的轮船，与该厂聚集的一批著名科学家是分不开的，如徐寿、华蘅芳、徐建寅等，他们都具有深厚的西学知识。江南制造局附设有翻译馆，翻译了《汽机发轫》《汽机问答》《克虏伯炮说》《化学鉴原》等一批工程、兵学及基础学科的书籍，是洋务运动时期中国规模最大、编译科技著作最多、质量最高、影响最广的翻译机构。

遗憾的是，在江南制造局的造船技术日渐成熟之时，由于李鸿章海军建军思想由自造船只转向从外国购买，自 1876 年建成小型铁甲船"金瓯"之后，江南制造局的造船业务便停顿下来。从 1877 年至 1884 年间，一艘船也未造，直到 1885 年才造成了一艘"保民"钢板船。此后，清政府下令该局停造轮船，专门修理南北洋各省兵轮船只。江南制造局的造船业务又停滞 20 年，直到 1905 年江南制造局实行"局坞分家"，造船业务才恢复并发展起来。

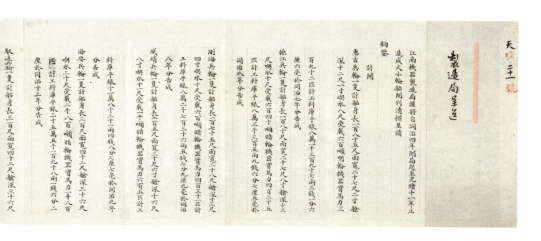

22

开启中国新式学堂之门
京师同文馆门额

李良

1862年6月,在刚遭受外国侵略者野蛮劫掠的北京,中国近代最早的官办新式学堂——京师同文馆成立了。京师同文馆位于北河沿大街南口,是一处古朴典雅的院落,不起眼的正门为青砖木门的设计,显得含蓄内敛。在大门上方,圆弧形的木质门额镶嵌在青砖结构中。门额上的雕刻十分精美:中间是一本厚厚的书籍,封面篆刻着"天下同文"四个字,这表明了它教授外语的学校性质和追求的目标。书下面是一面三角形的清朝龙旗,提示着它的官办身份:京师同文馆是刚刚设立的总理各国事务衙门的附属机构。

同总理各国事务衙门一样,京师同文馆的创设缘于当时清政府办理外交事务的迫切需要。第二次鸦片战争中,清政府被迫与英、法、俄、美等列强签订了不平等的《天津条约》及《北京条约》,根据条约,外国公使长驻北京,并在通商口岸设立领事馆,清政府面临的外交事务将日益繁多。特别是《天津条约》中还明确规定,以后英国文书用英文书写,现暂时仍用汉文,等中国选派学生学习英文并熟习后,即不用汉文;遇有英文、汉文表述上的歧义时,以英文为准。这就使外语人才的培养迫在眉睫。1861年1月,负责办理洋务的恭亲王奕䜣奏准设立同文馆,其隶属于总理各国事务衙门,第二年6月,京师同文馆正式成立。此后,上海和广州的同文馆也先后成立。

京师同文馆第一年只设英文馆,招收了10名旗人子弟入学,聘请英国传教士包尔腾教授英文。第二年增设法文馆、俄文馆,也是各招收10名旗人子弟,后来

京师同文馆门额

京师同文馆原址

书，如丁韪良译《国际公法》、毕立干著《化学指南》、欧礼斐著《孤三角阐微》等。

京师同文馆先后共培养了 500 余名学生。凭借附属于总理各国事务衙门的身份便利，其毕业生大量进入政府机构。一些人留馆教书译书，并在总理各国事务衙门充任翻译，一些成绩优异者被选派随使出洋，还有很多毕业生被派往各地的衙门、学堂、军队等任翻译官或教习。京师同文馆的学生中不少人日后成为翻译家、科学家及外交官，比较著名的有驻日本公使汪凤藻、外交总长陆征祥等。

京师同文馆带动了一批新式学堂在中国兴起，为中国培养了大量翻译、外交及科技等方面的人才，对西方科学文化在中国的传播起到了积极的作用。

1900 年，京师同文馆因八国联军入侵北京而解散，1902 年并入京师大学堂。如今，京师同文馆早已湮没在历史长河中，只有它的门额保存下来，在中国国家博物馆"复兴之路"基本陈列中展出，岁月已冲刷去了门额原有的绿色，只在四周留下些许痕迹，露出素雅的原木色，它连同照原样复制的同文馆大门一起向今天的人们诉说着京师同文馆过去的辉煌。

才逐渐将招生对象扩展至汉人，成绩优异者授给功名身份。同文馆此后又逐渐增设算学馆、化学馆、德文馆、天文馆、格致馆、日文馆等，还设有书阁、印书处、实验室、天文台、博物馆，从专门培养外语人才的学校发展为综合性新式学堂。

京师同文馆的教习前后共有 90 余人，其中 30 多人是中国教习，如著名数学家李善兰就曾任算学教习，不过大部分中国教习是教授汉学的。此外还有 50 多名洋教习，教授各国语言及化学、格物、天文测算、机器制造等。美国人丁韪良担任总教习长达 25 年，他在任期间，根据学生情况不同，拟定两套课程，一套为八年制，一套为五年制。前者课程包括外文、各国历史地理、化学、数学、天文测算、格物、机器制造等；后者除不学外文，与前者学习课程大体相同。同文馆的教习除授课外，还翻译或编著书籍作为教科

23

戊戌变法的遗存

京师大学堂总监督关防

杨志伟

京师大学堂于 1898 年 6 月，由清朝光绪帝在《明定国是诏》中作为百日维新的第一项改革措施下令创办，是今北京大学的前身。它是在戊戌运动中诞生的中国近代第一所国立综合性大学，是当时中央官办的最高学府，也是当时全国最高教育行政管理机关。

中国国家博物馆"复兴之路"基本陈列上陈列的这枚"京师大学堂总监督关防"正是这段历史珍贵的见证实物。此枚关防为铸铜材质，印面纵 9.5 厘米、横 5.7 厘米，印台高 1.5 厘米，印纽高 10.2 厘米，关防至今保存完好，刻字清晰，印面刻有满、汉文对照的"京师大学堂总监督关防"字样，右半边作汉文篆书，左半边作满文九叠篆，满文自上向下识认，自左向右铺排。印左侧题款为"光字两千三百八十二号"，右侧题款为"光绪三十四年　三月"。

关防，作为一种正式印信标志起始于明代。当年，明太祖为防止宫吏使用空白印纸作弊，启用半印，以便拼合验对。这种勘合制度逐渐由使用半印演变为使用关防。时至清代，关防虽不作勘合之用，但形制未变，用以颁给凡临时设

京师大学堂总监督关防

置的官员，作为临时性官印，多为清代各省总督、巡抚、钦差、参将、游击等官员使用，总理衙门及各部院中掌理文书、银粮、料物之官吏也有使用关防者。关防主要有银、铜两种质地，尺寸不尽相同：总督、巡抚三品以上大臣使用银质关防；参赞大臣使用铜质关防，其尺寸均长为三寸二分，阔为二寸。乾隆朝时完成定制，对印文中的满汉文均为篆体做出明确规定，

并界定了不同篆体的应用范围，印文共有玉箸篆、芝英篆、九叠篆、柳叶篆、小篆、殳篆、钟鼎篆、悬针篆、垂露篆九种篆体，分为九个等级。

依据中国国家博物馆陈列的这枚关防印侧所题的"光绪三十四年　三月"及"光字两千三百八十二号"等字，此关防应为1907年被任命的京师大学堂总监督刘廷琛所用，并一直沿用至辛亥革命爆发后。

据档案记载，1907年7月，学部正式奏请将京师大学堂总监督改为实缺，三年一任，正三品，以重学务。

1907年11月7日，时任京师大学堂总监督的朱益藩请奏学部，称："本学堂总监督向系兼差，例用木制关防。现经定为实官，自应遵章换用印信。理合咨请贵部奏明，请旨饬下礼部，另铸铜质印信一颗，颁发启用，以资信守。"12月9日，学部奏准京师大学堂总监督关防由木质改铜质折，并称："拟请饬下礼部，按照品秩另铸铜质关防一颗，文曰：京师大学堂总监督关防。"同年底，刘廷琛任京师大学堂总监督。1908年4月21日，刘廷琛派大学堂庶务提调吕道象持具印领赴学部请领新铸铜质关防。4月24日，刘廷琛报呈学部，已领到由礼部颁发的新铸"光字二千三百二十八号"京师大学堂总监督铜质关防一颗，定于三月二十四日（即当日）开用。并将旧颁木质关防及总教习木质钤记两颗，派员呈送缴销。另，在查阅此次请领关防奏折的过程中，相关史料记载这枚铜质关防的编号均为"光字二千三百二十八号"，而所见实物印侧题文为"光字二千三百八十二号"。依据此关

防印侧另外一则铸造年月的题文为"光绪三十四年　三月"，与奏折中请领的时间可以相互印证，故推断此应为同一枚关防。

自此，直至辛亥革命爆发，再无京师大学堂请领新铸"京师大学堂总监督关防"的相关记载。京师大学堂由管学大臣兼差管理发展成为大学堂总监督实缺专管，从木质"钦命管理大学堂事务大臣之关防"改为铜质"京师大学堂总监督关防"，反映了在清朝最后十几年社会全面危机的时刻，清政府对于新式学堂应势而变的态度和重视程度逐渐转变的过程：由最开始草创阶段具有浓厚封建特色的旧式书院，经过几任大学堂负责人的苦心经营，逐步发展成为一所初具规模并具有近代意义的综合性大学。虽然当时创办以京师大学堂为首的一批新式学堂的初衷仍旧是造就以旧式思想为本、西学为用，培养服务于封建统治阶级的人才，但在实际办学过程中从办学宗旨、教学对象、学习内容、办学模式等方面都逐渐体现了近代高等教育的特征，客观上推动了新式学堂的推广和教育的近代化进程。

在清王朝风雨飘摇的最后几年中，虽然京师大学堂的总监督频频更替，但这枚总监督关防再没被更换，清政府对京师大学堂的管理和建设也再没有中断过。这枚铜质京师大学堂总监督关防不仅见证了百年北大成长的蹒跚步履，同时又以独特的史实承载着的中国近代高等教育从无到有的发展历程，可谓弥足珍贵。

24

从救人到救国
孙中山在广州学医时使用的显微镜头

李良

　　孙中山先生是伟大的民族英雄、爱国主义者、中国民主革命的伟大先驱。孙中山认识到腐朽的清政府已无可救药，必须代之以新的民主共和政府，因此毅然选择了武装革命的道路。

　　孙中山于1866年11月12日诞生于广东省香山县（今中山市）翠亨村。12岁时，孙中山赴檀香山投靠哥哥孙眉，在那里读了中学。在人生观与世界观形成的关键时期，这一段海外经历和受到的系统的西方教育深刻地影响了孙中山，使他开拓了眼界，接受了民主思想和科学素养的熏陶。

　　1883年，17岁的孙中山回到家乡。由于捣毁了村里寺庙里的神像，遭到乡人的责难，家人只好送他至香港学习。

　　孙中山在香港先后就读于拔萃书室和中央书院，期间受洗加入了基督教。实行西方资本主义制度的繁荣的香港与处于封建统治下落后的家乡之间的巨大反差促使他反思中国落后的根源，希望能从先进的西方文明中寻求改造中国的道路。

　　中学毕业后，孙中山面临未来职业生涯的选择。这时的孙中山对基督教十分热忱，曾有意入神学院，但反对其入教的兄

孙中山在广州学医时使用的显微镜头

长孙眉拒绝为此负担学费。为孙中山主持受洗的喜嘉理牧师便介绍他去广州博济医院附设的医学院学习。广州博济医院是一所美国传教士设立的医院，对行医和传教同样注重，喜嘉理牧师希望孙中山此后可以借行医以传道。这也符合孙中山的意愿，加以刚刚结束的中法战争给当时的人们以很大刺激，行医以救治伤员成为很多人的报国途径，这样，医生成为孙中山最初的职业。

中国国家博物馆"复兴之路"基本陈列里有一件"孙中山在广州学医时使用的显微镜头"展品，见证了孙中山在广州博济医学院学医的经历。这个显微镜头是1/12油浸物镜，由位于德国威兹勒的恩斯特·徕兹公司（德国徕卡公司前身）生产，孙中山在上面刻有自己的英文名字"Dr. Sun Yatsen"和学校名字"Medical College, Canton"。这个显微镜头是一个叫鸿江勇的日军士兵在1942年随军驻广州时在日军占领的岭南大学医学院（前身为广州博济医学院）占有的。（有可能孙中山将显微镜头赠予广州博济医院的美国友人，太平洋战争爆发后，医院的美国人被日军逮捕，显微镜头被日军获得。）日本投降后，鸿江勇将其带至日本。1986年，鸿江勇通过中国驻日本长崎总领馆把它归还中国，后来由中国国家博物馆收藏。

孙中山在博济医学院努力学习医学课程之余，还聘请老师专门教授国学。孙中山勤学好问，学业进步很快，加之兴趣广泛，对各方面都有涉猎，同学们给他起了一个绰号——"通天晓"。1887年，经教会的区凤墀介绍，孙中山前往香港新设立的西医书院继续学习。在这里，孙中山结识了几个同样关心祖国命运的志趣相投的同学，自由的环境更使他们可以无拘无束地畅谈革命，孙中山、杨鹤龄、陈少白、尤列被称为"四大寇"，他们也不介意，甚至以此为荣。

经过5年的学习后，孙中山以优异的成绩从香港西医书院毕业，到澳门行医，开设了中西药局。由于孙中山医术精良，遭到澳门葡籍医生排挤，第二年又改赴广州行医。但是，孙中山的志向不在于行医，他有更远大的理想，那就是投身政治，探寻中国救亡图存的道路。1894年，孙中山曾做了一次以和平手段促使清政府改革的尝试。他写了《上李鸿章书》，书中提出了各种改革措施，以达到"人能尽其才，地能尽其利，物能尽其用，货能畅其流"的目标。孙中山和好友陆皓东托同乡郑观应及盛宣怀等辗转介绍，携带《上李鸿章书》北上天津，想呈递给当时最有权势的大臣李鸿章，结果呈递上去后如石沉大海，希望落空。在上书的过程中，孙中山目睹了官场的腐败。而此时中国在甲午战争中失败的消息不断传来，给国人以极大的刺激。孙中山认识到，和平的救国道路无法施行，不得不采取暴力的方式。

1894年11月24日，孙中山赴檀香山，在大哥孙眉的支持下，联合一些爱国华侨成立了反清革命团体——兴中会，后来又联合辅仁文社的杨衢云、谢缵泰等，在香港成立了兴中会总部。1895年，兴中会毅然在广州发动起义。虽然起义最后失败，但是烈士的鲜血使孙中山的斗志弥坚，从此他义无反顾地走上了推翻清朝统治的革命道路。

25

革命军中马前卒
邹容与《革命军》

李良

邹容出生于四川一个富商家庭，6 岁时入私塾，11 岁时已能熟读《四书》《五经》等儒家经典，但是他并不喜欢这些封建伦理说教，也不肯去参加当时读书人的升迁途径——科举考试。1901 年，16 岁的邹容出川东下，先在上海学习日语，第二年赴日本留学。在日本，邹容如饥似渴地阅读卢梭《民约论》、孟德斯鸠《万法精理》、《法国革命》、《美国独立檄言》等西方政治著作，政治理论水平突飞猛进。在这些书籍和进步思想的影响下，邹容内心的政治理想和救国热情很快就迸发出来。他积极参加留学生中的政治辩论和集会，凡遇学生开会，邹容必争先演说，言辞犀利悲壮，令人动容，表现出杰出的演说才能。由于不满一个清朝官员的丑行，他和同学一起强行剪了那个人的辫子。结果，留学日本还不到一年，他就被取消了留学资格，不得不回到上海，与章炳麟、柳亚子等人一起，投身于拒俄运动。

在留学期间，邹容在"革命非公开昌言不为功"的思想指导下，着手撰写《革命军》一书，力图以此唤醒同胞，达到"文字收功日，全球革命潮"的目的。到上海后，邹容又对其加以修改，1903 年 5

邹容

月，由柳亚子等人集资交上海大同书局出版。《革命军》篇幅不长，约 2 万字，只是一本小册子，但是它以汹涌澎湃的激情、犀利酣畅的笔调、浅显通俗的文字，论证了革命是解救中国危局的唯一出路，被誉为中国近代的《人权宣言》。

邹容在书前写了一篇自序，署名为"革命军中马前卒"。《革命军》全书共分七章：一、绪论；二、革命之原因；三、革命之教育；四、革命必剖清人种；五、革命必先去奴隶之根性；六、革命独立之大义；七、结论。它热情地呼唤革命："呜呼！我中国今日不可不革命！我中国今日欲脱满洲人之羁缚，不可不革命；我中国欲独立，不可不革命；我中国欲与世界列强并雄，不可不革命……"关于革命之原因，邹容写道："革命！革命！我四万万同胞今日何为而革命，吾先叫绝曰：不平哉！不平哉！"他淋漓尽致地揭露了清政府对中国人民的残酷压迫和剥削，批判了清政府采取的民族压迫和民族歧视政策。邹容认为，革命必先去奴隶之根性，他把"国民"和"奴隶"进行了对比，无情地刻画和讽刺了奴隶的劣根性。他以西方的自由、平等、天赋人权学说作为理论基础，以美国独立革命为模范，提出了"中华共和国"的建国方案，在中国近代第一次明确而系统地提出了民主共和国的纲领。

邹容著《革命军》

邹容的《革命军》旗帜鲜明、无所顾忌地鼓吹革命，在沉睡昏暗的中国有如一声惊雷，石破天惊，振聋发聩。章士钊在《苏报》撰文介绍它称："虽顽懦之夫，目睹其事，耳闻其语，则罔不面赤耳热，心跳肺张，作拔剑砍地、奋身入海之状。呜呼！此诚今日国民教育之第一教科书也！"

《革命军》由上海大同书局出版后，第一版数千册不到一个月就销售一空。后来，各地纷纷翻印，为了躲避清政府的搜查，翻印者往往变换书名。据统计，《革命军》在辛亥革命时期至少翻印了20多版，总印数超过100万册，这在当时是一个惊人的数目，它是流传最广的反清革命宣传书籍。《革命军》引领无数志士走上了革命道路。孙中山把《革命军》当作最好的革命宣传品，用于策划的多次起义中，他还经常携带至海外，在当地翻印散发。鲁迅在谈到辛亥革命前的革命宣传时说："倘若说影响，则别的千言万语，大概都抵不过浅近直截的革命军中马前卒邹容所作的《革命军》。"

《革命军》出版时，章炳麟驳斥康有为保皇思想的名篇《驳康有为书》也同时刊行，章士钊任主笔的《苏报》还发表了章炳麟为《革命军》写的序文，并发表文章介绍二书。如火如荼的反清革命宣传引起了清政府的极大惊恐，清政府立即查禁了这些书刊，勾结列强逮捕章炳麟、邹容等人，制造了轰动中外的《苏报》案。邹容被判监禁二年，罚做苦工。1905年4月3日，邹容死于狱中，年仅20岁，距离出狱日期只有70多天。

26

用鲜血践行的誓言
《光复会誓言》

李良

1905年中国同盟会在日本东京成立以前,中国存在很多反清革命团体,比较著名的有孙中山在檀香山及香港成立的兴中会、以黄兴为会长在湖南成立的华兴会、以蔡元培为会长在上海成立的光复会。

"复兴之路"基本陈列中展出了一件光复会会员陈魏1904年入会时书写的《光复会誓言》,誓言内容为:"光复汉族,还我山河,功成身退,以身许国。"誓言的书写者陈魏又名德毅,字俶南,是光复会早期会员之一。据他回忆,光复会最初选择会员极严格,会内制度亦极严,会友彼此都不相识,只有在共同参加多次会议和秘密工作之后,才互相知道是会友。会员入会要经过领导的选择,须选一极秘密的地方举行入会仪式,要刺血和对天发誓,表示革命的决心。陈魏入会时,就曾对天起誓:"光复汉族,还我山河,以身许国,功成身退。"誓言中表现出的"反满""复汉"的思想

虽然现在看来有失狭隘,但它在当时是广大中国人民反抗实行民族压迫政策的清政府的最迫切、最有号召力的呼声,是辛亥革命的最低、最优先的目标。"以身许国,功成身退"则反映了光复会会员的献身精神和崇高操守。

中国同盟会成立后,多数光复会会员都加入了同盟会,一部分会员仍继续以光复会的名义行动。光复会与其他反清革命团体一样,为推翻清朝的统治、建立中华民国做出了巨大贡献,涌现出了一批勇于献身的革命志士,他们以行动实践了他们的誓言,秋瑾和徐锡麟就是其中的杰出

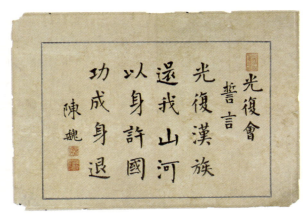

光复会会员陈魏录《光复会誓言》

代表。

秋瑾是浙江绍兴人，她十几岁时就已经读了很多书，能够写诗填词，还学习了刀剑、骑马、射箭等各种武艺，具有豪放的性情和女侠的气质。然而秋瑾成年后，却不得不受到强大的封建礼教的束缚，由父母包办，嫁给了一个富家子弟，并随出钱捐了一个小京官的丈夫赴北京生活。怀有远大志向的秋瑾不满足安逸的生活，毅然决定筹措经费赴日本留学。在日本，秋瑾很快投身到如火如荼的反清革命运动中。她经常参加留学生的政治聚会，发表演讲，参与创办革命报刊《白话报》，以"鉴湖女侠秋瑾"的笔名发表鼓吹革命的文章。1905年春，秋瑾短暂回国，在上海加入了光复会。同盟会成立后，秋瑾又加入同盟会，并被推为同盟会浙江分会主盟人。1907年，秋瑾回国在上海创办《中国女报》，以通俗易懂的文字鼓吹妇女解放，呼吁广大妇女冲破封建社会的种种束缚，走向社会。不久，秋瑾接受徐锡麟的邀请，到绍兴任大通学堂督办，以此为掩护从事革命活动。

徐锡麟也是浙江绍兴人，家境殷厚。1901年，徐锡麟任绍兴府学校算学教师，后升为该校副监督。不久，他与陶成章、蔡元培等人结识，成为光复会的早期主要领导人之一。徐锡麟迅速显露出卓越的革命才干，他目光远大，胸怀坦荡，对待同志亲如手足，在同志中享有很高的威望。徐锡麟在绍兴创办了大通学堂，请光复会员秋瑾等人任教习，联络会党，教授军事，为革命储备力量。徐锡麟还决定以出钱捐官的方式，进入清政府内部，掌握军权，从其内部进行革命。经任湖南巡抚

的亲戚推荐，徐锡麟捐得了筹办安庆陆军小学的差事，后来升任安徽巡警处会办兼巡警学堂会办。

1907年，秋瑾和徐锡麟在杭州西湖边的白云庵会面，约定分头活动，筹划浙江、安徽两省同时起义。起义原定7月19日举行，但由于一名成员被捕后叛变，事机急迫，徐锡麟决定提前发动，在巡警学堂举行毕业典礼时起事。7月6日，安徽巡警学堂举行毕业典礼，安徽巡抚恩铭等要员都来参加。典礼上，恩铭刚就座，徐锡麟就上前说："回大帅，今日有革命党起事！"这是革命党人约定的起义信号，革命党人陈伯平立即将炸弹投向恩铭，不料炸弹没有爆炸。徐锡麟、陈伯平、马宗汉等人随即拔枪向恩铭射击，恩铭身中七弹，被侍从背走后很快死亡。徐锡麟向士兵大呼："快从我革命！"几十名士兵跟随徐锡麟去攻打军械所。但由于寡不敌众，起义失败了，陈伯平战死，徐锡麟、马宗汉被俘，后来被残酷杀害。

秋瑾从报纸上得知徐锡麟起义失败的消息后，拿着报纸悲痛地哭泣。由于形势已变，起义无法发动，她指挥大家掩藏枪弹，焚毁名册，分头疏散。但她自己却拒绝逃走，决心为革命献出生命。大队清兵包围了绍兴大通学堂，秋瑾被捕。面对敌人的严刑逼供，秋瑾写下"秋风秋雨愁煞人"七个字，说："革命党人不怕死，欲杀便杀。"7月15日，秋瑾在绍兴轩亭口被杀害。

27

中国同盟会的代言人
中国同盟会机关报《民报》

李良

中国同盟会成立后，创办《民报》作为机关报。在《民报》之前，中国同盟会曾将黄兴、宋教仁等于1905年6月在东京创立的《二十世纪之支那》作为机关报。该刊准备出版第二期时，因刊有揭露日本帝国主义侵略中国东北的《日本政客的支那经营谈》一文，触怒日本当局，被禁止发行而被迫停刊。中国同盟会决定另创办机关刊物《民报》。在家境富裕的同盟会会员刘公的资助下，1905年11月26日，《民报》在东京创刊。在《民报》第一期上刊载的孙中山撰写的《发刊词》中，孙中山首次将中国同盟会的革命纲领概况为"三大主义"之"民族""民权""民生"，即此后所称的"三民主义"。孙中山指出《民报》的任务是由具有先进思想的"先知先觉"者发表鼓吹革命的文章，使"其理想输灌于人心而化为常识"，再促使人们进一步去实行。

《民报》为月刊。第一号出版后，杰出的反清革命宣传家、《民报》的重要撰稿人陈天华为抗议日本文部省颁布留学生"取缔规则"于12月17日投海自尽，同盟会内部也因意见不一致而分成两派，彼此对立。受此影响，第二号延至1906年

1月出版，第三号延至4月始出，此后归于正常，每月定期发行。《民报》的撰稿人主要有陈天华、汪精卫、胡汉民、朱执信、章炳麟、宋教仁、廖仲恺、马君武、汪东等，主编先后为胡汉民、章炳麟、陶成章、汪精卫，日语熟练的张继担任发行人，印刷所是日本秀光社。

中国国家博物馆"复兴之路"基本陈列展出的《民报》第三号刊载了胡汉民写的《民报之六大主义》一文，阐明了该报的宗旨：一、倾覆满清之恶劣政府；二、建设共和政体；三、土地国有；四、维持世界真正之平和；五、主张中国日本两国之国民的联合；六、要求世界列国赞成中国革新之事业。其中前三条与同盟会

中国同盟会机关报《民报》

的宗旨相同，后三条则是同盟会对外主张。《民报》发表的文章具有鲜明的革命色彩，这从《民报》第三号的目录即可看出：民报之六大主义（胡汉民）、希望满洲立宪者盍听诸（汪精卫）、革命横议（胡汉民）、一千九百〇五年露国之革命（宋教仁）、驳法律新闻之论清廷立宪（朱执信）、独意志社会革命家小传（朱执信）、时评、烈士吴樾君意见书、译丛、小说狮子吼（陈天华）。

《民报》创刊不久，即加入到与改良派报刊《新民丛报》关于实行革命还是立宪的大论战中。《民报》第三号特出号外《民报与新民丛报辩驳之纲领》，把辩论的中心问题归结为 12 项，并列明了双方论点，如：《民报》主共和，《新民丛报》主专制；《民报》望国民以民权立宪，《新民丛报》望政府以开明专制；《民报》以政府恶劣，故望国民之革命，《新民丛报》以国民恶劣，故望政府以专制；《民报》以为政治革命必须实力，《新民丛报》以为政治革命只须要求；《民报》以为革命所以求共和，《新民丛报》以为革命反以得专制等。以此为纲领，《民报》连续发表《驳新民丛报最近之非革命论》《排外与国际法》《驳革命可以召瓜分说》《驳革命可以生内乱说》等一系列论战文章。《民报》与《新民丛报》的论战一直持续到1907 年。由于《民报》的革命派论点适应了当时广大人民要推翻实行民族压迫与卖国政策的腐朽的清政府的时代要求，而清政府在"预备立宪"闹剧中借"立宪"之名行"集权"之实的无情事实摧毁了人们对"开明专制"的幻想，纵有"舆论界之娇子"之誉的梁启超在论战中也无力回

天，承认失败，《新民丛报》也于 1907 年8 月停刊。

1906 年 12 月初，《民报》在创刊周年之际，特出版增刊《天讨》，由后来在黄花岗起义中牺牲的林文题写封面书名，它汇集了各省革命同志作的讨满檄文，是一本革命党人对清政府的宣战书。民报社还在东京举行"纪元节庆祝大会"，孙中山在会上演讲三民主义，黄兴、章炳麟等人纷纷登台发言。会场气氛极为热烈，只能容纳五千人的场所涌进了近万人，后来的宋教仁竟挤不进去。与会者每人获赠《天讨》一份，现场有很多人踊跃为《民报》捐款。这次大会是清末华人在日本最大的聚会，它的盛况说明了《民报》一年来的革命宣传卓有成效，革命思想已深入人心。

旗帜鲜明宣传革命的《民报》适应了时代的需要，受到广大爱国者的热烈欢迎。如第一期出版后，很快发售一空，仅过 12 天就出第二版。此后各期也经常再版乃至三版、四版，发行量常在万份以上，这对一份政论报刊来说是一个很高的数字。《民报》从 1905 年 11 月创刊，至 1908 年 10 月出至第 24 期后，被清政府勾结日本政府迫令停刊，后在孙中山等人的努力下，又于 1910 年 1 月复刊，出版两期后，终于停刊。《民报》对辛亥革命有巨大的贡献，它是中国同盟会的代言人，革命领袖通过它阐述革命纲领，使革命思想深入人心，吸引进步人士走上革命道路，它的社址本身就是中国同盟会东京总部所在地，它是同盟会反清革命活动的组织者与参与者。

28

革命领袖亲历前线
孙中山在镇南关起义中戴的帽子

李良

同盟会成立后，领导发动了一系列武装起义。1907 年 12 月，孙中山在广西镇南关（今友谊关）发动起义。镇南关是位于广西与越南交界处的边防要塞，地理位置险要，中法战争中法军曾以重兵进攻镇南关要塞，结果被冯子材率领的清军打得大败，因此被欧洲人称之为"东方第二旅顺口"。12 月 1 日，孙中山派黄明堂、关仁甫率领 80 余人从越南潜袭镇南关。在事先联系好的部分守军接应下，不久即攻克镇南、镇中、镇北三个炮台。红白蓝三色革命旗（即青天白日满地红旗）高高飘扬于雄关之上。

接到攻克镇南关的捷报后，在越南河内甘必达街 61 号秘密住所策划起义的孙中山极为兴奋，决定亲赴战场。3 日，孙中山率领黄兴、胡汉民、日本友人池亨吉、法国退役炮兵军官狄氏等一行 10 多人，从河内乘火车到边境城市同登，再骑马走小路潜入国境，当晚抵达镇南关前线阵地。4 日晨，清军援军到达，随即发起攻击。起义军以炮台巨炮予以还击，第一炮即命中敌营，毙伤 60 余人。孙中山在前线慰劳战士，鼓舞士气，为起义军伤员包扎伤口。他还登上炮台，

在法国退役炮兵军官狄氏的协助下亲自发炮，竟打得很准。自 1895 年广州起义后，孙中山被逐出国已 10 多年，这时能在祖国的土地上战斗，十分兴奋，感慨地说："反对清政府二十余年，此日始得亲发炮轰击清军耳！"

受到革命领袖亲临前线并肩作战的鼓舞，又有炮兵军官的指导，起义军的炮击准确而猛烈，炮台上所有大炮一齐轰击，地动山摇，清军为之战栗，军心动摇。不久，清军将领陆荣廷遣一村妇送书信来，信中称：荣廷委身异族实迫不得已，君等起事，闻知有如孙逸仙者之大豪杰策划一切，听到猛烈的炮声，知是孙统领亲自临军，极操纵炮火之妙。现机会已到，我愿率 600 名部属投之麾下，如得"确据"，即来投降。其实陆荣廷并非真心倾向革命，只是根据形势在各方势力间周旋，为自身谋取最大利益。无论如何，为争取清军投降或继续战斗都需要更多粮饷弹药，众人商议，决定孙中山等人速回越南河内筹款购械，黄明堂、关仁甫等率士兵坚守炮台。此后，因清兵援军赶到，加之孙中山筹款购械未果，起义失败。

镇南关起义时，孙中山随行的革命同

志中有一人为日本友人池亨吉。池亨吉为日本作家，通过报纸了解到孙中山的革命志向，便心向往之。1905年他与孙中山首次晤面后，便追随其左右。孙中山对池亨吉非常信任，并希望他能像撰写《太平天国革命亲历记》的英国人呤唎一样，通过参加中国革命战争，以外国观战者的身份如实公正记述其所见所闻，使革命志士及其事业为天下人所知。因此，孙中山邀池亨吉同行，参加了镇南关起义。池亨吉后来将镇南关起义的亲历记述成文，其文被刊载在大阪《朝日新闻》上，后又汇集在《支那革命实见记》一书中，孙中山亲为该书作序。

镇南关起义失败后，池亨吉从越南回日本，孙中山颁给池亨吉证明书，授予全权"执行为中国革命事业筹款事宜，并为同一目的募集粮秣和军需品"，孙中山还特别说明："一九〇七年十二月四日当我率领党人炮击镇南关炮垒时，他曾与我并肩作战。"临行前，孙中山将其在起义时所戴的这顶帽子相赠，以作留念。帽中用毛笔书"镇南关占领纪念　高野"等字。"高野"是孙中山曾使用过的日本名字"高野长雄"的简称。孙中山流亡日本时，曾取名"中山樵"，后来由于"中山"之名已为世人所知，为避人耳目、便于通信，又曾用"高野长雄"等日本名字。取名"高野长雄"是因孙中山仰慕日本幕府时代一位维新志士"高野长英"。

池亨吉一直珍藏着孙中山赠送的这顶帽子。日本发动侵华战争后，池亨吉站在日本帝国主义的立场，在1940年南京汪伪政府派陈伯蕃为特使赴日参加"皇纪2600年"庆典之际，将此帽托陈转赠背叛了孙中山先生革命事业的汪精卫。汪伪政权覆灭后，这顶见证孙中山先生亲历战斗前线的帽子回到人民手中。

孙中山在镇南关起义中戴的帽子

29

从容赴死　慷慨悲歌

方声洞致父绝笔书

李良

"夫男儿在世，不能建功立业以强祖国，使同胞享幸福，奋斗而死，亦大乐也，且为祖国而死，亦义所应尔也。"

这不是空洞的豪言壮语，它出自黄花岗起义中牺牲的方声洞烈士在起义前夕写给父亲的绝笔书，是用鲜血和生命写就的慷慨悲歌。

方声洞 1886 年出生于福建侯官（今福州）一个富足的家庭，父亲方家湜勤俭朴素、思想开明，他将 11 个子女都送进了新式学堂读书，并鼓励、资助他们继续到国外深造。1902 年，16 岁的方声洞继哥哥方声涛、姐姐方君瑛及两位嫂嫂

之后赴日本留学。在日本，方声洞先入东京成城陆军学校，后至千叶医学专门学校学习。1905 年 8 月，中国同盟会在日本东京成立，方声洞被推为同盟会福建支部会长。方声洞和哥哥方声涛、姐姐方君瑛、妻子王颖及两个嫂嫂一家六人都加入了同盟会，是名副其实的"革命之家"，一时传为美谈。

1910 年 11 月，孙中山在马来亚槟城召集同盟会重要骨干会议，决定在广州发动起义。第二年 3 月，方声洞从日本秘密运送一批军火回国。完成任务后，方声洞本可就此返回日本，但他不顾亲朋好友的

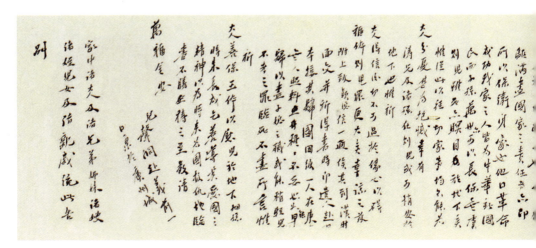

方声洞致父绝笔书

劝说，决意留下来参加起义。

方声洞与父亲有深厚感情，在学习和革命活动之余，就定期给父亲写信。从日本临走前，他写好了十几封信，让妻子陆续填好日期，给父亲寄去，以免老人担心。方声洞于起义的前一天抵达广州，这天晚上，已抱定赴死决心的方声洞给父亲和妻子分别写了绝笔书。方声洞在致父绝笔书中写道：

窃自满洲入关以来，凌虐我汉人，无所不至。迄于今日，外患逼迫，瓜分之祸，已在目前，满洲政府犹不愿实心改良政治，以图强盛，仅以预备立宪之空名，炫惑内外之观听，必欲断送汉人之土地于外人，然后始大快于其心。是以满政府一日不去，中国一日不免于危亡。故欲保全国土，必自驱满始，此固人人所共知也。儿蓄此志已久，只以时机未至，故隐忍未发。迩者与海内外诸同志共谋起义，以扑满政府，以救祖国。祖国之存亡，在此一举。事败则中国不免于亡，四万万人皆死，不特儿一人；如事成则四万万人皆

生，儿虽死亦乐也。只以大人爱儿切，故临死不敢不为禀告。但望大人以国事为心，勿伤儿之死，则幸甚矣。

1911 年 4 月 27 日下午，起义爆发。黄兴率方声洞、林觉民、喻培伦等敢死队 100 多人进攻总督府。敢死队勇不可当，很快攻入总督府，但随即遭到优势清兵的阻击。战斗中，方声洞身中数弹，血流遍体而死，年仅 25 岁，遗体安葬于广州黄花岗七十二烈士墓。黄兴报告起义经过时，特别称赞方声洞"以如花之年，勇于赴战"。

方声洞致父亲和致妻子的绝笔书一直由其妻王颖保存，1959 年捐给中国革命博物馆（中国国家博物馆的前身）。现在，方声洞致父绝笔书正陈列于中国国家博物馆"复兴之路"基本陈列，其慷慨激昂的文字和感人至深的父子情感动着每一位观众，它告诉世人，为了中华崛起和民族复兴，祖国优秀儿女付出了极大的努力，做出了巨大的牺牲。

30

谎言与真相
四川人民批驳清政府镇压保路运动的布告

李良

1911年5月，清政府借铁路国有名义，将已归民办的川汉、粤汉铁路收归国有，又将铁路修筑权出卖给英、法、德、美四国银行团，湘、鄂、川、粤人民掀起保路运动。四川发起成立"四川保路同志会"，号召全川人民拼死"保路"。8月25日，四川各界开始罢市、罢课、罢税。

四川人民的反抗威胁到了清政府的统治，清廷严令四川总督赵尔丰进行镇压。9月7日，赵尔丰把蒲殿俊、罗纶等保路运动的领导人骗到总督署加以逮捕。成都人民纷纷涌进督署请愿，要求释放被捕的蒲、罗等人。赵尔丰竟命令卫队开枪射击手无寸铁的请愿群众，当场打死32人，受伤者不计其数。四川人民被血腥的屠杀激怒了，他们组织起多路民军，从四面八方把成都围住，多次重创清军。

赵尔丰制造"成都血案"后，发布布告，装出一副慈善的面孔，颠倒黑白，污蔑保路的四川人民，极力掩盖他的血腥罪行。不料四川人民就在他的布告上用墨笔加以批驳，揭露事实真相。以下是四川人民对赵尔丰发布的布告的批驳：

布告：此次所拿的首要，并非为争路的事，实因他们借争路的名目，阴图不轨的事。

批驳：(他们系) 制台以"愚弟"帖请来。自五月即争，至七月十五日，三个月毫无暴动。既是阴图，何敢明目张胆？

布告：若论争路的事，乃是我们四川的好百姓迫于一片爱国的愚诚，本督部堂是极赞成的。

批驳：既是好百姓，为什么七月十五日打死了许多百姓？

布告：争路是极正当的事，并不犯罪。

批驳：既是正当，为什么拏办并抄夺铁路公司一切之簿据、银钱？明明是朝廷暨督宪系大大之强盗也。

布告：(他们) 并胁迫我们百姓，不准为我们的皇上纳粮，偏要为他们乱党纳粮；不准为我们的皇上纳税，偏要为他们乱党上税。

批驳：百姓爱国之忱已逾数月，皇上不恤良民，遂有此议。实因屡次不准归商办，百姓无法可想，遂议出此法以抵制之。

布告：他们包藏祸心，偏要借着路事说那好听的话，试问抗粮税、造枪炮、练兵勇，这与铁路什么相干？明是要背叛朝廷。

批驳：既知悖逆，理应极力劝解，严加申斥，为什么即行野蛮手段，办倡首之

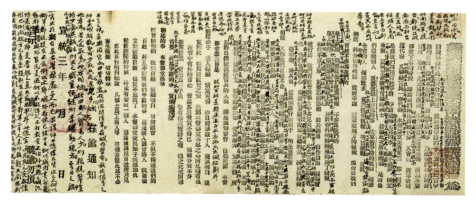

四川人民批驳清政府镇压保路运动的布告

人，抢夺公司一切凭据，打死纯善良民，岂不是官逼民反乎？绅士既是反叛，何以用帖请来乎？又何以不就地正法耶？又何以每日好好款待各绅士耶？此系制台之言，民也明矣。既今害民，即是害国，每年势必少收钱粮厘税耳。何也？有田无人耕，有铺无人贸易，无钱贸易，而日用一切均昂贵，岂不是害民害国乎？呜呼伤哉！

布告：（他们）故借争路名目，哄弄大众。说的是一片爱国爱川的热诚，上等社会之人自然也为其所惑，随声附和起来，故此愚民百姓，更容易哄骗了。

批驳：何以通城行政官及商界、军界、学界人等均为其所惑？

布告：他并散勾结外匪，定期十六日起事，作谋反的举动，果然十六日四处便来围城了。

批驳：七月十五日打死纯善良民，哄去正经绅士，抄夺公司一切凭据，且出示要办绅士，遂百姓不服，十六日即有此举动，至今已将旬日，百姓纷纷而来为之不平，岂乡间尽是匪人乎？实因官派兵剿良民，且官兵到处抢杀良民，不得不拼命争斗也。

布告：本督部堂念其皆朝廷赤子，受人煽惑，情实可怜。

批驳：既知百姓是朝廷赤子，不应派兵出城征缴耳。

批驳者最后写道："其祸始则出之盛宣怀，继则李稷勋、端方，今日之祸，实出于制台、臬台、营务处三人而已。若谓绅士系谋反悖逆之人，何以将军、都统、提台不会衔出示耶？城外打仗已经十日，何以城内毫无暴动耶？若谓城外良民是匪，何以不杀洋人，不打教堂，不占外州县之城池，均来省攻打耶？是愤怒之气，大家不平耳！此系官逼民反之实在情形也！侧闻端方已奏悉赵制台，并带鄂军二千人来川抚剿，又闻赵制台电调巡防五营来川攻剿良民，诚为可笑、可耻，徒令人仰天而叹息也！"

保路运动由保路同志会的文明争路演变成四川人民的武装大起义。清廷派端方从湖北率新军赴川镇压。结果端方带兵走后不到一个月，武昌起义爆发，并发展成席卷全国的辛亥革命。

31

劈开旧世界的枷锁
武昌起义军劈开臬台牢门用的刀

李良

1911年10月10日晚，中国中部的武昌城响起了枪声，燃起了熊熊大火，武昌起义爆发了！臂缠白巾的起义军们当时还没有意识到，他们的英勇战斗深刻地改变了中国历史：它引发的席卷全国的辛亥革命推翻了清王朝260余年的统治，结束了中国延续两千多年的封建君主专制制度，建立起亚洲第一个代议制民主共和国。"复兴之路"基本陈列中的一把武昌起义军战士用的挂刀向我们讲述了一名革命士兵在那天晚上的战斗经历。

武昌起义前，革命党人决定于10月6日起义，后因形势变化，发动日期改为11日。10月9日，孙武等人在汉口俄租界装配炸弹时不慎发生爆炸，惊动俄国巡捕，他们把机关内存放的炸药、旗帜、文告等抄走，并逮捕了未及逃走的革命者，将其引渡给湖北当局。清政府立即紧闭城门，搜捕革命者。10月10日，被捕的革

命党人刘复基、彭楚藩、杨宏胜英勇就义。就在清政府还在继续大肆搜捕，革命力量已失去指挥的万分危急之际，各部队革命党人决定按照先前的计划自行发动起义。晚7时左右，城外塘角燃起熊熊大火，混成协第21营辎重队、工程队、炮队随即起义，向武昌城进发。在城内，工程第八营打响第一枪。熊秉坤率领起义士兵占领楚望台军械库，打开中和门，迎接城外的炮队、马队、步队进城。武昌起义爆发了！

武昌起义时，周文才在新军第21混成协（旅）工程11营当兵，是参加起义的革命士兵之一。10月10日夜，他们在凯字营（今武昌一纱厂旧址附近）纵火后，跟炮兵营长余凤斋掩护炮队占领凤凰山，准备迎击前来救火的敌军。他们在凤凰山驻守许久，不见敌人前来救火，于是余凤斋下令联络花园山的起义军进攻

武昌起义军劈开臬台牢门用的刀

油画《武昌起义》　王征骅　1961年作

藩台衙门（清代负责一省财政、民政的机构）。藩衙内的清朝官吏闻风而逃，当他们冲进衙内时，里面已空无一人。士兵们当即从藩衙奔出，继续去别处进攻。出衙门二道门时，周文才发现门外两边的墙上各挂着军刀一把，他便顺手拿了一把，跟着他所在那一棚（相当于今天一个班）去进攻臬台衙门（清代负责一省司法、刑狱的机构）。他们在衙门外鸣枪攻击，起初衙门里面还有敌人抵抗，但不多久，衙内枪声停止了。士兵们估计敌人可能已经逃走，准备冲进去。为了减少伤亡，他们脱下身上的衣服，在近旁的店铺内浸满煤油，再将浸满煤油的衣服裹在石头上点燃，扔进衙门里面。衙门内立刻被火光照得通明，这时才看清楚，衙门内不见一个敌人的踪影，敌人全都从后门逃走了。于是，士兵们冲进衙门，志在劫狱。他们在周围起义军的掩护下，冲往监狱大门。

由于狱门都是木栅，周文才即用从藩衙所获的挂刀砍断木栅，放出了被囚于狱中的很多革命同志，总计300余人。

至黎明时分，经过一夜血战，起义军占领了湖广总督署，武昌全城光复。居民推门出来，只见满城都是臂缠白巾的革命军，一面醒目的十八星旗在城头迎风招展。

"复兴之路"基本陈列中陈列的这把刀就是武昌起义军战士周文才当年从藩台衙门所获并用以砍断臬台牢门的刀，后来周文才又带着它参加过保卫武汉的战斗。退役后，周文才将它带回家中保存。新中国成立后，周文才以此刀有功于革命，深具纪念意义，便将它捐献给博物馆。这虽然是一把普通的刀，但它是历史性的1911年10月10日夜晚那一场惊心动魄的战斗的见证，是人民群众创造历史的见证。

32

中华民国的象征符号

五色旗

李良

中华民国成立后，选定的国旗是五色旗。

革命军兴，革命旗起。然而，由于缺乏统一的组织，辛亥革命中各地起义军没有统一的旗帜。在首义的武昌，起义军使用共进会设计的十八星旗；在华南各地，很多起义军选择孙中山在此前历次起义中使用的青天白日旗；而在大多数地区，起义军选择的是有"光复""反正"含义而又简明易得的白旗；此外还有"汉"字旗、"中"字旗、井字旗、太极旗等各种各样的旗帜。

随着创建统一中央政府问题被提上日程，起义者们认识到有必要统一旗帜。随着上海、南京的光复，革命的重心转移至长江下游江浙一带。12月2日，黄兴、陈其美等革命巨头在上海召开会议，讨论统一国旗问题。讨论结果，十八星旗、青天白日旗、五色旗三种候选方案中，五色旗被多数人所认同。在两天后上海举行的各省都督府代表会上，五色旗被确认为新政府的国旗。

五色旗的图案为由上到下排列的红、黄、蓝、白、黑五色横条。1907年中国同盟会讨论国旗式样时，即有人提议用五色旗，而孙中山提议用青天白日旗，黄兴提议用井字旗，因众人意见不一，未形成统一意见。五色旗设计思想的渊源是中国传统的五行学说，即金、木、水、火、土五种元素，分别对应白、青、黑、红、黄五种颜色，与五色旗的红、黄、蓝、白、黑五色大体相同。五色旗没有青天白日旗那样显赫的革命历史，又不像十八星旗那样富于鲜明、激烈的革命精神，也不如白旗那样简明易得，所以在1911年的辛亥革命中，各地自发的起义军很少采用。

当南方各省纷纷独立，并准备与北方以袁世凯为代表的北洋势力妥协时，五色旗又获得人们的青睐。此时的五色旗被赋予新的含义，即以红、黄、蓝、白、黑五色代表汉、满、蒙、回、藏五族共和。它被提出来后很快得到各方的认可，认为它表明革命行为并非专为种族革命，而是为政治改造，而且它能缓和满、蒙、回、藏各族的抵触心理，与汉人共同努力赞助共和。五色旗成为中华民国的国旗，反映了当时各方妥协的政治现实，也有维护国家领土完整的考虑。

12月6日，上海《申报》首次刊登五色旗图样。12月17日，沪军都督府在《民

五色旗

立报》刊登通告，要求统一悬挂五色旗。1912 年 1 月 1 日孙中山从上海至南京赴任中华民国临时大总统时，上海街头遍悬五色旗。此后，五色旗作为国旗开始在各地悬挂。民国建立伊始，人民沉浸在摆脱清朝政府专制统治的喜悦中，悬挂国旗成为他们表达对新生共和国的热情和敬意的最好方式。

南京临时政府成立后，1912 年 1 月 10 日，代行临时参议院职权的各省代表会议再次通过国旗议案，并提请临时大总统孙中山颁布施行。孙中山并不喜欢五色旗，而始终钟情青天白日旗。他咨复各省代表会议，对以五色旗为国旗提出疑问，仍为青天白日旗辩护。但是，衡量临时参议院中各派力量对比，孙中山判断以青天白日旗为国旗一时难以通过，就建议议案暂时搁置，留待民选国会成立后表决。1912 年 5 月 10 日，在北京的临时参议院通过以五色旗为国旗，6 月 8 日，袁世凯以临时大总统令颁布施行，五色旗正式成为中华民国的国旗。

民初政局动荡，南北分裂，得到国际承认的北京政府悬挂五色旗。在南方，孙中山三次在广东建立政权，前两次孙中山并未真正掌握实权，仍以五色旗为国旗，直到 1923 年第三次建立政权，孙中山才如愿以青天白日旗为国旗。此后北伐兴起，随着北伐军的胜利，青天白日旗不断向北推进，1928 年 6 月进至北京。12 月 17 日，国民政府公布《中华民国国徽国旗法》，正式规定青天白日满地红为中华民国国旗。12 月 29 日，张学良宣布东北易帜，改悬青天白日旗，五色旗的历史使命完全终结。

33

封建统治终于落下帷幕
清宣统皇帝溥仪退位诏书

万婷

武昌起义后，各省纷纷宣布独立，清王朝的统治处于风雨飘摇之中。清政府无力控制局势，被迫起用闲置在家的袁世凯为内阁总理大臣兼钦差大臣，掌握全部军政大权，以镇压革命。随着革命形势的迅猛发展，帝国主义感到公开武装干涉中国革命已无济于事，为了维护其在华的侵略权益，急需物色一个既能扑灭革命又能替代清政府的人物，他们选中了袁世凯。袁世凯有了帝国主义的支持，更加有恃无恐。他一面利用"拥护共和"骗取资产阶级革命派的信任，一面又利用革命党人来逼迫清廷，让清帝退位。

1911年12月18日起，南方军政府代表伍廷芳与袁世凯所派代表唐绍仪在上海开始南北和谈。伍廷芳代表革命军方面提出：清帝退位、选举总统、建立共和政府等条件，并表示只要承认共和，一切办法都可以商量，清帝退位可以给予优待；唐绍仪代表袁世凯向革命军进行要挟。与此同时，英、美、德、俄、日、法等帝国主义对和谈施加压力，声称"中国的战争若持续下去，将有危于外人的利益与安全"，促使双方尽快达成协议。由于帝国主义不断施压和革命派内部的意见纷争，孙中山被迫允诺："如清帝实行退位，宣布共和，则临时政府决不食言，文即可正式宣布解职，以功以能首推袁氏。"袁世凯在得到承诺后遂加紧逼宫。在袁世凯的授意下，不少省督和驻外官员

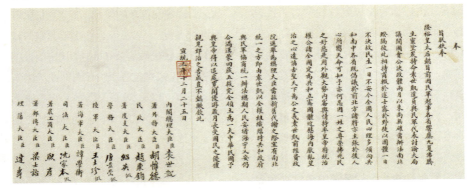

清宣统皇帝溥仪退位诏书

纷纷电奏，要求清廷实行共和。

1912 年 1 月 29 日和 30 日，清廷连开御前会议，决定"逊位"，同意接受共和政体以取得优待条件。2 月 3 日，隆裕太后在无可奈何的情况下，下诏书令袁世凯研究退位优待条件。袁世凯于 2 月 4 日，将他改定的《大清皇帝优礼条件》电告伍廷芳，其第一款就是"大清皇帝尊号相承不替"。南京临时参议院经过讨论，将袁世凯送来的条件改称为《关于清帝逊位优待之条件》。袁世凯与南京临时政府几经协商后，最后确定了八款优待条件，主要内容有：清帝辞位后，其尊号仍存不废，各国政府以优待外国君主之礼相待；皇室岁用四百万两由民国政府拨款；其宗庙陵寝永远奉祀；其原有私产，由民国政府特别保护；原禁卫军归民国陆军部编制，额数、俸饷照旧；等等。这八款优待条件得到了隆裕太后认可。1912 年 2 月 12 日，隆裕皇太后在养心殿举行的朝仪上以宣统皇帝名义连下三道懿旨，宣布大清皇帝辞位，实行立宪共和国体。第一道懿旨后来被人们称为"退位诏书"。诏书中称："今全国人民心理，多倾向共和。南中各省既倡义于前，北方诸将亦主张于后。人心所向，天命可知。予亦何忍因一姓之尊荣，拂兆民之好恶。是用外观大势，内审舆情，特率皇帝将统治权公诸全国，定为共和立宪国体。近慰海内厌乱望治之心，远协古圣天下为公之义。袁世凯前经资政院选举为总理大臣，当兹新旧代谢之际，宜有南北统一之方。即由袁世凯以全权组织临时共和政府，与民军协商统一办法。总期人民安堵，海宇乂安，仍合满、汉、蒙、回、藏五族完全领土为一大中华民

国。予与皇帝得以退处宽闲，优游岁月，长受国民之优礼，亲见郅治之告成，岂不懿欤！钦此。"第二道懿旨劝谕臣民。第三道懿旨公布了《关于大清皇帝辞位之后优待条件》《关于满族待遇之条件》《关于满、蒙、回、藏各族待遇之条件》。这三道懿旨的颁布，标志着 268 年的大清王朝统治的覆灭，中国两千多年封建社会的结束。

退位诏书由张謇拟稿，经南京临时参议院讨论后，由袁世凯转交清廷公布。1912 年 2 月 13 日，孙中山辞职。15 日临时参议院选举袁世凯为临时大总统。袁窃取政权的阴谋终于得逞。

清帝退位诏书纵 21.5 厘米、横 53 厘米、纸质、毛笔写。钤有宣统用印"法天立道"，内阁大臣袁世凯、署（暂代）外务大臣胡惟德、民政大臣赵秉钧、署度支大臣绍英（假）、学务大臣唐景崇（假）、陆军大臣王士珍（假）、署海军大臣谭学衡、司法大臣沈家本（假）、署农工商大臣熙彦、署邮传大臣梁士诒、理藩大臣达寿等 11 位各部院大臣签名。其中度支、学务、陆军、司法大臣的签名为代签。退位诏书是清廷让位于民国政府的极为重要的法律文书和档案文献。约于 1916 年为清廷原内阁中书张朝墉收藏，与同时发布的两道诏书和 2 月 3 日的授权谈判诏书合称《逊清四诏》，裱为一卷。张殁后，由北京师范大学校长陈垣购得。1975 年 6 月 25 日由北京师范大学历史系拨交我馆。

34

勿忘国耻　昭示后人
日本提出的严重损害中国权益的"二十一条"

王南

在中国近代史上，"二十一条"有着不容忘却的恶劣影响，史称"国耻"，它是当时中国弱势外交的产物。

1914年6月，第一次世界大战打响，终于为日本在中国大肆攫取利益创造了极为有利的时机。此时，日本不用担心其他列强的干涉，因为交战双方已无力东顾，暂时放松了对华扩张。当时日本的极右翼浪人团体黑龙会敏锐地捕捉到了这个大好时机，在战争爆发后不久就拟定了《解决中国问题意见书》，既认为这样的机会是千载难逢的，应该对中国采取断然行动，还狂妄叫嚣："日本将负责保卫中国的领土，维持中国的和平与秩序。"并提出了一些具体的侵略主张，实际上奠定了后来"二十一条"的基础。与此同时，日本政府逼德国让出在我国山东的势力范围——胶州湾租借地及胶济路。又对德国发出最后通牒，正式对德宣战，日军在山东龙口登陆，并不顾中国政府的抗议，先后攻占了济南、青岛，以及胶州湾租借地和胶济路全线。

对于日本运用武力攫夺德国在山东的权益，当时中国的北京政府也曾想通过外交方式加以挽回，但由于日本的态度强硬和协约国集团的漠视，都终归无效。于是，1914年11月日本政府以支持袁世凯称帝为诱饵，向中国提出了攫取大量权益的"二十一条"。

"二十一条"要求分为五号，主要内容为：

第一号，对山东的要求四款：（1）中国承认日本获得所有德国在山东依据条约或其他关系享有的权益；（2）山东省内及沿海土地岛屿，不管什么地方，都不能让给或租给其他国家；（3）由日本建造烟台或龙口连接胶济路的铁路；（4）中国尽快开放山东省内各主要城市为商埠。

第二号，对满、蒙的要求七款：（1）日本对旅顺、大连的租借期及南满、安奉铁路的经营期限延长到99年；（2）日本人在南满东蒙可以为了经营农工商业而获得土地租借权和所有权；（3）日本人可以在南满东蒙任意居住来往，并经营商工生意；（4）中国允许将南满东蒙各矿的开采权交给日人；（5）中国如果准许其他国家在南满东蒙建造铁路或以该地区课税抵押给他国借款时，应先经日本同意；（6）如中国在南满东蒙聘用政治、财政、军事各顾问，必须先和日本商议；（7）中

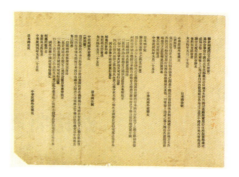

日本提出的严重损害中国权益的"二十一条"

国将吉长铁路管理经营事务委任给日本，年限为 99 年。

第三号，对汉冶萍公司的要求二款：(1) 等将来适当时机，将汉冶萍公司作为两国合办事业，没有日本的同意，所有该公司一切权利产业，中国不得自行处分，亦不得使该公司任意处分；(2) 所有属于汉冶萍公司的附近矿山，如果不经过该公司同意，一概不准外人开采。

第四号，切实保全中国领土一款：中国保证所有沿海港湾岛屿一概不让给或租给其他国家。

第五号，其他方面的广泛要求七款：(1) 中国中央政府须聘用日本人充当政治、财政、军事等顾问；(2) 所有在中国内地设立的日本医院、寺院、学校等，都拥有相关的土地所有权；(3) 必须把必要地方的警察事务作为日中合办，或在这个地方的警察署内聘用日本人；(4) 由日本采办一定数量的军械（譬如中国所需军械之半数以上），或者在中国设立日中合办军械厂，聘用日本技师，并购买日本材料；(5) 把武昌至九江、南昌铁路及南昌至杭州、潮州铁路建筑权交给日本；(6) 福建省内筹办铁路、开矿及整顿海口（船厂在内），如果需要外国资本的时候，先跟日本协商；(7) 允认日本人在中国有传教的权力。

"二十一条"内容广泛，不仅涉及大量的经济权益要求，还提出了如聘用顾问、合办警察等事关国家主权范围的政治性要求，充分暴露了其利用时机加速对华扩张、攫取各项权益、最终将中国变为其独占势力范围甚至殖民地的侵略野心，暴露出日本对华侵略扩张的急迫和贪婪。面对日本的威逼利诱，袁世凯既想接受又怕过快答应会遭到社会舆论的强烈抨击，于是先采取拖延的方式应付。1915 年 5 月 7 日，日本提出最后通牒，要袁世凯在 48 小时内答复，袁世凯为取得日本支持他称帝，就于 5 月 9 日宣布，除对第五号条款声明"容日后协商"外，公然接受日本的要求。"二十一条"签署后，全国民众群情激奋，掀起了新一轮反日浪潮，由于社会舆论的坚决反对，日本帝国主义的侵略要求才没能实现。

"二十一条"中日双方的直接交涉者，中方为时任外交总长的陆征祥，日方为全权公使日置益。本文物为纸质，尺寸分别为纵 28.7 厘米、横 122 厘米，纵 28.7 厘米、横 122 厘米，纵 27.7 厘米、横 37 厘米。1959 年 9 月购买。

35

护国名将之宝

蔡锷将军的指挥刀

王南

　　一柄精致的战刀，颂扬着一代名将的旷世功勋。这柄战刀的使用者是民国初年的护国名将蔡锷。

　　1915 年的中国曾上演过一场复辟帝制的丑剧，从而引发了著名的维护进步、反对倒退的护国战争。在镇压了孙中山、黄兴等领导的二次革命和签订了"二十一条"后，各列强也先后承认了袁世凯的政权地位，此时的袁世凯一心想实行独裁

专制，于是肆无忌惮地加快了复辟帝制的步伐，于 1915 年 12 月 12 日宣布恢复帝制，自任中华帝国皇帝，改 1916 年为洪宪元年。

　　尽管复辟帝制的势头强劲，但是反对的声音也同样存在，除孙中山的革命派，以梁启超为首的改良派也是反对称帝的重要力量。梁启超就曾公开发表言论抨击恢复帝制。在梁启超的鼓动和影

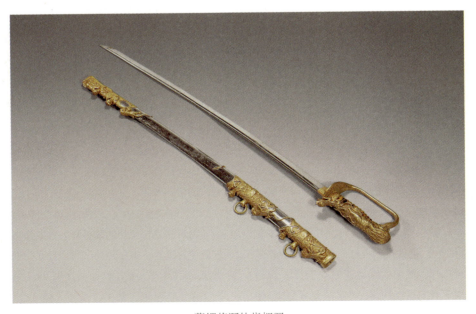

蔡锷将军的指挥刀

响下，抱着以武力"为四万万人争人格"的志向，先前被袁世凯从云南都督任上调入京城加以监控的蔡锷经过精心谋划，潜出北京，摆脱袁世凯的监视，秘密回到云南，联络国民党的李烈钧和云南都督唐继尧商议起兵讨袁，他们成立了护国军，于同年 12 月 25 日向全国发出反袁通电，宣布云南独立，发动了反对复辟、再造共和的护国战争。随后又发布檄文，历数袁世凯罪状，争取其他省份的支持，并表明反袁护国的决心："但有进死，更无退生，非达到还我共和民国之目的不止。"

为了维护反袁战争顺利进行的大局，蔡锷放弃就任云南都督的职位，只亲自担任护国军主力第 1 军司令，统军北击四川，承担起主攻袁军的重任；本由蔡锷一手提拔的唐继尧仍任云南都督，兼第 3 军司令，坐镇昆明，负责后勤保障；李烈钧任护国军第 2 军司令，领兵东进广西，任务是侧翼策应。

1916 年 1 月中旬，护国军主力前锋和北洋军展开了激烈的交战，连战皆捷，于 21 日占领叙州，完成了初步的作战计划。此后，中路军于 2 月初北进入川，和倒向讨袁阵营的川军一部会合，两军并力进抵泸州城下，此时的护国军声威颇盛。就在这时，袁世凯调派的援军吴佩孚部也已日夜兼程到达川南，兵强械精的北军实力大增，对护国军造成较大压力。泸州城内守军趁势反击，吴佩孚部则在城外接应，护国军腹背受敌，只得后撤转攻为守，南北两军形成相持局面。

在蔡锷云南首义影响下，1916 年 1 月底，贵州护军使刘显世宣布独立，3 月中

旬，广西都督陆荣廷宣布独立，先后增强了护国军的力量，并协同作战。另一方面，在这一段时间里，孙中山领导的由国民党改组后建立的中华革命党在全国各地发动了多次武装起义，有力地打击了袁世凯的势力，声援了护国军。

与此同时，北洋派系中的矛盾不仅没消除反而加剧了。此前因不积极拥戴袁称帝而被削夺陆军总长职务的段祺瑞，婉拒了袁世凯令其统兵增援四川一事。另一北洋大将江苏都督冯国璋对袁世凯称帝一方面虚与应付，另一方面则暗中联合其他将军一同密电袁世凯，要求取消帝制，以此平息战争，这一做法对袁世凯来说，无异于五雷轰顶。此外，袁世凯还面对称帝得不到列强支持、财政经费枯竭、社会舆论抨击等严重难题。1916 年 3 月 23 日，进退维谷的袁世凯只得被迫取消洪宪帝制，恢复民国，袁世凯做了 83 天的黄粱帝梦到此终结。此后，护国军等各派势力坚持要其下台，导致力求保住大总统地位的袁世凯众叛亲离，其统治根基呼啦啦如大厦倾，最终袁世凯于 1916 年 6 月 6 日忧惧而死。护国战争取得了决定性胜利，共和思想深入人心。

这柄指挥刀长 93.2 厘米，钢质，锻造，刀柄和刀鞘嵌有大小鎏金狮子九头。蔡锷于 1916 年病逝，李根源等为纪念他，在北京北海公园快雪堂建立"松坡图书馆"，馆内设"蔡公祠"，陈列蔡锷生前用品、手迹、照片等，指挥刀为其中之一。1959 年由北京图书馆（今中国国家图书馆）拨交。

36

见证大事的小文物

中华民国护法军政府海陆军大元帅府徽章

王南

这枚看似不起眼的小小徽章，却见证着中国近代史上民国初年的一个重大事件——护法战争，也承载着孙中山等革命党人为中国的进步所付出的艰辛努力。

1917年，中国政坛又上演了一出复辟的闹剧。事情的起因是，袁世凯死后，副总统黎元洪继任，没有实权，而原为袁世凯手下大将的段祺瑞任国务总理，把持了北京政府的权力。黎段在许多问题上都不和，段祺瑞就要求解散国会。黎元洪则罢免了段祺瑞，段祺瑞愤而离京到天津，唆使地方实力派脱离北京政府。因此，时任安徽督军、有着浓厚帝制思想的"辫帅"张勋率领部下"辫子军"趁机进占北京，驱走黎元洪，7月1日拥清废帝溥仪即位，复辟帝制。可是，12日就被声称"讨逆"的段祺瑞军队击败，复辟闹剧仅上演了12天就草草收场。此后，直系首领冯国璋代理大总统职，段祺瑞仍任国务总理，依旧拒绝恢复1912年订立的、被袁世凯废除的《中华民国临时约法》，也拒绝恢复国会，这是公然对共和与民主的践踏，激起了各种势力的强烈反对。

张勋复辟时孙中山就已倡导护法，到

了段祺瑞重掌大权后再演独断专行的故技，孙中山继续以维护《临时约法》为号召，率领赞成护法的驻沪海军南下广州，联合主张"暂行自主"的、以滇桂军阀为主的西南军阀，还有一部分南下的北京政府国会议员，于8月在广州召开国会非常会议，商讨成立护法军政府。会议决定在《临时约法》恢复前，行政权由大元

中华民国护法军政府海陆军大元帅府徽章

帅行使。9月1日，孙中山当选为中华民国军政府海陆军大元帅，随后选举桂系军阀首领陆荣廷、滇系军阀首领唐继尧为元帅。10日，孙中山就任中华民国军政府海陆军大元帅，次日任命各部总长等官员，军政府正式成立。

9月底，冯国璋以孙中山等谋反为由，下令严拿南方国会和政府成员，对此孙中山也发令通缉段祺瑞等"首逆"。在针锋相对、互不相让的情势下，段祺瑞依靠军事实力强大，极力主张以武力统一，于是出动北洋军队讨伐南军，护法军也调兵遣将积极抵御。9月下旬，战事爆发，攻城略地中，双方互有得失。交战正酣之时，有直系背景的北洋军队前线正、副司令突然发表通电，呼吁停战，进行南北和谈，并主动从前线撤兵，一时间护法军士气大振，很快攻占长沙，并推举出护法将领分任湖南督军和省长。

北洋军的失利，导致段祺瑞辞职，这些都被以曹锟为首的北洋直系主战派视为耻辱，他联络十省主战督军召开会议，向冯国璋施压，12月中旬北京政府任命曹锟为第一路军队总司令，张怀芝为第二路军队总司令，各率本部军队向护法军发起进攻。另一方面，护法军也向北进击，很快攻下了岳阳，取得了暂时的优势。此时的北洋军又作调整，兵分三路，分别由吴佩孚部、张敬尧、张怀芝统领发起强大攻势。在北洋军的多路进攻下，护法军节节退守，北洋军则连连得手，尤以吴佩孚部最为强悍，先后攻占岳阳、长沙。但是皖系将领张敬尧却被任命为湖南督军兼省长。此后，段祺瑞第三次出任总理，北洋军继续加强进攻，湖南大部

分地区很快被北洋军控制。

然而就在此时，曹锟及部将吴佩孚不满于段祺瑞对张敬尧的任命，自恃功高，不愿再继续为皖系卖命。于是由吴佩孚出面呼吁停战，这一做法上得到冯国璋的支持，下得到直系主和派的响应，皖系因缺乏真正能征惯战的将领，再加上社会舆论普遍为吴佩孚的倡议点赞，因为这客观上有利于百姓民生，而且这时第一次世界大战结束了，列强又重新加强对中国的扩张，不愿意战乱影响他们在中国的利益，对此段祺瑞也只得无奈认同停战和谈。南方护法军也积极响应了吴佩孚的倡议，护法战争得以结束，南北双方开始和谈。然而，就在此时，南方阵营内部的矛盾却公开化了。孙中山是真心实意要护法，但是，西南各军阀实力派认为孙中山无兵无枪，是个空头大元帅，并不真心支持他，就千方百计排挤他，不仅两名元帅不愿到任，孙中山任命的各部总长仅陆军总长张开儒到职，孙中山根本无法发号施令，愤而发通电抗议，乃于1918年5月4日被迫辞去大元帅职，赴上海寻找新的救国方法。

这枚徽章是进出大元帅府的人员佩戴的，凡佩戴这种徽章者得以进出大元帅府。形状为横椭圆形，制作工艺简洁明快，外圈蓝地珐琅上镌"大元帅府"四字，下镌"徽章"二字；内圈白地上镌阿拉伯数字"66"，表明这种徽章的数量不少于66枚。纵9厘米（含绶带），横4.5厘米，金属、珐琅质地。1955年6月个人捐赠。

37

新时代的先声

《青年杂志》创刊号和《新青年》第一号

王南

民国建立后，民主与共和的思想更加广泛地传播，逐渐形成一股人心所向、大势所趋的潮流。然而，袁世凯掌权后进行的一系列复古回旧行为，使新兴的民国社会重新蒙上一层浓厚的封建迷雾，直至复辟帝制，复古倒退达到了登峰造极的地步。在这种沉闷的复旧氛围中，新一代的有识之士仍坚持探索和思考，到底中国应该走什么样的道路，才能有光明的未来和前途。

于是，1915 年 9 月，陈独秀在上海创办了《青年杂志》，1916 年 9 月从第二卷起改名《新青年》。初为月刊，后改为季刊和不定期发行。它最初的发行主旨是，

与青年共同探讨各国学术、思潮，宣传民主和科学，反对封建专制和迷信，抨击以孔孟为代表的封建文化思想。俄国十月革命后，开始宣传十月革命，介绍马克思主义。后成为上海共产主义小组的机关刊物，和各种反马克思主义的思潮进行了激烈的论战。中国共产党成立后，曾先后成为党的机关报和理论刊物，1926 年 7 月停刊。这本期刊的诞生，开启了新文化运动的历程，也预示着一个新时代的大幕正在徐徐拉开。

《青年杂志》创刊号收录了陈独秀的四篇文章：《敬告青年》《法兰西人与近代文明》《妇人观》《现代文明史》，以及高

陈独秀在上海创办的《青年杂志》和《新青年》

一涵等人的《共和国家与青年之自觉》《新旧问题》《青年论》等文章。特别是陈独秀在发刊词《敬告青年》中针对封建思想文化对国人的束缚，从"自主的而非奴隶的""进步的而非保守的""进取的而非退隐的""世界的而非锁国的""实利的而非虚文的""科学的而非想象的"等六个方面阐述了自己对世界、社会、青年、中国未来的看法，表达了他反对封建礼教、追求民主与科学的强烈愿望。《敬告青年》成为新文化运动的宣言书。

《新青年》创办初期，高一涵是陈独秀最得力的助手。《共和国家与青年之自觉》是高一涵最脍炙人口的政论文之一。本文连载于《青年杂志》第一卷第一号、第二号和第三号上。文章明确指出共和制国家优于专制国家，希望青年自觉地追求实现共和，这显然是针对袁世凯复辟帝制而发。

《新青年》第二卷第一号中最重要的文章是陈独秀的《新青年》和李大钊的《青春》。陈独秀在《新青年》一文中，阐述了他所认为的新青年和旧青年的区别：新青年应不仅是年龄上的界定，还应是生理健全、体格强健，消除腐败堕落等旧青年所有的做官发财的思想，精神上另外构就真实新鲜的信仰，才称得上是新青年而非旧青年，也才称得上是真青年而非假青年。

《青春》是李大钊极为著名的一篇佳作，在文中，李大钊阐发了自己的青春哲学，高度赞誉了美好的青春，认为青年肩负着历史重任，呼吁他们要"本其理性，加以努力，进前而勿顾后，背黑暗而向光明，为世界进文明，为人类造幸福，以青春之我，创建青春之家庭，青春之国家，青春之民族，青春之人类，青春之地球，青春之宇宙，资以乐其无涯之生"。

两期刊中的其他文章也都以不同的视角或文体阐述了对国家、社会、青年、未来的思考。

两本杂志都是 16 开本，尺寸皆为纵 25.5 厘米、横 18.5 厘米。纸质、彩印封面。《青年杂志》创刊号封面设计引进了西方美术和印刷的先进技术，格外醒目。它采取横排现代版式，图文交融、方与圆相结合的设计方式，上半部为一张长方形图片：一群并肩而坐听课的学生，图片中标有法文刊名"LA JEUNESSE"，意为"青年"，因为这时陈独秀等人推崇的是法兰西文明。中部印有青年偶像美国钢铁大王、慈善家卡内基的肖像，周围以马蹄莲状的花边做装饰，呼应刊内的卡内基传。右边是红色的刊名：青年杂志，直排，使用新型美术字体，由黑体字演变而成，字形方整。左边是卷数、期数。肖像的左上角标一个雄鸡啼鸣的图标，预示着黑暗是黎明的前夜。下半部印出版单位"群益书社"字样。这是《青年杂志》第一卷封面设计的基本格调。相比之下，《新青年》第一号的封面设计变得较为简洁，封面上没有了图画和照片，封面上方"新青年"三个大字显得端庄稳重，在"陈独秀先生主撰"的字体下，是在盾牌形线条框中竖排的要目，使读者更便于了解刊物的内容。最下端横排红色的几卷几号，与上端的字体相对应，红与黑成为封面的主色。这是第二卷至第六卷封面设计的基本格调。

三

中国共产党肩负起民族独立

人民解放历史重任

38

外争主权　内除国贼
五四时期北大学生街头讲演用的布旗

陈莉

1919年5月4日，一场席卷全中国的五四爱国运动从北京拉开序幕。

这一年的5月，一条惊人的消息从法国巴黎的凡尔赛宫传到中国：第一次世界大战战败国德国在战胜国中国山东的特权，被参加巴黎和会的西方列强转让给日本！中国人民被"胶州亡矣！山东亡矣！国不国矣！"的残酷现实所震动，1919年5月4日，北京3000多名爱国学生在天安门前示威游行，反对帝国主义列强在巴黎和会上损害中国主权以及北洋政府的卖国政策，五四爱国运动爆发。

五四运动，遭到北洋政府的镇压。他们逮捕学生，对学生提出的政治要求置之不理，逼走同情爱国学生的北大校长蔡元培。种种倒行逆施，更加激怒各阶层人民。经过多次酝酿，北京中等以上学校学生联合会于5月18日召开紧急会议，决定从19日起北京学生实行总罢课。

为了挽救祖国的危亡，激发群众的爱国热情，揭露帝国主义的侵略和北洋政府的卖国行为，学生们广泛地组织了讲演队，在街头巷尾向群众进行宣传。当时北京很多学校的学生都参与了讲演队的活动，包括北京大学、北京高等师范学校、朝阳法专学校、工业专门学校、农业专门学校、法政专门学校、医药专门学校等。他们组成一个一个的小型宣传队，有三五人一组，有八九人一组，到北京城内外街道、火车站、人烟稠密的商业区、游览区和庙会等地进行露天讲演。每当学生开始讲演，各界市民都纷纷簇拥过来，学生们讲到痛彻心扉处，听众深受感动，有时甚至随之痛哭淋漓。许多市民主动给讲演的学生送茶送水，热情支持，甚至一些前来干涉的警察，听到这样动情的讲演也不禁被感动。

五四爱国运动的汹涌声势，令日本帝国主义极其恐慌。日本驻华公使数次到北洋政府外交部提出"警告"和"紧急"照会，要求取缔中国人民的反日爱国运动，尤其是学生的爱国演讲和抵制日货的斗争。一向顺从于日本帝国主义的北洋政府，开始采取各种高压手段，对学生及各阶层人民进行镇压。6月3日上午，北京20余校数以千计的学生上街举行大规模宣传活动时，被军警逮捕了178人。第二天，北洋政府更是派军警和步兵驻扎在东华门一带，断绝交通，阻止学生活动。

但越是凶残的镇压，激起的斗争热

情更高涨，坚定爱国信念的学生们不顾个人安危，不断组织更多的人投入到街头演讲中。正在"复兴之路"基本陈列展示的这件破旧的白色布旗，是 6 月 3 日后北京大学讲演队使用的一面旗帜。这件布旗纵 45.5 厘米，横 64.3 厘米，上面用毛笔分三行书写了"北大讲演队第九组"，是学生们撕开自己的床单制作成的，旗面右侧还用白色的棉线，歪歪扭扭地缝出一道 3 厘米左右的旗杆套。由于军警的阻挠，学生们无法集体行动，他们就各自怀揣着队旗，三五人互相掩护，静悄悄地出发到达各自目标地点。当时北大学生主要负责东城区，集中在王府井大街、东安市场到前门一带的繁华区域，他们一旦融入人群，就抽出怀中的队旗，开始大声疾呼："中国的土地可以征服而不可以断送！中国的人民可以杀戮而不可以低头！国亡了！同胞们起来吧！"从东西长安街到前门，从东四过东单到崇文门，从西四过西单到宣武门，到处都是振臂高呼的同学和被感动而围观的群众。北洋政府的警察、马队和保安，到处横冲直撞，冲撞、践踏听讲的群众，逮捕讲演队的同学。当时的《每周评论》上就记载着："记者从前门经过，看见三个学生，站在路旁演讲，来了几个警察，身长面黑，犹如城隍庙里的阎王一般，把三个学生一人捉一个，那三个学生两手虽被他们捉住，嘴里还说个不止，听的有不知多

布旗

少人都流下泪来。"4 日当日，又有 700 多名学生被捕，这面讲演队的布旗也随学生们一起被带到警察局，直到 1959 年由北京市公安局档案科拨交国博，作为见证五四爱国运动中青年学生的拳拳爱国之心而一直被珍藏。

北洋政府 6 月 3 日、4 日大规模对讲演学生的逮捕，不仅没有把学生的爱国运动镇压下去，反而进一步激怒了全国各阶层人士，掀起了更大的革命风暴。以 6 月 5 日上海举行的"罢课、罢市、罢工"的"三罢"运动为起点，反帝爱国运动扩展到 20 多个省市、100 多个城市，革命烈火燃遍全国，中国工人阶级第一次以独立的姿态登上历史舞台。

迫于人民群众的压力，北洋政府不得不于 6 月 10 日释放所有被捕学生，并宣布罢免亲日派官僚曹汝霖、章宗祥、陆宗舆的职务，28 日，中国代表也没有出席巴黎和约的签字仪式，五四运动的直接斗争目标得到了实现。

39

马克思主义的光芒照到中国
《共产党宣言》第一个中文全译本

陈莉

《共产党宣言》是马克思和恩格斯为世界上第一个工人阶级政党——共产主义者同盟撰写的纲领，1848 年 2 月在英国伦敦用德文首次发表。它是全世界共产党人的第一个纲领性文件，标志着马克思主义的诞生。这部著作篇幅不大，只有 3 万多字，但在世界上的影响却是巨大的，被翻译成 200 多种文字，成为全世界共产党人和一切进步人士必读的著作。该书最早的中文全译本，是由我国著名语言学家陈望道先生翻译出来的，具有特殊的历史文献价值。

20 世纪初叶，俄国十月革命的一声炮响，为处于半殖民地半封建社会深渊的中国送来了马克思列宁主义。1919 年五四运动前后，马克思主义以其先进性、科学性和革命性吸引着中国的先进分子，而了解马克思主义的最好读物就是《共产党宣言》。梁启超、李大钊、张闻天、成舍我等都曾在他们的文章中摘译、引用过《共产党宣言》的片断；李汉俊、朱执信、胡汉民、戴季陶也在报刊上介绍过它的有关章节。为了能更系统地介绍和宣传马克思主义，陈独秀主张将此书的全文尽快用中文翻译出来，"这已是社会之急需，时

代之召唤"。

此时，担任上海《星期评论》主编的戴季陶计划找人翻译《共产党宣言》，在《星期评论》上连载，《民国日报》主笔邵力子向他举荐了具有马克思主义学识、精通日文和英文的陈望道。

1919 年底，陈望道回到故乡义乌分水塘村着手翻译《共产党宣言》。根据陈独秀通过李大钊从北京大学图书馆借出的《共产党宣言》英译本和戴季陶提供的《共产党宣言》日译本（原著为德文本），时年 29 岁的陈望道字斟句酌、夜以继日地翻译，力求每一句话、每一个词，都要译得准确、妥帖。

1920 年 4 月下旬，经过 5 个月奋战，陈望道终于翻译完成，他带着稿件来到上海，请李汉俊校阅，再转请陈独秀审定，准备第二天在《星期评论》上连载。不料该刊却因"言论问题"遭到查封。

此时陈独秀的《新青年》编辑部也刚迁到上海，他邀请陈望道参加了《新青年》编辑工作。当时陈独秀、沈雁冰、李达、李汉俊、陈望道、邵力子经常在一起讨论马克思主义和建党问题，于是便组织了"马克思主义研究会"。为了全面、

系统地传播马克思主义理论，研究会希望出版陈望道翻译的《共产党宣言》，但苦于无经费。恰在这时，共产国际代表维经斯基和杨明斋经李大钊介绍来上海与陈独秀联系并商谈中国建党问题。维经斯基与陈独秀商议，资助研究会在上海拉斐德路（今复兴中路）成裕里12号建立名为"又新印刷所"的小印刷厂。1920年8月，作为《社会主义研究小丛书》第一种，其以上海社会主义研究社的名义出版了陈望道翻译的《共产党宣言》中文全译本，首印1000册。

正在"复兴之路"基本陈列展出的这件《共产党宣言》第一个中文全译本就是首印的1000册中的一本，它是小32开平装本，纵17.8厘米、横12.3里面、厚1.6厘米。封面上端从右至左模印着"社会主义研究小丛书第一种"，上署"共党产宣言""马格斯安格尔斯合著"、"陈望道译"等文字。正中印有水红色马克思半身坐像，全文用5号铅字竖排，计56页。封底印有"一千九百二十年八月出版""定价大洋一角"字样，印刷及发行者是"社会主义研究社"。

该书刚一问世，便引起强烈反响，几天内销售一空。为满足读者需要，同时纠正第一版中将封面标题"共产党宣言"排印成"共党产宣言"的失误，1920年9月《共产党宣言》中译本再版印刷，再版时，封面马克思半身坐像也改印为蓝色。

陈望道的《共产党宣言》中文全译本对当时传播马克思主义影响巨大。毛泽东1936年就曾对斯诺说过："有三本书特别深刻地铭记在我心中，建立起我对马克思主义的信仰……其中一本书是《共产党宣言》，陈望道译，这是用中文出的第一本马克思主义的书……"

《共产党宣言》中文全译本以及其后出版的恩格斯《科学的社会主义》、列宁《国家与革命》等著作的中文译本有力地促进马克思主义的进一步传播及其同工人运动的结合，使在中国建立共产党的条件基本上具备了。

陈望道《共产党宣言》中文全译本

40

北方工人运动的发源地

长辛店工人俱乐部纠察队使用的月牙斧

陈莉

1921年7月中国共产党成立后，旗帜鲜明地提出了反帝反封建的民主革命纲领，集中力量领导了香港海员、京汉铁路工人、安源路矿工人等大罢工，掀起第一次工人运动高潮。

京汉铁路1896年由清政府筹款兴建，北起北京前门，纵贯河北、河南、湖北三省，南至汉口玉带门，全长1214.5千米，是连接华北和华中的交通命脉，有重要的经济、政治和军事意义，其运营收入成为军阀吴佩孚军饷的主要来源。京汉铁路全线有产业工人两万多，他们长期受奴役、被欺凌，生活困苦，所以对他们进行宣传教育，组织成立产业联合会，成为中国共产党领导工人运动的基础。

长辛店车辆厂位于北京西南近郊，有工人3000多人，是京汉铁路北段工人比较集中的地方。1921年5月1日，京汉铁路工人的第一个现代工会组织——长辛店铁路工会成立。中国共产党成立后，选派共产党员到这里继续加强对工人的宣传教育，领导开展反对总管、工头的斗争，使工人的觉悟逐渐提高。1921年冬，在北方劳动组合书记部的直接领导下，长辛店机械厂、火车房、修车厂和工务修理

厂的工会，联合为统一的工会组织，即长辛店工人俱乐部，并制定了工人俱乐部简章。工人俱乐部下设交际、教育、会议等部，并成立了工人纠察队、讲演团和调查团。在工厂车间里，每十个会员选出一名干事，称为"十人干事"，一个组织严密、战斗力很强的统一工会团体正式形成了。

工人纠察队是工人俱乐部为保卫自己的组织而特别成立的，也被称为"敢死队"，队长葛树贵是个锤工，两膀劲头足，别人抡大锤一气能抡三十多下，他一口气能抡百十来下。队员有几百人，多是些钳工、机器匠等精壮小伙，有些还有点武术身手。据当年的老工人回忆，纠察队成立之初，就特意做了50把月牙斧给队中的钳工使用，而那些机器匠则拿着检点锤，一些原来负责扛扛抬抬的小工就会用杠子（也就是棍棒），这些"武器"与他们日常工作的工具相同，既避免给厂方落下携带武器的口实，又能起到自卫的目的。平日下班后，他们就集中在一起，排着队，打打拳，练练武。武器则由工会统一保管，在组织罢工等紧急情况下由工会决定发给专门的人员使用，用毕按时归还工会。

1922年8月，在劳动组合书记部主

任邓中夏的直接领导下，长辛店工人俱乐部根据广大工人的诉求，向工厂提出增加工资、改善生活待遇等八项要求。在遭到厂方拒绝后，工人俱乐部第一次组织全体工人举行了大罢工。罢工正式开始后，工人俱乐部的纠察队迅速占领了车站，赶走了车站的警察，控制了电话，拦截住南来北往的火车，同时宣传队向旅客宣传罢工的理由，以求得旅客的理解和支持。工人们的集体行动，使整个长辛店火车站陷入瘫痪状态。经过三天不屈不挠的罢工斗争，军阀政府不得不答应工人俱乐部提出的八项条件，长辛店工人罢工取得了完全胜利。

这次胜利对当时全国工人运动的发展，特别是北方铁路工人运动的发展有着巨大的影响。长辛店工人俱乐部也被称为"北方劳动界的一颗明星"，影响所及，自北而南，蔓延到京汉铁路各站，到1922年底京汉铁路沿线相继建立了江岸、郑州等16个工会组织，建立一个全路工人统一组织已势在必行。

1923年2月1日，京汉铁路总工会在郑州举行成立大会，但遭到军阀吴佩孚的强力阻挠，总工会会所被捣毁，代表寓所被包围，会议无法进行。在总工会的号召下，2月4日，全路2万多工人举行总同盟罢工，1200千米铁路顿时瘫痪。京汉铁路工人大罢工引起了帝国主义和反动军阀的恐慌。在帝国主义支持下，吴佩孚调动两万多军警在京汉铁路沿线镇压罢工工人，制造了震惊中外的二七惨案，京汉铁路总工会江岸分会委员长林祥谦等52人牺牲，300多人受伤，40多人被捕，除广东、湖南，各地工会组织遭到封闭，全国工人运动暂时转入低潮。

现在正在"复兴之路"基本陈列中展出的一把月牙斧，就是当年长辛店工人纠察队副队长恩玉在二七大罢工时使用的自卫"武器"。这把斧子长17厘米，铁制斧刃，呈扇形，上面有锈迹和磕碰的痕迹。木头把手因年久和使用频繁，而被磨得很圆滑。当年罢工失败后，长辛店工人俱乐部和纠察队都被解散，这把月牙斧就被恩玉悄悄地留在自己家里。为了方便保管和使用，他还把原来斧子另一端的六角形尖锥打掉。1964年7月，恩玉把这件珍藏已久的月牙斧捐赠给中国国家博物馆前身中国革命博物馆收藏，这件经历了斗争岁月的文物成为记录长辛店铁路工人奋起反抗压迫的历史见证。

京汉铁路长辛店工人俱乐部纠察队使用的月牙斧

41

北伐先锋　旗开得胜

叶挺独立团用的《湖南邮路全图》

项朝晖

这张 1926 年 4 月由陆军测量局绘制的《湖南邮路全图》是 1959 年 1 月 8 日由陈卓立同志捐献的。图中红线标注的即为 1926 年第一次北伐时，叶挺独立团的进军路线，由南向北，从广东韶州经由湖南郴州、永兴、安仁、攸县、醴陵、浏阳、平江等地直至武汉，一路上独立团在叶挺的率领下曾打了不少胜利仗。

叶挺独立团成立于 1925 年冬，是一支由共产党直接领导的革命队伍。1926 年 4 月底，独立团奉命作为北伐先遣队，率先开赴湖南前线。部队进入湖南后，在汝城附近首先遭遇敌谢文炳部千余人，叶挺果敢地指挥部队乘夜冒雨进攻，黎明前攻克了汝城，独立团在湖南首战告捷。

随后，独立团经郴州，5 月 31 日抵达永兴。接到国民革命军第八军军长唐生智的急电，让叶挺率独立团前往安仁，援助唐生智的部队。当时敌人四个团已占领攸县，有进攻安仁的企图，而安仁只有唐生智部的一个团，与敌相较，兵力悬殊。接到电报后，叶挺立即率领部队向安仁进发，于 6 月 2 日上午到达安仁县城。一到安仁，叶挺便与唐生智部三十九团团长

会晤，详细了解敌情，布置警戒任务。

6 月 3 日下午，敌人向安仁周边的渌田、黄茅铺发起进攻，叶挺马上召集独立团的共产党员开会，会上他说："我们是人民的武力，又是北伐的先遣队。我们不但代表了广东革命军，而且代表了中国共产党。这一仗我们一定要打胜！"然后做了战斗部署，兵分两路增援黄茅铺、渌田，且决定次日拂晓发起攻击。4 日凌晨，渌田、黄茅铺的攻击同时开始，经过激烈的战斗，敌人全线崩溃，中午两路部队于桑田汇合后，继续乘胜追击，于 5 日攻占攸县。这一仗，独立团击溃了比自己多六倍的敌人，树立了北伐胜利的先声，稳定了湖南局面。

叶挺独立团攻占攸县时，广州革命军尚未誓师北伐，独立团奉命在攸县休整训练，接应北伐军的到来。7 月，北伐军从广东正式出发，独立团拨归北伐先头部队第四军十二师师长张发奎指挥。10 日，攻打醴陵的战斗打响了，按部署，张发奎率领主力为右翼，担任主攻任务，叶挺率领独立团为左翼，担任佯攻任务，向泗汾、豆田进攻。独立团在当地群众的协助下，迅速占领了泗汾、豆田，乘胜追击，

率先攻占了醴陵。12 日，独立团继续北进，占领了浏阳，并奉命对部队进行整顿与扩编，新组建了一个特别大队和一个补充营。

8 月中旬，十二师奉命攻打平江。此时，湖南方面的敌人集结于汨罗、平江一线，组成罗江防线，以阻击北伐大军。驻守平江的是吴佩孚的心腹战将陆琪瑞，他带领的 1 万多精锐在平江城南端的鲁肃山一带，构筑强固工事，且工事周围遍埋地雷。陆琪瑞曾自夸平江城"固若金汤"。19 日，平江战役打响。叶挺独立团奉命与三十六团一起，担任中路进攻。叶挺命令特别大队进攻驻守童子岭之敌，自己率领主力在当地农民的引导下，从山径绕道平江城北门下，出其不意地向北门守敌发动猛烈的攻击，敌人的主力正在南城与北伐军作战，在独立团的猛烈进攻下，北城很快失守，独立团乘胜进入平江城。破城之时，平江城防司令陆琪瑞正在司令部与人搓麻将，突然听到冲杀声，惊慌失措，六神无主，最后见逃跑无望，绝望地拔枪自杀。平江战役全歼守敌 4000 余人。

占领平江后，北伐军积极准备向湖北进发，为了截断敌人后路，必须攻占中伙铺车站，切断粤汉铁路。23 日，第四军副军长陈可珏在召开军事会议分配任务时，没有人主动承担这项艰巨的任务。因为时间有限，部队要在一天多时间内日夜兼程行军 100 多里，途中不仅要越过几条河流、翻过几座高山，还有可能遭遇敌军。无奈之下，陈副军长最后把任务交给了叶挺独立团。

接受任务后，叶挺即刻返回驻地，向

《湖南邮路全图》

全团将士做了军事动员，第二日率部队出发，25 日拂晓赶到了中火铺车站附近。正在此时，一列运送湘军一个团兵力的火车正从南边蒲圻向中火铺驶来。叶挺当机立断，命令部队全面展开，向敌人包围进击，经过一个小时的激战，活捉了包括敌团长在内的全部敌人，占领了中火铺车站，控制了粤汉铁路，圆满地完成了作战任务。

湖南战事结束后，叶挺独立团乘胜进入湖北境内，连克吴佩孚的两个军事战略据点——汀泗桥和贺胜桥，并率先攻入武昌城，为北伐革命军胜利夺取武汉做出了巨大贡献。

北伐战场中，叶挺独立团一路凯歌，所向无敌，且军纪严明，声誉日盛，荣获了"铁军"的称号。

42

革命气节 大义凛然
李大钊在狱中写的亲笔自述

刘艳波

李大钊（1889—1927），字守常，河北乐亭人。1907年，考入天津北洋法政专门学校。1913年东渡日本，入东京早稻田大学学习。留日期间，李大钊积极参加留日学生的爱国斗争。1916年，李大钊回国，开始寻求救国之道。他积极投身新文化运动，宣传民主和科学精神，成为新文化运动的一员主将。十月革命一声炮响，给中国送来了马克思列宁主义。李大钊以《新青年》和《每周评论》等为阵地，相继发表了《法俄革命之比较观》《庶民的胜利》《布尔什维主义的胜利》《我的马克思主义观》等大量宣传十月革命和马克思列宁主义的著名文章和演说，讴歌十月革命的胜利，并积极领导和推动五四爱国运动，成为中国共产主义的先驱、中国最早的马克思主义传播者。

1920年初，李大钊与陈独秀相约，在北京和上海分别活动，筹建中国共产党。同年3月，李大钊在北京大学发起组织马克思学说研究会，聚集了一批具有共产主义思想的青年知识分子。他还领导建立了北京的共产党早期组织和社会主义青年团。他与陈独秀遥相呼应，积极推动全国范围的共产党组织的建立。"南陈北李，相约建党"，成为中国革命史上的一段佳话。

1921年7月，中国共产党第一次全国代表大会召开，李大钊和陈独秀成为中国共产党的主要创始人。此后，李大钊代表

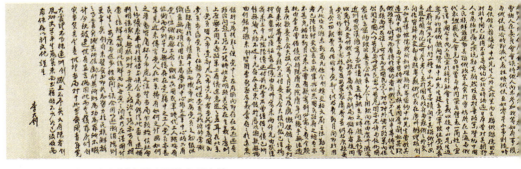

中国共产主义先驱李大钊在狱中写的亲笔自述

党中央领导北方地区党的工作，并任中国劳动组合书记部北方区分部主任。在党的"三大"和"四大"上，李大钊当选为中央委员。

1922年8月，李大钊参加了中共中央在杭州西湖召开的研究国共两党合作问题的特别会议。李大钊赞同共产国际的指示，积极主张共产党员以个人身份加入国民党，帮助孙中山改组国民党。1924年1月，中国国民党第一次全国代表大会在广州召开，李大钊是孙中山指定的5位主席团成员之一，并参加了大会宣言的起草工作。回到北京后，李大钊很快帮助建立起国民党北京市党部、天津市党部和直隶省党部，推动了国共合作在北方的发展。1926年李大钊领导了"三一八"大请愿，这是国共两党第一次合作后首次共同领导的活动。

在"三一八"惨案发生后，中国处于白色恐怖之中。1927年4月6日，奉系军阀张作霖和帝国主义相勾结，在苏联驻中国使馆内将李大钊等人逮捕。在狱中，敌人对他进行了多次审讯、逼供，并施用了电椅、老虎凳等种种酷刑，他始终坚贞不屈，严守党的秘密。

他在狱中亲笔写下自述，曾三易其稿。他在自述中，回顾了自己壮烈的、革命的一生，抒发了一个革命者的高尚情怀，字里行间表现出大义凛然的英雄气概。他身陷囹圄，仍然一心为了"再造"和"振兴中国"，继续阐述其革命主张，充分表达了他坚定的信仰和伟大的抱负。为了保护其他同志，他表示自己"负其全责"。在自述的最后，他自豪地说："钊自束发受书，即矢志努力于民族解放之事业，实践其所信，厉行其所知，为功为罪，所不暇计。"

1927年4月28日，张作霖不顾社会舆论的反对，下令将李大钊等20位革命志士秘密押到北京西交民巷京师看守所刑场施以绞刑。面对绞刑架，李大钊从容不迫、大义凛然，第一个走上绞刑台，英勇就义。

在"复兴之路"基本陈列中展出的是李大钊狱中自述的最后一稿，全文共计2818个字。这份自述，既是一篇光辉的革命文献，又是李大钊对革命事业无限忠诚的历史见证。1957年，由李大钊的女儿李星华捐献国家。

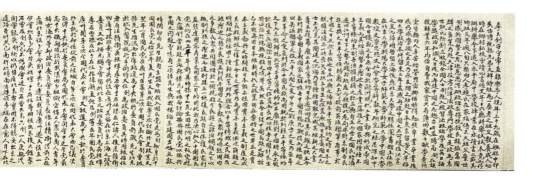

43

铁般的纪律　胜利的保证

写着"六项注意"的红军包袱皮

项朝晖

　　这块写有"六项注意"的包袱皮是1959年5月江西省博物馆拨交给当时的中国革命博物馆的珍贵文物,它是井冈山时期红四军一位战士用过的东西,是红军执行铁的纪律的历史见证。在当年白色恐怖下,红军能够生存、发展、壮大,其中很重要的一个原因就是纪律严明,对老百姓秋毫无犯,得到了广大老百姓的支持和拥护。

　　1927年秋收起义后,毛泽东率领起义部队奔赴井冈山。当时起义队伍的成分比较复杂,官兵中无组织无纪律现象时有发生。如吸大烟、赌博的;打了胜仗只顾自己发洋财,打了土豪将银圆装进私人腰包的;借了群众的东西不还,买了东西不给钱的;还有军官打士兵,老兵打新兵等现象,严重影响了部队的战斗力和干群关系。毛泽东深知人民群众的拥护和支持,是革命军队能否生存的关键,一开始他就很重视部队的纪律建设。10月,工农革命军临上井冈山之前,为了部队上山后能与王佐的队伍搞好关系,防止违反群众纪律的事情发生,毛泽东在荆竹山村前的"雷打石"处集中部队官兵讲话,并正式宣布了三项纪律:一切行动听指挥,

筹款要归公,不拿老百姓一个红薯。

　　1928年1月,工农革命军占领遂川城,部队在纪律方面又出现了新问题。有的借了老百姓的门板不还,有的甚至烧了土豪的房子等。这些情况很快被反映到前敌委员会。身为前敌委员会书记的毛泽东深感不安,觉得有必要做出一些具体的规定,规范工农革命军全体指战员的行为。于是,他在遂川县李家坪集合部队,宣布"六项注意":一、捆禾草;二、上门板;三、买卖公平;四、言语和气;五、不拉夫,请来夫子要给钱;六、不打人骂人。这是继"三大纪律"之后毛泽东关于军队建设的又一项纪律规定。

　　3月下旬,毛泽东率领工农革命军第一团前往桂东一带接应朱德部队上井冈山。到沙田后,部队也出现了一些侵犯群众利益的事情和烧杀行为。毛泽东知道后,为了彻底纠正这种现象,他把部队集中起来,正式颁布了"三大纪律,六项注意"。其中将荆竹山宣布的三大纪律中"不拿老百姓一个红薯"改为"不拿工农一点东西";将遂川宣布的六项注意中"不拉夫""不打人骂人"改为"借东西要还""损坏东西要赔"。对于"三大纪律,

六项注意"，他还一条一条给大家解释。当讲到"损坏东西要赔"时，他说，损坏老百姓的东西一定要赔偿，虽说"打破了旧缸赔新缸，新缸不如旧缸光"，但是，赔总比不赔好。

为了便于记忆，部队还专门编了《红军纪律歌》教广大战士传唱：

上门板，捆铺草，房子扫干净。

说话要和气，买卖要公平。

损坏东西要赔偿，借人东西要还清。

红军战士为了时刻以"三大纪律，六项注意"对照自己的行为，也把它们写在随身携带、随处可见的地方。这块包袱皮上的"六项注意"就是这时被写在一块长94厘米、宽85厘米的白布上，由于长期使用，受风吹日晒雨淋，布面变成了灰色，上面还有破洞、补丁和污渍，有的字已经模糊不清，但仍然可以辨认出"六大注意"的主要内容。

"三大纪律，六项注意"正式颁行后，红军的纪律出现了根本性的改观。每到一处，红军战士不仅不乱拿老百姓的东西，还主动帮助老百姓劈柴、挑水、打扫院子。即便在行军途中，因饥饿难忍，吃了老百姓地里的苞米、红薯等，来不及找到粮食主人的，也会在田间地头留下字条说明情况，留下银圆作为补偿。

"三大纪律，六项注意"的内容，在后来的革命战争实践中不断被修改和充实。在中央苏区时期，群众对战士在野外小大便，河中洗澡意见很大。根据这一情况，毛泽东在"六项注意"中增加了两项："洗澡避女人"和"解手找厕所"。后来又将"不搜俘房腰包"代替了"解手找厕所"；将"筹款要归公"改为"缴获要归公"；将"不拿工农一点东西"改为"不拿群众一针一线"。

到解放战争时，根据战争形势需要，中国人民解放军总部重新统一颁布了"三大纪律，八项注意"：一切行动听指挥；不拿群众一针一线；一切缴获要归公。说话和气，买卖公平，借东西要还，损坏东西要赔，不打人骂人，不损坏庄稼，不调戏妇女，不虐待俘房。

"三大纪律，八项注意"是我党在长期的革命斗争实践中，一步步发展完善而成的，是我党的重要建军原则，是取得革命胜利的基本保证。

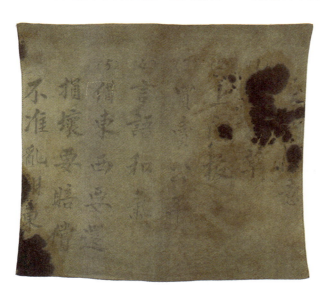

包袱皮

44

红军不怕远征难

红四方面军战士周广才长征途中吃剩的半截皮带

安莉

"红军不怕远征难，万水千山只等闲。五岭逶迤腾细浪，乌蒙磅礴走泥丸。金沙水拍云崖暖，大渡桥横铁索寒。更喜岷山千里雪，三军过后尽开颜。"毛泽东的这首诗，正是红军长征光辉业绩的记录，同时也是红军长征艰苦历程的真实写照。

在红军万里征途中，茫茫几百里水草地，是他们走过最艰苦、最壮烈的一段历程。

红军所走过的草地，主要是今天青藏高原和四川盆地连接段的川西北松潘大草地，包括现在的松潘草地、红原草地和若尔盖草地，纵长约500米，横宽约300米。而且海拔3500米以上，空气稀薄，属于青藏高原寒冷气候区，主要特征是寒冷、潮湿。这些草地属于高原湿地，白河和黑河由南而北纵贯其间，由于排水不良，形成了大片沼泽，远远望去，茫茫无际。水草盘根错节，结成片草甸，覆盖在沼泽之上，草甸之下，积水瘀黑，腐草堆积，深处没顶。草地的气候非常恶劣，冬天长夏天短，年平均气温在零度以下。夏季7月最高气温，零上10摄氏度左右。冬季1月最冷月气温，零下10摄氏度左右。雨雪风暴来去无常，其中全年下雨日150天左右，夏季的7、8、9月，基本上天天下雨，或者雨夹雪。全年积雪日也是大约150天左右，主要集中在11月至次年3月。草地不仅人际罕见，也无鸟兽出入，其艰苦无法用语言形容。正因为如此，为避开国民党军的围追堵截，中共中央和毛泽东毅然决定走敌人认为不敢走的路，经草地北上。

红军过草地面临的一个最大的困难是饥饿。当地是藏民聚居区，海拔高，主要作物是青稞（中原地区大麦的祖先）。因此，红军过草地时吃的粮食主要是青稞。出发前，红军想尽一切办法筹粮。但由于松潘地区人烟稀少，当时总人口五六万，还不如过草地的红军多，所以根本就筹不到粮。虽然尽了最大努力，红军筹到的粮

红四方面军战士周广才长征途中吃剩的半截皮带

食还是不够全军之用。每个人最多带有 8 至10 斤，一般的带有 5 至 6 斤，有的只有 3 至4 斤。粮食严重不足。所以，红军进入草地两三天后就断了粮，战马吃没了，吃野菜、草根，野菜、草根没有了，吃皮带、皮鞋、皮毛坎肩、马鞍子等等，凡是能充饥的都拿来吃。有的战士饿得没有办法，就从人或动物的粪便中寻找没有消化的青稞麦，一粒一粒挑出来，洗了再用茶缸煮着吃。饥饿和疾病威胁着每一个人的生命。许多战士在战场上没有倒下去，却长眠在广袤的草地里。

据不完全统计，红一方面军 1935 年 6 月过草地之前统计共有近 2 万人，过草地之后剩下 1.3 万人，损失 6207 人。红二方面军1936 年 7 月过草地之前有 1.6 万人，走出草地时为 1.3 万人，过草地损失约 3092 人。红四方面军因为三过草地，损失最大，仅第三次过草地即损失近 7000 人。如果加上第一次、第二次过草地损失的人数，估计损失数翻一倍还要多。红一方面军、红二方面军、红四方面军过草地减员总数，估计超过两万人。

在"复兴之路"基本陈列大型主题陈列的"红军长征"展柜中，一条残缺的皮带格外引人注目。这是红军战士忍着饥饿保存下来的那段艰苦岁月的历史见证。

1936 年 6 月，红四方面军与红二方面军在四川甘孜会师。根据中共中央指示，红四方面军和红二方面军一起北上抗日。7 月 7 日，贺龙、任弼时、萧克、关向应等率红二方面军，朱德、张国焘、徐向前、刘伯承等率领红四方面军，开始穿越茫茫数百里的草地。

红四方面军 31 军 92 师 274 团周广才所在班原有 14 人，到过草地时已减员至 7人。由于出发地人烟稀少，尽管想尽办法筹粮，也没有准备好充足的食物。进入草地没几天，他们 7 人背的干粮就吃完了。他们就在草地中寻找野菜、草根、树皮充饥，到后来，可吃的野菜也很难找到，他们只好从自己身上搜罗可以用来充饥的东西。他们先是将几个人的皮枪带吃光了，接着把钉在鞋底上的皮掌也吃光了……这时，大家想到了自己的皮带。当其他 6 位战士的皮带吃完后，大家对年仅 14 岁的周广才说，"该吃你的皮带了"。周广才的皮带是 1934 年红军在任合场战斗中缴获的敌人的战利品，是他的心爱之物。周广才含泪将自己的皮带交给战友。皮带下锅前，周广才痛哭了一场。当皮带被吃完第一个眼前面那一段时，周广才实在忍不住，恳求战友们：咱们饿着，也别吃了，把它留下来吧！就这样，大家忍着饥饿，把他们身上这唯一可吃的东西留了下来。

在不久以后的战斗中，那 6 位战友相继牺牲，只有周广才随红四方面军到达延安。为了缅怀牺牲了的战友，纪念长征途中这段艰苦岁月，周广才在皮带的背面烫上了"长征记"三个字。此后，他怕皮带断裂，舍不得再用了，用红绸子包裹起来，一直珍藏着。1975 年 11 月 3 日至 12 月 18 日，中国革命博物馆（现中国国家博物馆）举办"纪念中国工农红军长征胜利 40 周年展览"，数十万人参观了展览，引起轰动。展出期间，有 48 位老红军或他们的家人向中国革命博物馆捐赠有关长征的文物和图片。此时，周广才也将自己珍藏几十年的半截皮带捐赠革命博物馆，并亲笔写下了说明："一九三四年在任合场战斗中缴获敌人的战利品在长征过草地时断了粮食最后将皮带吃掉了一节　周广才。"这条皮带长 101.3 厘米，明显看出，皮带的一端曾被割断，又重新磨出尖头状。

45

率先举起武装抗日的旗帜

《中国、日本共产党为日本强占东三省宣言》

汪洪斌

为加快实现独占中国、称霸世界的战略野心，实现大陆政策的既定目标，日本帝国主义乘中国国民党政府进行反共内战之机，于1931年在中国东北制造震惊中外的"九一八"事变，率先在东方点燃了法西斯侵略战火。

中国共产党从中华民族的根本利益出发，站在抗日救亡运动的前列，坚决反对日本帝国主义的武装侵略和蒋介石"攘外必先安内"的方针，提出了收复失地、抗日救国的正确主张，率先举起武装抗日的旗帜。中国共产党发表的抗日宣言、决议和号召，忠实地反映了中华民族对待日本侵略决不屈服的顽强意志，宣告了中国人民与日本侵略者战斗到底的坚强决心，表明了中国共产党坚决反对日本侵略的鲜明立场。

"复兴之路"基本陈列中展出的《中国、日本共产党为日本强占东三省宣言》（以下简称《宣言》），纵17.2厘米，横22.1厘米，纸质，油印。它发表于1931年9月20日，是中国共产党联合日本共产党，针对日本帝国主义制造"九一八"事变发表的联合宣言。主旨鲜明，语言犀利，充分揭露了日本帝国主义的侵略

罪行，批判了蒋介石国民党政府的"不抵抗"政策，号召中日工农民众团结起来，将日本侵略者和帝国主义驻华的一切海陆空军驱逐出中国。

《宣言》首先指出，"日本帝国主义者是中国工农群众与日本工农群众的共同敌人。他们不但压迫与剥削日本本国的工农群众，而且也压迫与剥削中国的工农群众"，揭露日本帝国主义以武力占据东三省，将其完全变为日本殖民地，企图达到"一方面可以进一步地剥削中国民众，一方面更好进一步地向建设着社会主义的苏联进攻"一箭双雕的目的。基于蒋介石采取"攘外必先安内，统一方能御侮"之方针，揭示促进日本帝国主义贪婪企图得逞的是国民党，提出打倒蒋介石国民党政府。"对于日本帝国主义这种暴行，中国和日本的工农群众是坚决反对的，但是促进日本帝国主义这种暴行的，是投降帝国主义、勾结帝国主义，同帝国主义共同压迫、屠杀与剥削中国民众的国民党。所以中国工农民众，要打倒帝国主义，也必须打倒国民党。"

《宣言》指出："中国与日本的工农民众，坚决地相信，只有大家联合起来，共

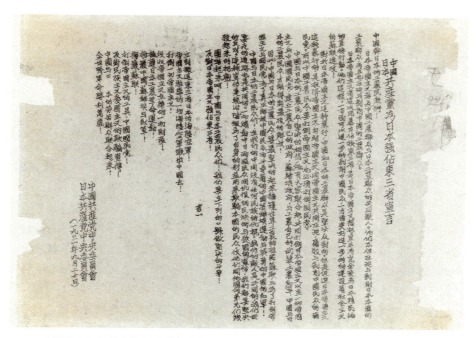

中国共产党和日本共产党联合发表的《中国、日本共产党为日本强占东三省宣言》

同打倒日本帝国主义以至一切帝国主义与中国国民党，建立工农自己的政府、苏维埃政府，与工农自己的武装工农红军，中国与日本的工农民众，才能得到最后的解放！"强调中日两国劳动人民的团结，特别阐明中日两国工农民众的两个"共同"："我们的敌人是共同的，我们所要走的道路也是共同的。"中日两国工农民众之间"没有任何民族的仇视"，"一切煽动中日两国民众间仇恨的民族的与爱国的宣传，我们都要坚决地反对。这种宣传是统治阶级为了自身的利益用来欺骗本国的民众，使他们同他国的弟兄们残杀起来的把戏！"

《宣言》最后是 12 句铿锵有力的口号："反对日本帝国主义强占东三省！立刻撤退东三省日本的海陆空军！帝国主义驻华的一切海陆空军滚出中国去！打倒一切帝国主义！没收帝国主义在华的一切财产！拥护日本工农革命运动！拥护中国苏维埃与红军！拥护苏联！打倒帝国主义的工具，中国国民党！反对民族主义爱国主义的欺骗宣传！中国与日本的劳苦群众联合起来！全世界革命胜利万岁！"这些口号，特别是最后一句"全世界革命胜利万岁"，完全像马克思恩格斯在《共产党宣言》结尾时发出的号召"全世界无产者，联合起来"，李大钊在《Bolshevism 的胜利》中所预言"试看将来的环球，必是赤旗的世界"一样，鼓舞人们充满正义必胜、和平必胜、人民必胜的伟大信念。

这件《中国、日本共产党为日本强占东三省宣言》作为中国共产党当时发表的重要宣言与号召的档案文书代表，1951 年 7 月从中共中央秘书处拨交给中国国家博物馆。

46

指导全民族抗战胜利的纲领性文献

毛泽东的《论持久战》

汪洪斌

　　1937 年 7 月 7 日，日本帝国主义以制造卢沟桥事变为起点，发动了全面侵华战争。中国军民被迫奋起抵抗，全民族抗战由此开始，在世界东方开辟了第一个大规模反法西斯战场。

　　在全民族抗战开始后，为深入阐明中国共产党关于抗日战争的正确主张，驳斥"亡国论"和"速胜论"，拨开军民思想上存在的迷雾，坚定全民族抗战的胜利信心，同时也消除国际友人存在的疑虑，毛泽东依据马克思主义的基本原理，结合中国人民抗日战争的实际，总结古今中外战争尤其是全民族抗战 10 个月的经验教训，并集中全党的智慧，于 1938 年 5 月 26 日至 6 月 3 日在延安抗日战争研究会作《论持久战》的讲演。

　　《论持久战》科学地描绘出持久战的轮廓，预测了全民族抗战的进程。这场持久战必将经过三个阶段："敌之战略进攻、我之战略防御""敌之战略保守、我之准备反攻""我之战略反攻、敌之战略退却"。其中"敌之战略保守、我之准备反攻"，即战略相持阶段的理论，是毛泽东持久战理论的核心。他指出，由于中日强弱的悬殊，在敌人停止战略进攻后，中国距离战略反攻的程度还相差很远，必

《论持久战》早期版本

须有一个相当长的阶段，继续消耗、削弱敌人的力量，积蓄壮大自己的力量，进一步改变敌我力量的对比，才能造成战略反攻的必要条件。这个阶段是整个战争的过渡阶段，也将是最困难的时期，然而它是转变敌强我弱力量对比的枢纽。"中国将变为独立国，还是沦为殖民地，不决定于第一阶段大城市之是否丧失，而决定于第二阶段全民族努力的程度。如能坚持抗战，坚持统一战线和坚持持久战，中国将在此阶段中获得转弱为强的力量。"

《论持久战》包括结论在内共21个专题计120节，不仅全面地考察和分析了中日战争所处的时代和中日双方的基本特点，深刻地论述了抗日战争是持久战，必须经过战略防御、战略相持、战略反攻三个阶段，最后的胜利是中国人民的，从而批驳了"亡国论"和"速胜论"，还深刻地阐述了人民战争的光辉思想，也指明了抗日战争的主要作战形式是运动战，其次是游击战等争取抗战最后胜利的政治方针和战略战术，从思想上武装了中国共产党人及其领导下的武装力量和全国人民，成为指导全民族抗战取得胜利的纲领性文献。

《论持久战》演讲稿经过毛泽东整理修改后，先在延安油印出来在党内传阅。1938年7月1日，在延安《解放》第43、44期（合刊）正式刊出。当月，延安解放社出版了单行本，封面上有毛泽东亲笔题写的书名和署名；扉页上有毛泽东的题词："坚持抗战，坚持统一战线，坚持持久战，最后胜利必然是中国的。"此后，各根据地内印发了多种单行本。同时，党中央也决定向国统区发行。1938年7月

25日，汉口新华日报馆出版了单行本，重庆、桂林、西安等地的新华日报馆，也相继出版了铅印订正本。中国国家博物馆藏有《论持久战》早期版本多种，比如：新华日报馆印行，1938年7月版；东北书店印行，1938年版；香港新民主出版社印行，1938年版；新华社印行，1938年版；汉口新华日报馆印行，1938年7月版；苏北新华书店印行，1938年7月版；解放社印行，1938年7月版；重庆新华日报馆印行，1939年1月版；新华社印行，1939年5月再版；晋西新华书店印行，1939年版；江淮出版社印行，1941年版；古愚著，上海广益书局印行的封面托名"文史通义"伪装本，1944年版等。

1938年，为更好地指导抗日战争实践，在毛泽东亲自指导下，以延安抗日战争研究会的名义编，由解放社发行了《抗日战争丛书》，包括《抗日游击战争的一般问题》（毛泽东、陈昌浩、刘亚楼、萧劲光、郭化若集体写作）、《论持久战》（毛泽东著）、《论抗日游击战争》（朱德著）、《抗日军队中的政治工作》（罗瑞卿著）等。目前正在"复兴之路"基本陈列中展出的这个《论持久战》早期版本，就是列为《抗日战争丛书》第二种的版本。

47

奏响气壮山河的英雄凯歌

台儿庄清真寺弹痕墙

汪洪斌

日军占领南京后，侵略气焰更为嚣张。为了实现迅速灭亡中国的侵略计划，决心攻占徐州，打通津浦线，使南北日军连成一气，而后攫取中原、攻占武汉。日军先后调集 8 个师团及 3 个旅团、2 个支队约 24 万人，分别由华中派遣军司令官畑俊六和华北方面军司令官寺内寿一指挥，实施南北对进，夹击徐州。中国国民政府军事委员会鉴于徐州及中原战场的安危，决定全力防守，确保徐州，先后调集 64 个师和 3 个旅，约 60 万人，由第五战区司令长官李宗仁指挥，在以徐州为中心的津浦路南北的广阔地域上，同日军展开了一场大规模的会战，并在台儿庄战役取得重大胜利。

台儿庄位于徐州东北大运河北岸，津浦路台枣（庄）支线及台潍（坊）公路交叉点上，扼运河咽喉，是徐州的门户。

台儿庄清真寺弹痕墙

1938 年 3 月 24 日，日军第 10 师团濑谷支队在航空火力支援下，向台儿庄猛攻，与中国军队第 2 集团军展开激烈争夺战。4 月 2 日，随着日军第 5 师团坂本支队增援计划的落空，李宗仁根据战局发展，下达了合围歼灭台儿庄地区日军的命令：以第 20 军团为右翼兵团，向台儿庄左侧背之敌攻击；第 2 集团军为左翼兵团，消灭台儿庄之敌；第 3 集团军为堵击兵团，进至枣庄、临城以北，断敌后路。4 月 3 日，中国军队向台儿庄地区之日军发起全线反攻，激战四天，歼灭日军濑谷支队大部、坂本支队一部，其余日军残部于 7 日分别向峄县、枣庄撤退。

台儿庄战役历时半个多月的激战，中国参战部队达 4.6 万人，伤亡失踪 7500 人，歼灭日军 1 万余人，缴获大批武器装备，打击了日军的侵略气焰，极大地鼓舞了全国军民的抗日热忱，坚定了抗战必胜的信心。捷报传出后，举国狂欢，许多中外记者如海潮般一波接一波涌向台儿庄。毛泽东在《论持久战》中就这样讲："每个月打得一个较大的胜仗，如像平型关台儿庄一类的，就能大大地沮丧敌人的精神，振起我军的士气，号召世界的声援。"周恩来在武汉各界第二期抗战扩大宣传周第五日的广播词《争取更大的新胜利》中说："这次胜利虽然在一个地方，但它的意义却影响战斗全局，影响全国，影响敌人，影响世界。"

台儿庄战役的胜利，改变了国际上对中日战争前途的看法。抗战爆发以来，国际上对中国抗战的前途大多抱悲观的看法。台儿庄战役胜利消息的传出，有的国家甚至不敢相信。1938 年 4 月 9 日，伦敦路透社电讯说："英军事当局对于中国津浦线之战局极为注意，最初中国军队获胜之消息传来，各方面尚不十分相信，但现在证明日军溃败之讯确为事实。"显然，这次胜利提高了中国在国际上的地位，并为争取外援增添了有利条件。

台儿庄清真寺始建于清乾隆七年（1742），至 1937 年时已是楼堂玉宇，异常壮观，蜚声鲁南苏北一带，一时间热闹非凡，门庭若市。1938 年台儿庄战役打响后，这里成了中国军队第 2 集团军第 31 师 186 团的指挥所，又是向城内纵深挺进的必经之路，是战斗最激烈的地点之一。大战一开始，日军就以猛烈的炮火和重大的伤亡为代价突破北大门，占领清真寺。日军为阻止中国军队攻击，纵火烧毁了大殿。几经争夺，收复后的清真寺，残垣断壁，疮痍满目，血迹斑斑。幸存下来的三间北房也是弹痕累累。这块尺寸为纵 75 厘米，横 95 厘米，厚 12 厘米，不足 1 平方米的弹痕墙，就移自台儿庄清真寺三间北房的西小讲堂墙壁，有弹痕 50 多处。1988 年 11 月，经中央统战部批准，由台儿庄清真寺捐赠给中国国家博物馆收藏、展示。

台儿庄战役是一场振奋民族信心的壮烈之战、胜利之战，爱国官兵与广大民众用血肉之躯谱写了一曲荡气回肠的民族正气歌，威武不屈，浴血奋战，誓死捍卫民族尊严。这块弹痕墙饱经历史风雨，又经战火洗礼，就是展现不屈不挠、勇往直前等抗战精神的重要载体，是那场残酷与激烈战斗的重要历史见证。

48

海外华侨援助祖国抗战
周锐购买的救国公债万元券

汪洪斌

海外侨胞是中华民族的重要组成部分。当日本侵略者大举侵华、祖国面临危亡时，他们与祖国同呼吸、共命运，一致奋起，以各种方式参加和支援祖国抗战，甚至不惜付出鲜血和生命。中国人民抗日战争能够取得最终胜利，跟当时在海外的华侨华人的鼎力支持是密不可分的。他们不分党派，不分阶层，不分男女，不分老幼，不分先后，以赤子之心掀起的华侨社会抗日救亡运动，以及在人力、经济等多方面对祖国抗战的支援，谱写了惊天地、泣鬼神的爱国篇章。

从经济上支援祖国抗战，是海外华侨抗日救国运动最主要、最经常的内容。在 14 年抗战中，约有 400 万华侨为祖国抗战捐过款，占华侨总人数的二分之一。据国民政府财政部不完全统计，在全民族抗战期间，华侨捐款总数达 13.2 亿多元。他们除捐款、侨汇之外，还以贩买公债、捐输抗战物资等方式，支援祖国抗战。在抗战期间，中国政府共发行了 6 期公债，总额约达 30 亿元。至 1942 年，海外华侨购买公债总额高达 11 亿元之多，占政府发行公债总数的三分之一以上。1937 年至 1939 年认购的各种公债为：救国公

债 5115 万余元，国防公债 626.5 万余元，金公债 291.5 万余元，另有近 2.3 万金镑。

周锐是旅美爱国侨领，曾多次捐款支援祖国抗战。1937 年 9 月 1 日，国民政府财政部向海内外发行了五万万元救国公债，其中有万元、千元、百元、五十元、十元、五元 6 种。周锐担心"国难严重，需款孔急"，便向旅美华侨统一义捐救国总会购得 1 张万元券和 3 张千元券。当时在美国购买万元券的仅有 3 人。1937 年 12 月 8 日，美国华侨华人报纸（《Chinese Times》）以《周锐君慨捐万元救国》为题，专门介绍和报道了周锐的救国义举，并刊登了他的照片。"殷商周锐君，号瑞资，素来热心爱国，拥护政府。第一期募捐时，曾在士得顿埠捐款四千元。现以旅美华侨统一义捐救国总会，举行第二期募捐。周君以国难严重，需款孔急，特慨捐国币一万元。周君此举为第二期募捐以来个人捐款成绩最高者。"

需特别指出的是，国民政府发行救国公债时承诺：利息是"年息四厘，每年八月底一次付给"，还本是"自民国三十年（1941）起每年抽签还本一次，分三十年还清"，"还本付息基金由财政部于国库

项下按期如数拨付"。然而，随着抗日战争转入相持阶段后，抗战形势进入最艰难的阶段，即使在抗日战争取得最后胜利后，不到一年国民党又发动全面内战，根本无法兑现还债诺言。所以，海外华侨华人在抗战时期购买的巨额公债，实际上大多等于无偿捐款。

1985 年，已身为旧金山古董收藏家、爱国友好侨领的周锐先生得知国内举办抗日战争主题展览纪念中国人民抗日战争暨世界反法西斯战争胜利 40 周年，甚为高兴，决定通过中国驻旧金山总领事馆，将这张他在 1937 年购得的纸质、铜版印

救国公债万元券，以及若干千元券、航空救国捐收据和有关新闻报道的九件藏品转交中国国家博物馆永久收藏。

该公债券的整尺寸为纵 34.7 厘米、横 26.9 厘米。其主票部分包括，左侧印有认购金额"救国公债萬圆"，四周边饰花纹图案，四角花纹内藏有汉字"萬圆"字样。位于正上方的"救国公债"四字用黑色楷书印刷，与盖有篆书"财政部印"朱红公章印痕紧密相连，赫然醒目。在票面由右向左书写了"财政部呈奉国民政府核准发行救国公债国币五万万元依照条例如期还本付息合给本债票为证"，并依次呈现了条例摘要，财政部部长孔祥熙、次长邹琳、次长徐湛的签名和印鉴。正下方即为编号"003946"。息票（副票）与主票连在一起，共 33 枚，每一枚依次标注了还本付息的年月及应得的利息。从债券上看，如想本息全部还清则其时间跨度长达 32 个年头。公债券背面印有英文说明，其内容格式与中文相对应，可见此券是面向国内外民众广泛发行的。

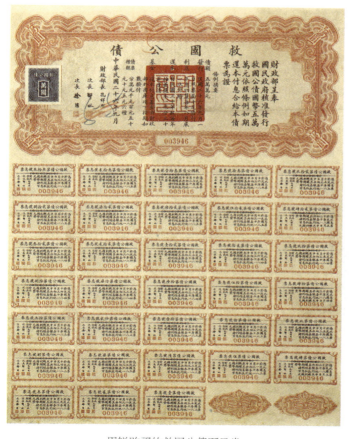

周锐购买的救国公债万元券

49

世界人民对中国抗战的支持
白求恩用过的 X 光机

汪洪斌

得道多助，失道寡助。中国人民的抗日战争，是一场反对外敌入侵、维护世界和平的正义战争，得到了世界上一切爱好和平和正义事业的国家和人民、国际组织及各种反法西斯力量的广泛同情和支持。

苏联最早为中国人民抗日战争提供了宝贵援助，美国对中国人民抗日战争给予了很大支持，英国、法国等国家向中国提供了经济援助或军事合作。朝鲜、越南、加拿大、印度、新西兰、波兰、

白求恩用过的X光机

丹麦以及德国、奥地利、罗马尼亚、保加利亚、日本等国的反法西斯战士直接参加了中国人民抗日战争。我们将永远不会忘记给予中国人民抗日战争道义、物质等方面支持的国家、国际友人和国际组织。在南京大屠杀和其他惨案中为中国难民提供帮助的外国朋友，与中国空军并肩作战的苏联空军飞行员，开辟驼峰航线的美国飞行员，不远万里前来中国救死扶伤的白求恩、柯棣华等外国医护人员，真实报道和宣传中国抗战业绩的外国记者，为中国抗战胜利付出过心血的外国军事顾问及其他方面人士等，特别是那些志愿投入中国战场并英勇献身的各国英烈，是我们的朋友、战友、英雄，永远怀念他们，铭记他们的英勇壮举。

加拿大著名的胸外科专家白求恩，出生在加拿大的安大略省格雷文赫斯特。1936 年至 1937 年，作为支持国际反法西斯志愿者，到西班牙参加西班牙内战，创办了一个移动的伤员急救系统，成为日后被广泛采用的移动军事外科医院的雏形。1938 年 1 月 8 日，受加拿大共产党和美国共产党的派遣，白求恩率领一个由

加拿大人和美国人组成的援华医疗队来到中国，3月底到达延安。5月转赴晋察冀抗日前线，担任军区卫生顾问。

白求恩悉心致力于改进晋察冀军区的医疗工作和战地救治，降低伤员的死亡率和残废率，把晋察冀军区后方医院建设为模范医院，组织制作各种医疗器材，给医务人员传授知识，编写医疗图解手册。他倡议举办医务干部实习周，加速训练卫生干部，组织战地流动医疗队出入火线救死扶伤。在1938年11月广灵伏击战中，白求恩率医疗队在离火线约12里的黑寺小庙设立手术站，连续工作40小时，为71名伤员做手术。由于治疗及时，三分之一的伤员没有发生感染，创造了战地救护的新纪录。

1939年10月，日军调集兵力向晋察冀根据地发动"扫荡"，在涞源县附近的摩天岭上，八路军与日军展开了激烈的战斗。白求恩率领医疗队紧随部队行动，并将手术室设在了靠近火线的一个小庙里。战斗开始后，伤员们一个接一个地被抬进手术室，在紧张的手术后又一个接一个地抬了出去。由于日军不断发动进攻，医疗队所在地已十分危险，指挥部通知马上转移，但仍有10名伤员躺在那里。白求恩没有放弃，反而是命令再增加手术台，加快手术。正当白求恩埋头做手术时，日军的一发炮弹落在了小庙门前，巨大的震撼使白求恩的手猛地一抖，伤员同志的一片腐骨刺破了他的手指。救伤员的工作紧急，白求恩只是把手指消了消毒就继续工作，直到最后一位伤员被安全抬出手术室。

1939年11月1日，白求恩的伤口还没有痊愈，又坚持带伤为一位因链球菌而引起急性炎症的病人做了手术。病人得救了，而白求恩却因病毒感染病倒了。作为一名著名的外科医生，他清楚地知道病毒感染并渗入血液的严重后果。在病床上，他用颤抖的手给晋察冀军区司令员聂荣臻写下了最后的遗言："亲爱的聂司令员：我今天感觉非常不好，也许我会和你永别了，请转告国际援华委员会和加拿大和平民主同盟，告诉他们我在这里十分快乐，我唯一的希望就是能多有贡献。"12日凌晨5时20分，加拿大人民的优秀儿子、中国人民最亲密的朋友、伟大的国际共产主义战士白求恩在河北省完县（今唐县）逝世，长眠在了中国华北的土地上。中国人民、中国共产党、八路军战士，对白求恩的逝世万分悲痛，毛泽东为他写下了著名的《纪念白求恩》一文，高度赞扬白求恩的国际主义精神。

这台X光机是白求恩来华时随身携带的医疗器械之一。1938年4月，白求恩在离开延安转赴晋察冀前，考虑到此行需跋山涉水，过封锁线，而且许多地方没有电源，于是就把X光机留在了延安。后来，X光机被转到华北军区后勤部。1950年，华北军区后勤部拨交中国国家博物馆。其尺寸为长28厘米，宽21厘米，高16厘米，金属、塑料质地，美国制造，缺变压器。

50

中国参与发起创建联合国

特派董必武出席联合国大会的特派状

汪洪斌

中国战场作为世界反法西斯战争的东方主战场，是世界反法西斯战争的重要组成部分，是世界上最早遭受法西斯侵略的国家，在世界东方率先建成抗日民族统一战线，以自己的持久抗战为苏、美、英等反法西斯国家赢得了宝贵的战争准备时间。当日本发动太平洋战争、第二次世界大战扩大到全球范围时，尽管全民族抗战处于极为困难的境地，中国仍然主动加强与苏、美、英等反法西斯同盟的战略协调，并派出中国远征军紧急开赴缅甸对日作战，与世界上一切和平民主力量联合起来共同抵抗法西斯暴戾。

中国不仅对日本法西斯的彻底覆灭起到决定性作用，而且对夺取世界反法西斯战争的胜利、为创建联合国和建设战后世界新秩序做出了重要贡献。1943年，随着世界反法西斯战争的根本转折，反法西斯同盟国开始越来越多地考虑如何巩固战争胜利成果、如何维护战后世界和平与安全等问题。1943年10月30日，中国与苏、美、英三国共同签署了《关于普遍安全的宣言》，迈出创建新的国际组织——联合国的关键一步。宣言明确宣布：四国将在尽速可行的日期内，建立一个普遍性的维持国际和平与安全的国际组织；在新的国际组织成立之前，四国将彼此磋商，以便代表国际社会采取共同行动。中国参与签署四国宣言，表明中国对建立新的国际组织已正式承担义务，同时也就决定了中国将在其中处于重要的地位。此后，中国一直以四大国之一的身份积极参与联合国的创建工作，并在其中发挥了重要作用。

1944年8月至10月，为具体落实四国宣言提出的筹建新的国际组织的工作，中国与苏、美、英三国代表在华盛顿附近的敦巴顿橡树园举行会议，共同拟定联合国机构的组织草案，发表《关于建立普遍性的国际组织的建议案》。此外，中国代表团还在建议案的基础上提出了一系列补充建议，其中有三点被苏、美、英三国接受，并被列入联合国宪章中，即处理国际争议应注重正义与国际法的原则，联合国大会应承担促进国际法的编纂和发展的任务，经济社会理事会应促进教育和其他文化合作事业。

1945年4月至6月，中国与苏、美、英三国共同发起召开了旧金山联合国制宪会议，世界上50多个国家的代表与会，讨论制定联合国宪章。中国组成了以宋子文为团长，由国民党、共产党及其他民主党派、无党派人士参加的代表团。会议期间，中国代表团坚持正义，主持公道，譬如提出建立新的托管制度，将托管领土"趋向自治或独立之逐渐发展"等，为会议成功举行做出了重要贡献。6月26日，按照大会商定的程序，中国代表团第一个在《联合国宪章》上签字。

中国共产党代表董必武作为中国政府代表团成员之一，在《联合国宪章》上用传统毛笔签下了刚劲有力的"董必武"三个字，潇洒飘逸。他作为国家和人民的代表与使者，卓有成效地完成了党中央、民主人士和全国人民赋予的重任。董必武在美国停留的7个多月时间里，参加了联合国制宪会议全部活动，参加了同美国各方面友好人士、旅美华侨的广泛接触和联谊活动，都以平易近人、谦虚严谨的作风，赢得了大家的尊重和敬仰。于1945年11月20日动身回国，26日到达重庆。他在《旅居美国旧金山杂诗五首》中描绘了这次出国的感受和对抗日战争必胜的信心，"竟是平生一快游，空行万里总悠悠。乘风破浪非虚话，障眼浮云在下头。欧陆暂无锋镝苦，东瀛将献寇仇囚。前途尽有光明路，莫忘中藏曲折幽"。

这件特派董必武出席联合国大会（即旧金山制宪会议）的特派状（派字第十八号），在1945年（民国三十四年）3月29日，由国民政府主席兼行政院长蒋中正和代理院长宋子文签署，盖有"中华民国国民政府"朱红印。在左下方还有"监印陈光远　校对曾伯球"字样。1978年2月，董必武夫人何莲芝捐赠给中国国家博物馆。其尺寸为纵41.3厘米，横50.7厘米。纸质，石印，毛笔写。

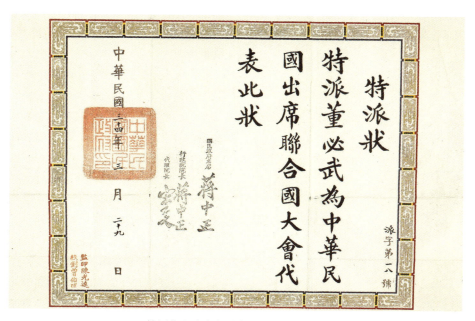

特派董必武出席联合国大会的特派状

51

世纪审判的历史见证

梅汝璈保存的《远东国际军事法庭审判书》底稿

安莉

1945 年 8 月 15 日，日本接受《波茨坦公告》，宣布无条件投降。

对战争罪犯如何处置，成为当时国际社会普遍关注的问题。早在 1943 年中、美、英三国首脑发布的《开罗宣言》，就承诺了处置日本侵略者的安排。1945 年 7 月 26 日，中、美、英三国首脑联合发布《波茨坦公告》，重申履行《开罗宣言》关于战后对日本的处理方式的决定。日本宣布投降后，苏、美、英三国外长于同年 12 月举行莫斯科会议，议定并征得中国同意

"设立盟国管制日本委员会"。依据《波茨坦公告》、莫斯科会议决定，1946 年 1 月 19 日，远东最高盟国统帅麦克阿瑟根据同盟国授权，公布《远东国际军事法庭宪章》，宣布在东京成立远东国际军事法庭，对日本首要战争罪犯进行审判。2 月，根据各国政府提名，成立由中国、美国、英国、苏联、法国、加拿大、澳大利亚、新西兰、荷兰、印度、菲律宾 11 国各派 1 名法官和 1 名检察官组成国际军事法庭。中国派出的法官和检察官分别是梅汝璈和向哲浚。

梅汝璈，江西南昌人。1924 年赴美留学，先后就读于斯坦福大学和芝加哥大学，获法学博士学位。1929 年回国后，先后在山西大学、南开大学等校讲授英、美、法等课程，并在政府立法院中担任委员。梅汝璈被任命为远东国际军事法庭法官时年仅 42 岁。执法东京的重任落在刚刚步入中年的梅汝璈身上

1946 年 5 月 3 日，对日本战犯的漫长审判过程拉开序幕。该案情极为庞大：被告 28 人，开庭 818 次，法庭记录 48,000 余页，判决书长达 1213 页，宣读判决用了 9 天时间，整个审判耗资 750 万

梅汝璈保存的《远东国际军事法庭审判书》底稿

美元，可以说是历史上最大的审判。证人证据众多：检察方与辩护方共提出证据4336件，双方提供证人1194人，其中出庭作证的人达419人，书面作证的人近800人。审讯时间长：整个审判历时约两年半，从1946年5月3日开始，到1948年11月12日结束。

1948年4月，历时近两年的庭审终于结束，法庭工作进入起草判决书阶段。判决书由中、苏、英、美、加等七国法官共同起草。在梅汝璈的积极争取下，法官们推定由中国法官负责起草判决书中有关中国的部分。梅汝璈与几位助手通力合作，在300多页的初稿上倾注大量心血，为审判提供了强有力的证据。

梅汝璈带领中国法官团队搜集了大量证据后，慷慨陈词："由法庭掌握的大量证据，可以看出，日军在南京的暴行，比德军在奥斯维辛集中营单纯用毒气屠杀，更加惨绝人寰。砍头、劈脑、切腹、挖心、水溺、火烧、砍去四肢、割下生殖器、刺穿阴户或肛门等等，……对此种人类文明史上罕见之暴行，我建议，在判决书中应该单独设一章予以说明。"在梅汝璈的力争下，日本战犯矢口否认的南京大屠杀被写进了判决书。

最敏感的量刑阶段开始了。来自已废除或部分废除死刑且没有遭受日军过多荼毒国家的法官，当然不会轻易赞成适用死刑。庭长韦伯主张将战犯们流放到荒岛上，印度法官巴尔则干脆主张无罪开释全部日本战犯！美国法官虽同意适用死刑，却仅仅坚持对发动太平洋战争或虐待美军俘虏的战犯判处死刑！……总之，力主死刑的人是少数。为此，梅汝璈心情激愤，夜不成寐。经过无数次面红耳赤的争论，与各国法官进行无数次磋商后，终于为国人赢得了一个略感宽慰的结果——投票表决的结果为6：5！就是这一票的优势把东条英机、土肥原贤二、板垣征四郎、松井石根、广田弘毅、武藤章、木村兵太郎7名首恶战犯送上绞架。

1948年11月12日，远东国际军事法庭宣判完毕，28名甲级战犯理应遵照判决书开始服刑。除上述7人被判处死刑外，16人被判处无期徒刑，2人被判处有期徒刑，2人已于庭审过程中病死，1人因患精神病而免予起诉。

东京审判结束后，梅汝璈将他在审判工作中用过的判决书底稿和在法庭上穿的法袍随身携带，踏上归国旅途。为防止意外，途经香港时，梅先生将这份珍贵史料交由其亲戚、久居香港的著名书法家柳顨庵先生保管，只身返回祖国。直到1988年在梅先生过世15年后，这份珍贵史料被交还梅家，也终见天日。这是仅存的《远东国际军事法庭审判书》底稿，也是东京审判留下的唯一物证。1998年，梅先生的家属将这件珍贵文物捐赠我馆。

《远东国际军事法庭审判书》底稿，为英文打字。纵33厘米，横20.3厘米，厚约20厘米。底稿分为两个部分，共9册。其中《庭长审判》为2册，《远东国际军事法庭的审判》为7册。这件世纪审判的历史见证在"复兴之路"基本陈列中展出，时刻警示人们：忘记过去，就意味着背叛！

52

鲜血捍卫民主
李公朴被国民党特务暗杀时穿的长衫

王海蛟

抗日战争胜利后，中国人民热切希望实现和平民主，休养生息，重建家园。中国共产党从人民的根本愿望出发，主张团结一切爱国民主力量，把中国建设成为独立、自由、民主、统一、富强的新国家。而国民党统治集团则企图继续维持其一党专政的统治。

重庆谈判和"双十协定"没能改变国民党统治集团反共反人民的内战政策，停战协定和政协协议也没能将中国引向和平与民主。在美国支持下，蒋介石积极准备发动内战，战争阴霾笼罩在人民头上。

1946年6月下旬，蒋介石悍然发动全面内战，向解放区展开大规模进攻。全国人民对此表现出强烈义愤，爆发了群众性的反内战运动。国民党政府则加紧镇压人民群众的爱国民主运动。"李闻惨案"就是当时轰动一时的事件之一。

"李""闻"分别指当时著名的爱国民主人士、社会教育家李公朴、闻一多。李公朴（1900—1946），江苏常州人。1927年赴美留学，1930年回国后投身抗日救亡运动，曾被推举为全国各界救国联合会负责人之一。1936年11月，李公朴与沈钧儒、邹韬奋等七名爱国人士被国民党逮捕入狱，是著名的抗日救国"七君子"之一。被释出狱后，他仍积极进行抗日工作。1944年加入中国民主同盟并任中央委员。抗战胜利后，他为争取和平民主、反对国民党独裁专制统治做了大量工作，积极参加爱国民主斗争。昆明"一二·一"惨案发生后，李公朴多次撰文抨击国民党当局屠杀爱国学生的暴行，在多种公开场合声援学生运动。1946年2月，李公朴在重庆较场口事件中被国民党特务打伤。然而，国民党统治集团制造的白色恐怖并没有吓倒李公朴，他仍然继续坚持斗争。

1946年5月，李公朴从重庆回到昆明，增强了昆明的民主力量。国民党当局对他的到来表现出极大恐慌，特务机关四处散布谣言，诬蔑中国民主同盟与中国共产党"勾结"，企图利用地方势力夺取政权，并中伤李公朴是携带中国共产党提供的巨款到昆明密谋暴动的。面对敌人的造谣、威胁和恐吓，李公朴都不放在心上，为了中国的和平与民主，他早已把个人生死置之度外。

虽然民主同盟一再声称自己并非暴力

李公朴被国民党特务暗杀时穿的长衫

团体，只以和平方式争取民主，反对暗杀和暴动，但南京国民政府却密令昆明警备司令部、宪兵十三团等机关对部分民盟领导人"得宜处置"。昆明警备司令部由此拟定了逮捕、暗杀民盟负责人的名单，李公朴、闻一多分别列在第一位和第二位。

6月下旬，李、闻二人不顾个人安危，积极发动反对内战、呼吁和平宣言的万人签名运动。6月27至29日，中国民主同盟云南省支部举行招待会。会上，李、闻等人呼吁人民反对内战，揭露国民党统治集团发动内战的罪行，阐明民盟的政治主张和对时局的态度，声明民盟并非暴力革命的团体，只以和平方式争取民主。李公朴旗帜鲜明地宣布："我们的手没有任何

血腥气，是无须带白手套的。"与此同时，国民党特务也加紧对李公朴等人的恫吓。李公朴曾收到过恐吓信，甚至还装有子弹头；7月初，经常有形迹可疑的人到李公朴家附近活动。许多朋友都劝他离开昆明，暂避风头，李公朴却坦然地说："我前脚跨出门去，后脚就不准备再跨回来。"

1946年7月11日，李公朴和夫人为筹办音乐会找人洽借会场。回家途中，被特务跟踪。当晚10时许，李公朴遭特务暗枪击中，倒在血泊中。随后，他被送往云南大学医院救治，终因失血过多而永远离开了终生奋斗的民主事业。

李公朴被国民党暗杀后，举国震惊。7月13日，中共领导人毛泽东、朱德致电李公朴夫人，高度评价李公朴的一生，强烈谴责国民党当局的暗杀行径。电文中写道："先生尽瘁报国事业与进步文化事业，威武不屈，富贵不淫，今为和平民主而遭反动派毒手，是为全国人民之损失。"周恩来肯定李公朴是"一位为新民主主义革命而献身的战士"。

这件长衫就是李公朴被特务暗杀时穿的衣物，衣长133厘米，中式、大襟、灰色毛呢质地，子弹在右腹部位置造成的破洞仍清晰可见。李公朴被暗杀后，这件长衫一直由家人保存，1959年7月，李公朴夫人张曼筠将其捐赠我馆。

53

濒临崩溃的国统区经济
国民党政府发行的巨额面值纸币

王海蛟

1948年秋，全国解放战争进入第三年时，中国的军事、政治和经济形势发生更加有利于人民，而不利于国民党统治集团的重大变化。尤其是国民党统治区的经济，更是急剧滑向全面崩溃的深渊。到1948年6月，国民党政府的财政赤字高达4,345,656亿元法币，而当月的财政收入只相当于当月财政支出的5%。国民党政府不得不大量增发纸币，使得法币的发行额猛增，恶性通货膨胀愈演愈烈，"物价已到了天文数字，其上涨之快，使政府来不及印出每天所需钞票"。到1948年8月21日，法币发行额由1937年6月的14.1亿元激增至6,636,946亿元。钞票面值在不断变大，从几百元、几千元，到几万元、几百万元，甚至几亿元，而其实际购买力却在不断变小，到1948年第二季度，一张面额10万元的法币已经不及自身纸张和印刷成本的价格。广东一家造纸厂，竟买进800箱票面100—2000元的钞票，当作造纸原料。

为挽救经济危机，国民党政府颁布《财政经济紧急处分令》，宣布从1948年8月20日起实行币制改革，发行金圆券，废止从1935年开始发行流通的法币，以1元对300万元的比价收兑法币，强迫人民把持有的金、银、外币换成金圆券；同时限制物价，将其冻结在8月19日的水准上，所有按生活指数发给薪资的办法一律废止，并禁止工厂罢工怠工。

当时的一些经济学家、金融界专家也为金圆券的未来担忧，认为从法币到金圆券，"不过名称和计算单位变更罢了。现在法币已经崩溃了，金圆券的前途实在不容乐观"。法币已流通十余年，"虽然贬值，但至少还为人民所熟悉、接受，而新币则办不到"。但蒋介石在政治、军事上都已陷入困境，他把这次币制改革看作是挽救危机的唯一出路，根本听不进来自各方面的反对意见。

事实证明，被国民政府视为"救命稻草"的金圆券最终无法拯救行将崩溃的经济，限价命令仅仅维持了两个星期左右的平静，市场上的平价局面便被打破，恶性通货膨胀像脱缰的野马难以控制。截至9月4日，即金圆券发行的第十五天，汉口物价涨高21%，重庆涨高40%，广州涨高83%。10月中旬，北平物价上涨三倍，天津、广州的米价分别上涨28%和58%，延至10月下旬，全国各大城市均出现市民抢购物资的风潮。在国民党政府厉行

国民党政府发行的巨额面值纸币

暴力限价的经济中心上海，从 1948 年 8 月底到 1949 年 4 月底，物价指数竟上升 135,742 倍。金圆券的发行额原来限定为 20 亿元，但随着"限价"政策的取消和恶性通胀的愈演愈烈，金圆券的发行如决堤的洪水，无边地泛滥起来，到 1949 年 5 月已达 679,458 亿元，6 月底更是达到惊人的 1,303,046 亿元。各地市场一片混乱，物价如同断线的风筝扶摇直上，一日数变。到 1949 年 5 月，金圆券已经基本买不到什么东西了，500 万元金圆券的购买力只相当于 1948 年 9 月的 1 元金圆券。上海大米的价格是每石 4.4 亿元金圆券，若以每石米 320 万粒计算，则买 1 粒就要花费 130 多元。

金圆券成为中国货币史上最不值钱的钱。国统区的人民群众嘲讽性地咒骂手中一文不值的金圆券："大街过三道，物价跳三跳；工资像团雪，放会儿就化掉。""金圆金圆，真不好玩，扎鞋不能穿，扎鸢飞不上天。""如今什么都值钱，买根针要拿成捆金圆券，只有金圆券不值钱，成堆买不到一尺线。""踏进茅房去拉屎，忽然忘了带手纸。摸出身上百元钞，揩揩屁股蛮合适。"这张国民党新疆省银行发行的纸币是国民党统治区经济崩溃的珍贵历史见证。当时的新疆省军政开支浩大，国民党政府无力支持，只得任由新疆省银行滥发在省内流通的纸币。新疆省银行在全国金圆券急剧贬值的情况下，于 1949 年初发行了面额为 300 万元的纸币，不久又发行了 3000 万元、6000 万元、6 亿元、30 亿元纸币，1949 年 5 月更是发行了面值为 60 亿元的钞票，这种惊人的面额在世界上是绝无仅有的。这张编号为 AN197513 的纸币纵 6.2 厘米、横 14.4 厘米，票面蓝色，印有孙中山头像，清晰标明纸币的面值"陆拾亿圆"，并注明"折合金圆券壹万圆"。60 亿元面额的钞票在 20 天内共出库 14 次，共计发行 480 万张，总金额达到了 2.88 亿亿元，这是只能在天文学中见到的巨大数字。然而，据推算，这 60 亿元面额的钞票在当时的上海市场上也只能买到 0.06 两大米（约 70 粒）。国民党政权的垮台，从经济方面来看是必定无疑的。

1949 年 10 月 1 日，中华人民共和国成立，宣告蒋家王朝的覆灭，同时也把国民党政府推行的金圆券币制扫进了历史的垃圾堆。

1959 年 6 月，这张纸币由中国人民银行总行拨交我馆。

54

打碎农民身上的枷锁
《中国土地法大纲》

王海蛟

　　全面内战爆发前的 1946 年 5 月，中共中央发布《关于土地问题的指示》（即《五四指示》），决定将抗日战争以来实行的减租减息政策，改变为实现"耕者有其田"的政策。

　　1947 年 7 月，人民解放军由战略防御转入战略进攻，解放战争的形势发生根本变化。在新形势下，更加普遍、深入开展土地制度改革运动，彻底消灭封建、半封建的剥削制度，满足农民的土地要求，充分调动农民的革命和生产积极性，成为当时革命向前发展和推翻蒋介石反动统治的关键问题。

　　为总结土地改革工作经验，推动解放区土改运动进一步发展，中共中央工作委员会于 1947 年 7 月至 9 月在河北省建屏县（今属平山县）西柏坡村召开全国土地会议。会议由中央工作委员会书记刘少奇主持，参加会议的有各解放区的有关负责人和代表共 107 人。会议着重讨论土地改革和整党两大问题，并于 9 月 13 日通过《中国土地法大纲（草案）》。10 月 10 日，中共中央做出《关于公布中国土地法大纲的决议》，同时颁布《中国土地法大纲》。

　　《中国土地法大纲》中的前四条明确提出四个"废除"，即"废除封建性及半封建性剥削的土地制度，实行耕者有其田的土地制度"；"废除一切地主的土地所有权"；"废除一切祠堂、庙宇、寺院、学校、机关及团体的土地所有权"；"废除一切乡村中在土地制度改革以前的债务"。《大纲》规定了彻底平分土地的基本原则，即"乡村中一切地主的土地及公地，由乡村农会接收，连同乡村中其他一切土地，按乡村全部人口，不分男女老幼，统一平均分配，在土地数量上抽多补少，质量上抽肥补瘦，使全乡村人民均获得同等的土地，并归各人所有。"《大纲》还规定："乡村农民大会及其选出的委员会，乡村无地少地的农民所组织的贫农团大会及其选出的委员会，区、县、省等级农民代表大会及其选出的委员会为改革土地制度的合法执行机关。"

　　《中国土地法大纲》是抗日战争胜利后，中国共产党公开颁布的第一个关于土地制度改革的纲领性文件。它向全中国和全世界人民表明：中国共产党高举反封建的战斗旗帜，为在全国消灭封建剥削的土地制度提供了一个基本纲领。它对于推动

《中国土地法大纲》

新老解放区的土地改革运动起到巨大的推动作用，并在国民党统治区产生广泛的政治影响。

这是中国共产党晋察冀中央局印发的《中国共产党中央委员会关于公布中国土地法大纲的决议》及《中国土地法大纲》，文物纵77.5厘米，横56厘米，全文印发了中共中央的决议和《中国土地法大纲》。晋察冀中央局于10月3日至11月9日召开扩大会议和边区土地会议扩大会，参加会议的有县以上干部1100余人。军区司令员兼政治委员聂荣臻强调，要在晋察冀解放区内严格贯彻"彻底平分土地"的土改总方针。

轰轰烈烈的土地改革运动，以雷霆万钧之力，猛烈冲击着几千年来的封建土地制度。特别是在一亿人口的老区和半老区，基本消灭了封建土地制度，打碎几千年来套在农民身上的封建枷锁，改变了农村旧有的生产关系，使农村各阶级占有的土地大体平均，贫、雇农基本获得相当于平均水平的土地和其他生产、生活资料。这一翻天覆地的变化使亿万农民在政治上、经济上获得解放，并由此迸发出难以估量的革命热情。他们踊跃参军参战，担负巨大的战争勤务，并以粮草、被服等物资支援自己的子弟兵，为夺取全国胜利提供了源源不断的人力、物力支持。

55

胜利是用小车推出来的

支前模范董力生运送粮食的独轮车

王海蛟

1948年秋，人民解放战争进入夺取全国胜利的决定性阶段，战略决战的时机已经成熟。在毛泽东和中央军委的领导和指挥下，在人民群众的积极支援下，人民解放军先后发动辽沈、淮海、平津三大战役，打响决定中国命运的大决战。从1948年9月12日至1949年1月31日，三大战役共历时142天。人民解放军以伤亡24万人的代价，歼灭国民党正规军144个师、非正规军29个师，合计154万余人。国民党赖以维持其反动统治的主要军事力量，基本上被摧毁。

三大战役的胜利，离不开人民群众的支援。当时，人民解放军的交通运输条件十分落后，除东北已控制部分铁路外，主要依靠人力和相当落后的工具，用肩挑、车推、驴驮、船运等方法，将大量粮食、弹药等军需物资源源不断运往前线，将伤病员送往后方医治。对于三大战役这样几十万人参与的会战，后勤补给物资数量之大是难以想象的，往往需要几十万甚至上百万人参与运输支前。据统计，三大战役中，支前民工累计达880余万人次，人民群众使用的大小支前车

支前模范董力生为人民解放军运送粮食用过的独轮车

辆 141 万辆，担架 36 万余副，牲畜 260 余万头，粮食 4.25 亿公斤。华东野战军司令员陈毅曾深情地说："淮海战役的胜利，是人民群众用小车推出来的。"数不清的民工担架队、小车队、毛驴队、挑子队……像千万条小河汇入大海那样，从胶东半岛到黄河两岸，从沂蒙山区到东海之滨……他们越过山峦，跨过平原，车轮滚滚，昼夜不息地涌向淮海前线；他们冒着枪林弹雨，忍着风雪饥寒，破冰渡河，长途跋涉，将粮食、被服、鞋袜、弹药等送到一线作战部队手中。后方群众则不分男女老幼，参加冬耕生产，不分昼夜碾米磨面、加工军粮，赶做军鞋、军衣，筹集粮草，照料伤员。

人民群众在物质上和精神上都给予子弟兵极大的支持和鼓舞，人民群众的拥护是革命战争胜利的源泉，人民群众的支援有力保证了战略决战的胜利。三大战役的胜利充分显示了人民战争的巨大威力。

这辆独轮车就是人民群众支前的历史见证，它的主人——支前模范董力生是千千万万支前大军中的一员。

董力生 (1922—1990)，女，江苏省赣榆县董青墩村人。自幼家贫，无名，村里人都以"大姐"相称，父亲以贩盐养家。为贴补家用，她 12 岁时便跟随父亲外出卖花生、推车运货。1938 年，八路军解放了她的家乡，董大姐家分得了土地，生活有了着落，之后她参加了妇救会，工作很积极，并于 1943 年加入中国共产党。当时，由于日军实行严密而残酷的封锁，食盐无法运进敌后抗日根据地，她便乔装改扮，推车到城里运盐，同时

打探敌人情报。八路军和认识她的村民、百姓都很爱戴她。1946 年她担任村妇救会主任职务。1947 年鲁中战役时，她积极报名支前，到孟良崮战役结束时，她在鲁中、鲁南转战两个多月，逢山爬山、遇水涉水，火线上抢背伤员，休息时为伤员清洗伤口，出色完成支前任务。

1948 年 11 月，淮海战役打响后，董大姐推着这辆独轮小推车长途跋涉，为解放军运送粮食，因表现突出，被评为"支前模范"。小推车为木质结构，通长 190 厘米，通宽 110 厘米，通高 96 厘米，车上的的麻绳是运送粮食时用于固定麻袋的。

1949 年 3 月，董大姐被选为代表，出席在北京召开的中国妇女第一次全国代表大会，并被选为大会主席团成员。1950 年，她出席全国工农兵劳动模范代表大会，被授予"全国劳动模范"称号。

董力生完成淮海战役支前任务后仍一直使用此小车，后交由公社保管。1959 年 4 月，江苏省赣榆县城头公社将其拨交我馆。虽然历经 70 余年，但小车至今仍然可以推行。

56

百万雄师下江南
渡江战役中的"渡江先锋船"

王海蛟

早在淮海战役临近结束时，蒋介石就已决定放弃淮河防线，将长江以北的残余军队撤至长江以南。接着，他又在北平和谈掩护下，加紧部署长江防线，从湖北宜昌到上海1800余公里的长江沿线，共部署约115个师的70万兵力，还有120余艘各种海军舰艇、280多架飞机支援作战。蒋介石幻想依靠长江天险和海空军优势，阻止人民解放军渡江南进。此外，国民党还成立12个编练司令部，企图利用三至六个月的时间，在江南重新编练200万新兵，以便卷土重来。

针对国民党军队在长江以南的布防情况，中共中央军委做了认真的分析研究和安排部署。同时，人民解放军也加紧准备渡江作战，一方面克服广大指战员大都来自北方，不习水战的困难，另一方面积极做船主、船工的工作。许多船主、船工把隐藏的帆船自动献出。战士们又把敌人破坏、沉入江底的船只打捞上来补修，同时还日夜赶造船只，从而解决了渡江工具的问题。解放军广泛发动群众，进行调查研究，侦察沿江敌情，勘察沿江地形，对长江渡口、水文以及相连的河湖港汊进行详细勘测并绘制成图。这些工作

对于制定正确的作战方案、保证大部队顺利渡江起了重要作用。

随着南京国民党政府拒绝在《国内和平协定》（最后修正案）上签字，中国人民革命军事委员会主席毛泽东、中国人民解放军总司令朱德发布《向全国进军的命令》，命令人民解放军"奋勇前进，坚决、彻底、干净、全部地歼灭中国境内一切敢于抵抗的国民党反动派"。人民解放军百万雄师下江南，以摧枯拉朽之势发起渡江战役。

这艘木帆船被称为"渡江先锋船"，通长1078厘米，通宽248厘米，连桅杆高670厘米，船身有多处弹痕。1949年4月20日夜，安徽巢县钓鱼乡船工张孝华、张友香父子驾驶这艘船，冒着枪林弹雨，将26名解放军战士顺利运到长江南岸。新中国成立后，张孝华回忆了他和儿子驾船参加渡江战役的经过：

1948年冬，张孝华造了这条载重7吨的木帆船，并于当年阴历腊月下河。1949年阴历正月，人民解放军到达长江北岸，有战士到巢县借用和集中船工、渔民的船只，为渡江作战做准备。张孝华得知此事后，欣然与儿子张友香随解放军

南下，并自告奋勇担任船工小组长。渡江战役前夕，部队在安徽无为县泥汊镇观察敌情，进行调整，待命渡江。4 月 20 日晚，部队从泥汊镇出发，所有船只均插上锦旗，到江边最后调整。张孝华父子的木帆船与其他 8 艘船负责运送某连第一大队燕子连冲锋队，船上被安排了 26 名解放军战士（每人均携带炸药，未带枪支），另有 2 名水手、2 名随军监护战士，共计 32 人，船头架有 1 挺机枪，船底和船边均用约 1 寸厚的草帘子包裹，以减小渡江时发出的声响。约 20 时，千船竞发，解放军开始渡江。渡江目的地是长江南岸的板石矶，为准确、快速到达对岸，张孝华父子先使船驶往上游，然后从上游顺流而下，斜向往预定地点急速前进。在离南岸还有半里路程时被国民党军发觉，随即，密集的子弹、炮弹向渡江船只打来，船头的战士用机枪还击扫射，北岸的炮兵部队也向南岸的国民党军发动猛烈轰击，枪炮声震耳欲聋。这艘"渡江先锋船"的船身被南岸国民党守军打穿两处，船橹被打坏，篷帆被打穿 20 余处，但仍奋勇向前，离岸边还有七八尺远时，船上的战士已经飞身跳下，往岸上冲去。张孝华父子领先其他运送燕子连冲锋队的 8 艘船只，率先抵达南岸板石矶。随

后，父子二人驾船返回北岸，继续摆渡，在第二次运送解放军战士的过程中，张友香中弹受伤。再次到达南岸后，尽管张孝华父子再三要求继续摆渡，但连队指导员坚决谢绝再渡请求。

就这样，解放军以木帆船为主要渡江工具，广大指战员发扬英勇顽强、有进无退的战斗作风，不顾国民党军队陆海空协同的炮火阻击和多次反扑，终于在 22 日胜利突破国民党军队的江防阵地，到达长江南岸。

渡江战役结束后，在人民解放军为船工举行的庆功会上，张孝华被授予二等功，张友香被授予一等功，父子二人还被授予"渡江有功"奖旗。这艘"渡江先锋船"也被父子二人修缮完好，并保存下来。1959 年 6 月，安徽省巢县港木帆船运输合作社将此船拨交我馆。

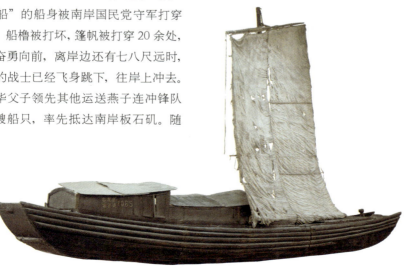

"渡江先锋船"

57

毛泽东称之为"天书"
政协第一届全体会议代表签名册

尹 静

在中国国家博物馆"复兴之路"基本陈列中展出的这本厚厚的签名册，曾被毛泽东主席称为"天书"，其中包含人民政协第一届全体会议644位代表的签名，用纸多达82页。这本"天书"真实地记录了人民共和国"开国盛会"的盛况。

1948年，随着人民解放战争转入战略反攻，中共中央于4月30日发布纪念五一劳动节口号，号召"各民主党派、各人民团体、各社会贤达迅速召开政治协商会议，讨论并实现人民代表大会，成立民主联合政府"。这一号召得到各民主党派和爱国民主人士的热烈响应，他们冲破重重险阻，陆续进入解放区，积极参加召开新政协、建立新中国的筹备工作。

1949年6月15日，新政协筹备会在北平成立，由中国共产党和各民主党派、各人民团体、无党派人士共23个单位134

政协第一届全体会议代表签名册

人组成。会议推选出以毛泽东为主任，周恩来、李济深、沈钧儒、郭沫若、陈叔通为副主任的新政协筹备会常务委员会。

新政协筹备会为筹备政协会议和建立新中国，进行了近三个月紧张而有效的工作。其中最重要的工作之一是民主协商确定新的政治协商会议代表名单，政协第一届全体代表签名册就是这一成果的形象表现。

筹备会拟定的参加政协第一届全体会议代表的名单分为 5 类，即党派代表、区域代表、军队代表、团体代表和特别邀请人士，共有代表 662 人。在全部代表中，中共党员代表约占 44%，各民主党派代表约占 30%，无党派代表约占 26%，形成了中共与各民主党派、无党派民主人士民主协商、共筹建国大计的政治局面。

在新政协筹备会常务委员会的领导下，以李维汉为组长的第一小组负责拟定代表名单。

1949 年 9 月 15 日上午 9 时至下午 4 时，中南海勤政殿内喜气洋洋，代表们陆续前来签名报到。中国共产党的正式代表 16 人，候补代表 2 人。陈云同志是第一个来报到的，他在第 1 页第 3 行上端签名。首席代表毛泽东是最后一位报到的。9 月 17 日，毛主席来勤政殿开会，同时就来报到。据分管中国共产党代表报到的孙小礼回忆，为了记者拍摄时好看，议事科副科长迟先达"要我给他一张未用过的签到纸，他沿着第三行的竖道把纸折叠起来，盖上已签满了的后三行"。从毛泽东签名照片中可以看到签名纸后三行上面盖着一张折叠的白纸。

特邀人士首席代表宋庆龄是单独到怀仁堂签名报到的。按规定：代表签名一律用毛笔，第一行写单位名称，由各单位的首席代表写；第二行是首席代表签名。但为了尊重宋庆龄的习惯，为她的签到特备了一支钢笔，代表签名只有她一人用的是钢笔，也没在第一行写单位名称。

一些代表由于当天有事或尚未到达北平，是在以后几天内补签的。如特邀人士代表国民党军起义人员傅作义、邓宝珊 8 月下旬到绥远动员组织起义，后于 9 月 22 日与孙兰峰同车抵达北平。特邀人士代表安文钦 30 日才到北京，只参加了最后一天的会议，签名册最后一页最后一个签名是安文钦。代表签名 644 位，与 662 个代表名额相比尚少 18 人。这 18 人中，有 15 人因故未到京，被会议批准列名缺席，有 3 人为缺额。

人民政协第一届全体会议代表的签名多达 82 页，共有 644 位代表的珍贵签名。白色宣纸上端印有人民政协会徽，纵 43 厘米、横 32.5 厘米，会后按单位顺序装裱成厚厚的两册。木板封面上镌刻着人民政协会徽和林伯渠题款。1965 年 10 月，由政协全国委员会拨交我馆。

58

新中国国旗雏形
曾联松设计的国旗图案原稿

季如迅

　　1949 年上半年，随着人民解放军的胜利进军，建立新中国的条件已经成熟。6 月 15 日，新政治协商会议筹备会在北平成立，下设 6 个小组，其中第六小组负责拟定国旗国歌国徽等方案，这是建立新中国的一项重要准备工作。7 月 13 日，新政治协商会议筹备会在全国各大报刊登报公开向全国人民征求国旗国徽图案和国歌词谱，要求："国旗，应注意：（甲）中国特征（如地理、民族、历史、文化等）；（乙）政权特征（工人阶级领导的以工农联盟为基础的人民民主专政）；（丙）形式为长方形，长与阔三与二之比，以庄严简洁为主；（丁）色彩以红色为主，可用其他配色。"

　　登报后仅一个月零五天，筹备会便收到国内外寄来的应征国旗稿件 1920 件、图案 2992 幅，包括中国香港、澳门以及美洲、印尼、马来亚、朝鲜等地的来稿。投稿者既有革命领导干部、社会知名人士、艺术家，也有普通劳动者、军人、学生。

　　对众多图案的选择和修改，是共和国缔造者善于集中群众智慧的一个典范。负责拟定国旗的第六小组组员和专家们差不多每天都在审阅应征稿件。9 月 22 日，他们将评选出的 38 幅图案编为《国旗图案参考资料》，印发全体政协代表讨论决定。其中复字 1 至 3 号图都是红底、黄星加黄条；复字 32 号图是曾联松设计的五星红旗图案。

　　曾联松当时仅 32 岁，上海解放前在地下党领导的现代经济通讯社工作。他擅长书画，懂得几何制图，加上对中国特征、政权特征的准确把握，成为他设计国旗的基础。但设计工作起初很不顺利，10 多天过去了，构图总是不尽如人意。一天晚上，曾联松从天窗里仰望天空，只见群星闪烁，朝向北斗，顿时来了灵感，歌曲里不是唱共产党、毛主席是人民的大救星吗，他联想到红军八角帽上的五角星、工农红军军旗、人民解放军军旗，联想到上大学时读过斯诺写的《红星照耀中国》（即《西行漫记》），……对，就用一颗大五角星代表中国无产阶级及其政党，小五角星代表人民，小星用四颗正好代表四万万中国人民，四千年的中国文化、中国历史等。于是，他用红黄两色的蜡光纸，剪出大小五颗五角星，在旗面上反复摆放。起初，他把五颗星放在旗面中央，画面端庄，似乎很不错，但反复端详，又嫌局促凝滞。再重新构思，终于，当把五颗星放到旗面的

曾联松设计的国旗图案原稿

左上方时，大星在前，小星呈放射状环拱于后，五颗星居高临下，光照大地，他忽然觉得眼前一亮，豁然开朗。图案完成后，曾联松用蜡光纸剪贴了8开大小的两份图案，附国旗意义和制法说明。一份寄往新政协筹备会，一份留底。

政协代表在分组讨论国旗图案时各抒己见，争论得十分激烈。最初，赞成前三图的代表超过半数，但反对的意见也很尖锐，如张治中代表向毛泽东表示坚决反对在国旗上加一条横杠。周恩来听取各方面的意见后，指示把五星红旗图案放大向毛主席汇报。

9月25日晚，毛泽东召集各方面人士协商国旗国歌方案。他听取了各方面的意见后，指着复字32号图问大家："这个怎样？"大家都说好。这时有人提出：四颗小星代表四个阶级，假如将来进入社会主义，没有后面两个阶级了，国旗不是又要改吗？毛主席回答：把说明改一改好不好？不提代表四个阶级，只提五颗星的相

互关系。他说："这个图案表现我们革命人民大团结。现在要大团结，将来也要大团结。因此现在也好，将来也好，又是团结又是革命。"大家热烈鼓掌表示赞同。

9月27日下午，政协第一届全体会议通过关于国旗的决议案："通过中华人民共和国的国旗为五星红旗，象征中国革命人民大团结。"

1949年10月1日下午3时，首都北京30万军民齐集天安门广场隆重举行开国大典。毛泽东在天安门城楼上启动电钮，启动电动升旗装置，象征新中国的第一面国旗在广场中央旗杆上冉冉升起。

1994年5月，曾联松将自己珍藏多年的用红黄两色蜡光纸剪贴的国旗原设计图案底稿以及1950年中央人民政府委员会办公厅给他的国旗设计被采用通知公函和国庆观礼证捐赠我馆。这三件见证新中国诞生的珍贵文物，将作为爱国主义教育教材永远传承下去！

四

建设社会主义新中国

59

传遍世界的声音
开国大典礼炮

季如迅

　　"复兴之路"基本陈列展览中，有一门开国大典使用的礼炮。当时，随着毛主席宣告："中华人民共和国中央人民政府已于本日成立了！"天安门广场上，军乐队高奏国歌《义勇军进行曲》，国旗冉冉升起，54门礼炮齐鸣28响，如报春的惊雷，将开国大典那庄严、伟大、团结的气氛推向高潮，将新中国成立的消息传向四面八方。

　　这是一门日本昭和年间造的九四式七五山炮，通长3米多，高1米多，口径75毫米。为什么开国大典要用山炮当礼炮？为什么要用54门礼炮齐鸣28响？我们在征集礼炮后逐步弄清了这个问题。

　　1987年，中国革命博物馆为筹备"近代中国"陈列，急需征集开国大典礼炮。征集人员很快了解到开国大典时并没有专

　　用的礼炮，是用解放军缴获的比较轻巧、射程近的老式七五山炮代替，礼炮队来自华北军区特种兵部队。开国大典后这批礼炮又多次使用，并经7312厂改造过，现存于北京某炮库。

　　经过多次联系，曾负责开国大典鸣放礼炮工作的华北特种兵部队作战科副科长韩怀志和7312厂侯秉义欣然同意陪同征集人员去寻找开国大典礼炮。炮库里有数门开国大典当礼炮用的日造九四式七五山炮和阎锡山太原兵工厂造的一三式七五山炮。1988年9月2日，天安门管理处将其中两门日造九四式七五山炮拨交我馆。

　　我馆人员先后访问了曾负责开国大典鸣放礼炮组织训练工作的老同志，并参考了原华北特种兵参谋长李健、参谋复新的回忆文章，弄清了开国大典礼炮队组训、鸣放的过程。

　　1949年8月，中央决定开国大典要鸣放礼炮。8月中旬，华北军区特种兵司令员高存信传达聂荣臻司令员的指示，决定从张家口等地调来108门老式山炮作为开国大典的礼炮，主要是缴获的日本造75毫米九四式山

开国大典礼炮

炮，还有山西兵工厂仿日本山炮制造的75毫米一四式山炮，并从各炮兵部队选调军政素质好的排、连、营干部，有的是战斗英雄。组建礼炮团，赵大满任礼炮团总指挥，韩怀志任现场指挥。

礼炮团在先农坛体育场集中训练了两个多月。每门礼炮配3名炮兵，训练要求达到在3秒钟内完成装填、发射、退弹壳动作。这是因为开国大典时从毛主席按电钮升国旗到升旗完毕共用时两分零五秒，必须同步完成28响礼炮的鸣放，所以每次齐射要在4秒半内完成。要求很严，标准很高，技术难度很大。参谋长李健每次到训练场检查验收全靠一块秒表，看操炮时间卡得准不准，是不是整齐、等速。礼炮要求放齐，但人拉火不容易齐，而且炮与炮的间隔有100多米，一开始韩怀志站在中间喊口令，炮手们听不到，很难指挥。后来他就用两张桌子加一把椅子，站在上面用旗子指挥。那时没有什么精密控制仪器，全靠手工操作。礼炮手们每天要在酷暑中练上千次，汗如雨下，许多人磨破了手。

开国大典时礼炮安放在东三座门内，即现在公安部和国家博物馆之间，炮口对着墙打。参加典礼的有54门炮，另外一组是备用的。为了保证发发打响，对每一发炮弹都要严格检查和擦拭，对底火部位检查更加仔细。礼炮炮弹是专门制造的，没有弹头，是用木屑压制的圆柱体堵住药筒，堵齐了才能放，鸣放时后坐力较小。

1949年10月1日上午7时，参谋长李健和作战科副科长韩怀志、参谋复新到礼炮阵地做了临战前最后一次检查。接着聂荣臻司令员来了，进行了全面的检查。他问韩怀志："你们准备好了吗？！"并且非常

严肃地说："你们知道吗？今天是毛主席升国旗。你们的礼炮一定要放齐，不能搞的劈里啪啦的。"他又说："54门礼炮代表政协各大小民主党派，28响代表中国共产党28年，意义非常重大……"

下午3时，开国大典仪式在天安门广场隆重举行，54门礼炮齐鸣28响，每一响都像一门炮一样整齐，同时又凝聚了54门炮齐射的震慑力，那声音，威震九州，传遍世界，庄严地宣告了中华人民共和国的诞生！

开国大典为什么用54门礼炮鸣28响，一度众说纷纭。对28响争议最少，人们比较一致地认为代表的是中国共产党领导中国人民英勇奋斗的28年。原礼炮队负责人赵大满回忆说："为何放28响？毛主席告诉唐永健同志，28响代表了革命28年。"开国大典前聂荣臻明确告诉韩怀志："54门礼炮代表政协各大小民主党派"，但未公布。社会上一度流传54门礼炮代表当时中国54个民族。但据我们考证，直到1953年全国第一次人口普查，能列出名称的民族只有52个。从名单看，人民政协似乎只有45个单位，加上特别邀请人士，也只有46个。其实特别邀请人士是作为第五大类代表参加会议的，从公布的特邀代表名单排列看，明显分成了9个单位（未加名称），45加9等于54。以上说明54门礼炮和人民政协开幕时鸣礼炮54响一样，都代表的是组成人民政协第一届全体会议的54个单位，或曰45个单位加特邀人士的9个方面（或小单位）。它象征着中国人民空前的大团结。

60

五星红旗插上世界屋脊
签订关于和平解放西藏办法的协议的文具

纪远新

1951 年 5 月 23 日，北京，中南海勤政殿，《中央人民政府和西藏地方政府关于和平解放西藏办法的协议》（简称"十七条协议"）签字仪式在这里隆重举行。这是西藏社会历史发展的一个具有划时代意义的转折点，是西藏人民从黑暗走向光明，从分离走向团结，从落后走向进步的新起点。

新中国成立后，人民解放军继续向全国进军，到 1950 年 6 月，除西藏、台湾和少数沿海岛屿外，全部中国领土均已获得解放。为了使西藏人民永远摆脱帝国主义的奴役，免受战争的创伤，同时完成祖国领土和主权的统一，巩固国防，中央人民政府决定采取和平解放西藏的方针。

1950 年 1 月，中央政府正式通知西藏地方当局派代表到北京谈判。实际控制噶厦（西藏地方政府）的上层反动分子摄政达扎·阿旺松绕等人，在某些外国势力的支持下，不顾国家和西藏人民的利益，拒不接受中央政府进行和平谈判的号召。为了迫使西藏地方政府接受中央政府和平谈判的号召，10 月 6 日，人民解放军发动昌都战役，全歼藏军主力 5700 人，打开了进军西藏的大门。

藏军在昌都战役的彻底失败，使西藏上层人士深受震动，摄政达扎被迫下台，十四世达赖喇嘛提前亲政。

1951 年 1 月，达赖致信中央人民政府，表示"决定和平达成人民之愿望"，派代表"向中央人民政府谋求解决西藏问题"。2 月，达赖委派噶伦（西藏官名）阿沛·阿旺晋美为首席全权代表，僧官土登列门、第二代本桑颇·丹增顿珠为全权代表，由陆路于 4 月 22 日抵达北京；同时，从亚东派出藏军马基（司令）凯墨·索朗旺堆、僧官土登丹达为全权代表走海路，赴北京全权处理和中央人民政府谈判事宜。4 月 27 日，班禅额尔德尼·确吉坚赞及随行官员抵京，并表示坚决拥护中央人民政府和毛泽东主席和平解放西藏的政策。

同时，中央人民政府指派李维汉、张经武、张国华、孙志远为全权代表，并以李维汉为首席全权代表。双方代表于 4 月 29 日开始进行关于西藏和平解放事宜的谈判。中央人民政府全权代表积极听取和采纳西藏地方政府全权代表的建设性意见，经过细致的工作和坦率认真的讨论，5 月 21 日，双方就有关西藏和平解放的一系列问题达成协议。

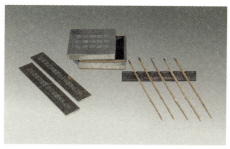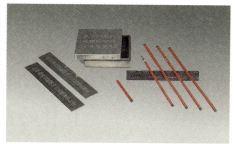

签订关于和平解放西藏办法的协议的文具

1951年5月23日，签字仪式在朱德、李济深副主席和陈云副总理主持下举行。

协议共17条，主要内容为：西藏人民团结起来，驱逐帝国主义侵略势力出西藏，回到中华人民共和国祖国大家庭中来；西藏地方政府积极协助人民解放军进入西藏；在中央人民政府统一领导下西藏实行民族区域自治；对于西藏的现行政治制度中央不予变更，达赖喇嘛的固有地位及职权中央亦不予变更，各级官员照常供职；班禅额尔德尼的固有地位及职权应予维持；实行宗教信仰自由的政策，尊重西藏人民的宗教信仰和风俗习惯，保护喇嘛寺庙，寺庙的收入，中央不予变更；藏军逐步改编为人民解放军；有关西藏的各项改革事宜，中央不加强迫，西藏地方政府应自动进行改革；由中央人民政府统一处理西藏地区的一切涉外事宜；中央人民政府在西藏设立军政委员会和军区司令部等。

"十七条协议"受到西藏人民的赞成和拥护。7月16日，中央人民政府驻西藏全权代表张经武在亚东会见了达赖喇嘛，并递交了毛主席给达赖的信。在张经武代表敦促下，达赖一行返回拉萨。在9月28日西藏地方政府官员代表会议上，阿沛·阿旺晋美介绍了和平谈判的情况和协议的重点内容。会议建议达赖喇嘛接受"十七条协议"。10月24日，达赖喇嘛致电毛主席，表示拥护和平解放西藏的"十七条协议"。

根据协议，人民解放军于8、9月间分四路进藏，10月26日顺利抵达拉萨，实现了西藏的和平解放。至此，祖国大陆全部解放。

在国家博物馆"复兴之路"基本陈列中展出的这套文具，是中央人民政府全权代表和西藏地方政府全权代表签订关于和平解放西藏办法的协议时用的，包括毛笔4支，竹笔5支，笔架2个，铜墨盒2个，铜镇尺4个，均为中央政府为本次签字仪式特制，制作精美，均有刻款："和平解放西藏办法的协议签字纪念 一九五一年五月二十三日"。其中4位中央人民政府全权代表签字用的是毛笔；5位西藏地方政府全权代表签字用的是西藏民族习惯使用的竹质硬笔。从这个细节也可以看出中央政府对西藏民族文化和习俗的尊重。1951年7月，由文化部文物局拨交我馆。

61

任凭山崩地裂，壮志坚不可摧
上甘岭战役遗迹

陈红燕

1950年6月25日，朝鲜战争爆发。美国为了维护其在亚洲的地位和利益，出兵干涉。同时派遣第七舰队进驻台湾海峡，公然向中国挑衅。9月15日，美军在仁川登陆，侵入朝鲜。侵朝美军不顾中国政府的多次警告，悍然越过"三八线"（即北纬38°线），并多次出动飞机轰炸中国东北边境地区，战火烧到了鸭绿江边。

为了捍卫中朝两国的独立和安全，为了保卫亚洲与世界的和平，中国党和政府应朝鲜党和政府的请求，于10月上旬毅然做出"抗美援朝、保家卫国"的战略决策。10月19日，中国人民志愿军分三路跨过鸭绿江，拉开了抗美援朝战争的序幕!

中国人民志愿军入朝后，与朝鲜人民军并肩作战，以运动战为主要作战形式，在极端困难的条件下，取得五战五捷，将以美国为首的"联合国军"和南朝鲜军队赶到"三八线"附近，初步稳定了朝鲜战局，迫使对方转入战略防御，并于1951年7月坐下来进行停战谈判。

上甘岭战役是停战谈判开始后，志愿军依托坑道粉碎"联合国军"进攻的一次著名战役。在43天的激烈战斗中，志愿军中涌现出了黄继光、胡修道、孙占元、龙世昌等许许多多著名战斗英雄，小小的上甘岭成了中国和朝鲜乃至全世界瞩目的焦点。

上甘岭战役遗迹

1952年秋，为了政治斗争的需要，"联合国军"方面片面宣布停战谈判"无限期休会"，并于10月14日至11月25日发动了一年来规模最大的"金化攻势"，企图先拿下上甘岭两个山头阵地，再进一步向北推进，压迫志愿军后退，伺机占领五圣山主峰阵地，以扭转其在正面战线上的被动局面，并在停战谈判中占据主动。

五圣山，位于朝鲜中部，海拔1061.7米，南面山脚下五个高地犹如张开的五指，在上甘岭战役中双方殊死争夺的 597.9 和 537.7 高地就是其中的拇指和食指。五圣山的西侧是斗流峰和西方山，三座山如唇齿相依，如果五圣山失守，斗流峰、西方山就失去了依托，整个中部战线便有全线崩溃的危险。志愿军总司令彭德怀在一次军事会议上说："谁丢了五圣山，谁就要对朝鲜、对历史负责！"足见五圣山战略地位之重要。

为了夺取这两处高地，美韩军先后投入兵力 6 万余人，3000 余架飞机，170 余辆坦克。志愿军也先后投入 3 个多师 4 万余人，火炮近 500 门，发射炮弹 35 万余发。交战双方先后动用兵力达 10 万余人，反复争夺 43 昼夜，其激烈程度与单位面积火力密度为世界战争史上罕见。就在 10 月 14 日这一天，美韩军对五圣山前沿只有 3.7 平方公里的 597.9 和 537.7 高地北山，发射炮弹 30 万余发，火力密度高达每秒落弹 6 发。在敌人强烈的炮火下，通信中断，防御工事荡然无存，坚守坑道的志愿军官兵宛若乘船在大海上颠簸，一个 17 岁的小战士竟被活活震死！

据统计，此次战役，"联合国军"共倾泻炮弹 190 余万发，炸弹 5000 余枚，以至上甘岭阵地上没有一块完整的岩石，没有一棵直立的树木，两高地的土石被炸松 1 至 2 米。这铲从上甘岭阵地上取回的土，由碎石、砂、弹片和子弹头组成，其中弹片、子弹头的重量约占一半，碎石最长不过二三厘米。这个上甘岭激战的见证，陈列在国家博物馆"复兴之路"展厅中，无声地向人们讲述着战争的惨烈，讲述着志愿军将士的伟大和光荣。

上甘岭战役经历了争夺表面阵地、坚持坑道斗争和实施决定性反击三个阶段。

在反复争夺表面阵地战斗中，我军平均每天打退敌人 30 至 40 次的连续进攻。杀伤大量敌军后再转入坑道坚持作战。由于阵地狭小，交战双方都只能添油似的逐次投入兵力，在猛烈的炮火下，双方伤亡惨重。志愿军 45 师在 7 个昼夜激战中歼敌 7000 人，自己伤亡也高达 3500 人。我军及时改变了战术，撤入坑道，以坑道斗争与小分队反击为主要手段。

为了破坏坑道，"联合国军"绞尽脑汁：飞机轰炸、炸药爆破、投掷各种炸弹、封堵坑道口、断绝坑道内外交通……无所不用其极。但是这些破坏，还不是坑道部队最大的威胁，缺粮断水才是最严重的。美军对坑道部队与后方的交通线实行严密炮火封锁，使坑道部队粮尽水绝。最危急的时刻，战士们就用自己的尿解渴。为了解决坑道内的困境，后勤部门不惜一切代价，组织人员靠"葡匐运输""接力运输"等方式，将 3 万发迫击炮弹和大量食品、物资送入坑道。虽然从后方到前沿坑道只有几百米，但这段距离确是险情密布的死亡地带。有时一袋萝卜或一桶水，就要用许多战士的生命换来。

至 11 月 25 日，"联合国军"的"金化攻势"被彻底粉碎，美方压迫我军后退、夺回战场主动权的企图也彻底破产。上甘岭战役，创造了军事史上依托坑道进行坚守防御的光辉范例。

62

废除千年封建土地制度
《中华人民共和国土地改革法》

赵锋

民以食为天，农以地为先。土地，自古就是农民的生存之本。

在旧中国，占农村人口不到10%的地主、富农，占有70%—80%的土地，而占农村人口90%的贫农、雇农和中农，却只占有20%—30%的土地。依托所占有的土地，地主阶级残酷剥削和压迫农民，不劳而获；农民终年付出，辛勤劳作，却不得温饱。封建土地制度严重阻碍了农村经济和中国社会的发展，是旧中国积贫积弱的主要原因之一。

中国共产党从成立一开始，就一直把农民问题、土地问题的解决作为革命的中心问题，在不同时期，根据当时的国内矛盾和革命任务，分别制定切实可行的土地改革政策，领导广大农民群众进行土地改革运动。

至1949年新中国成立前夕，中国共产党已领导面积约230万平方公里、农业人口约1.6亿的老解放区废除了封建土地制度，实现了"耕者有其田"。

然而，在新中国成立时，全国3亿多人口的新解放区还没有进行土地改革，农村土地大部分仍为封建地主所有。为

了满足新解放区广大农民要求获得土地的迫切要求，也为了从根本上解放和发展生产力，一场轰轰烈烈且影响深远的新土地改革运动诞生了。

在中国国家博物馆"复兴之路"基本陈列中，展出了1950年6月29日中央人民政府命令颁布的《中华人民共和国土地改革法》的发文稿并附《中华人民共和国土地改革法》原稿，长37.5厘米，宽26.5厘米，纸质，铅印。1959年由国务院秘书厅档案科拨交中国革命博物馆，它见证了新中国土地改革的一段辉煌历程。

1950年6月28日，中央人民政府委员会第八次会议通过了由刘少奇主持制定、经中共七届三中全会和全国政协一届二次会议讨论后提交的《中华人民共和国土地改革法》，6月30日由毛泽东主席正式公布施行。

《土地改革法》共计6章40条，对1947年制定的《中国土地法大纲》中的若干规定进行了修订，其中最大的变动就是由征收富农多余的土地财产的政策，变为保护富农所有自耕和雇人耕种的土

《中华人民共和国土地改革法》

地及其他财产不得侵犯的政策。

这一变化产生了非常积极广泛的影响。首先高兴的无疑是广大的贫雇农阶层，他们说《土地改革法》是"我们穷人翻身的印把子，只要掌握了这个法宝，我们就能和地主进行说理斗争"了。富农也感到十分庆幸，《土地改革法》颁布前，大多数富农认为自己一定是土改的对象而惶惶不安，新法公布后，知道对他们采取的政策与地主不一样，就开始远离地主，情绪比较稳定，提高了生产的积极性。中农在听到《土地改革法》中不动富农的消息后，情绪也提高了。有的说："中农和富农是唇齿相依，以前动富农，中农是唇亡齿寒，说不动也动起来了，现在连富农也不动，中农才保了险。"有的说："连富农都不动，我们更安心了。"彻底消除了中农"怕冒尖"的顾虑。

总的来说，《土地改革法》在废除封建土地制度的前提下，主张减少打击面，扩大受益面，并制定了应有的照顾政策。

这些做法不仅减少了土地改革的变革成本，有效保障了土地改革的顺利实施，而且全面调动了农村各阶层的积极性，加快了农村经济的恢复和发展。

《中华人民共和国土地改革法》的颁布，为新解放区土地改革运动提供了法律依据和指导方针。从1950年6月开始，华北、东北、西北、华东等广大新区按照土改法中的一系列政策要求，平稳有序开展了土地改革工作。至1953年春，全国约有4.5亿农业人口的地区完成了土地改革，封建主义的基础已被打垮。全国3亿多无地、少地的农民无偿地获得了7亿亩的土地和其他生活资料，并免除了过去每年向地主缴纳的700亿斤粮食的苛重的地租。

至此，除一部分少数民族地区外，在中国存在两千多年的地主土地所有制被完全废除了！

63

为国家工业化奠基

《中华人民共和国第一个五年国民经济计划草案图表》（1953—1957 年）

龚青

从 1953 年起，我国开始执行发展国民经济的第一个五年计划。也就是从那时起，中国人开始熟悉了一个术语："五年计划"。

这本《中华人民共和国第一个五年国民经济计划草案图表》，纵 27.3 厘米，横 37.4 厘米，红色封面，右上方印有"绝密"二字，由国家计划委员会 1955 年 3 月印制。1959 年，由国家计委拨交中国革命博物馆（今中国国家博物馆）。

这本计划草案图表是"一五"计划的重要见证，但它为什么在计划实施两年后才印制，这意味着什么，其中又有怎样的缘由？要得知答案，首先要了解"一五"计划是如何编制的。

第一个五年计划是中国历史上第一次编制的中长期国民经济和社会发展计划。当时不仅对基本国情、矿产资源分布等一系列必备的统计数据不掌握，而且专业人员严重不足。不仅如此，"一五"计划的核心内容苏联援建的"156 项"重点工程也是通过多次商谈、调整，陆续确定下来的。除此之外，当时的物质条件和技术手段也十分有限。当年参与领导编制"一五"计划的薄一波后来回忆说："那时计算数据，是用老式的算盘、计算尺和手摇计算机，方案稍有变动，上千个数据都得相应变动，他们工作之苦是不言而喻的。"

多方面的困难条件导致"一五"计划的编制困难重重，从 1951 年 2 月开始酝酿编制，到 1955 年 7 月 30 日一届全国人大二次会议正式审议通过，前后历时四年半，五次编制，数易其稿。这本计划草案图表就是提交给 1955 年 3 月召开的中国共产党全国代表会议讨论的重要材料之一，这次会议原则通过了"一五"计划草案。"一五"计划的编制一波三折，但新中国的建设步伐却不能因此停下来，于是，就出现了"边计划、边执行、边修正"的局面，也就有了计划实施两年后才印制出计划草案图表的现象。

图表的印制时间反映出"一五"计划的编制进程，图表所承载的内容又为新生的人民共和国描绘了怎样的建设蓝图呢？

实现国家工业化，是国家独立和富强的当然要求和必要条件，是中国近代以来，无数仁人志士梦寐以求的愿望。"一五"计划确定优先发展重工业的指导方针。这主要是因为当时中国的工业基础，特别是重工业基础极其薄弱。对此，毛泽东曾有过一段触动人心的讲话："现在我们能造什么？能造桌子椅子，能造茶碗茶壶，能种粮食，还能磨成面粉，还

《中华人民共和国第一个五年国民经济计划草案图表》
（1953—1957年）

能造纸，但是，一辆汽车、一架飞机、一辆坦克、一辆拖拉机都不能造。"如果不优先发展重工业，中国就没有依靠自己的力量实现工业化的物质基础，就没有经济上的独立自主可言。对于中国这样一个经济文化十分落后的国家来说，要实现国家工业化，走社会主义工业化道路是最好的选择。

"一五"计划的基本任务包括三个方面，12项具体任务。第一方面就是集中力量进行以苏联援建的"156项"重点工程为中心的、由限额以上的694个建设单位组成的工业建设，建立我国社会主义工业化的初步基础。"一五"计划规定，五年内，经济和文化建设总投资为766.4亿元，折合黄金7亿多两，这在中国历

史上是空前的。

"一五"期间，"156项"工程实际施工的只有150项，由于数字对外公布在先，所以仍习惯称"156项"。实施的结果，限额以上的工矿企业由694个增加到921个，全部建成投产的有428个，部分建成投产的有109个。其中"156项"工程有147项开工上马，全部建成投产或部分建成的超过半数以上。长春第一汽车制造厂、沈阳飞机制造厂、沈阳第一机床厂、北京电子管厂等，都是这一时期建成的具有标志意义的重要工程。钢铁、煤炭、电力、石油、汽车、飞机、发电设备、冶金设备、重型机床、电子器材等一大批工业部门的新建和扩建，大部分填补了我国工业的空白，或提高了技术水平和生产能力。

"一五"计划还规定，相应发展交通运输业、轻工业、农业和商业，文化教育和科学研究等。其中，纵贯秦岭的宝成铁路，贯通南北的武汉长江大桥，横跨世界屋脊的康藏、青藏公路，都是这一时期修建的著名工程。

"一五"计划是我国有计划、大规模经济建设的开端，工业建设取得的成就远远超过了旧中国的一百年，为新中国建立独立完整的工业体系，实现国家工业化奠定了初步基础，同时改善了旧中国工业分布不平衡的状况，加快了中西部地区的工业化进程。

64

来自"共和国钢铁工业长子"的礼物

鞍钢职工献给毛泽东的一段我国自制的第一根重型钢轨

龚青

鞍山钢铁公司被誉为"新中国钢铁工业的摇篮""共和国钢铁工业长子"。这段钢材是鞍钢职工献给毛泽东的一段我国自制的第一根重型钢轨，为国家博物馆馆藏一级文物。钢轨纵14.3厘米，横33厘米，厚11.3厘米，上面刻着"献给我们伟大的领袖毛主席"，落款为"鞍山钢铁公司全体职工 1953.11"。

这段钢轨凝聚着党和国家领导人及全国人民对鞍钢的期望，熔铸了鞍钢职工勇于担当、艰苦奋斗的精神，见证了鞍钢"三大工程"的起步与辉煌。

鞍钢的前身是日本人始建于1916年的鞍山制铁所和1933年合并建起的昭和制钢所。1948年，伴随着解放战争的隆隆炮声，鞍钢回到了人民手中。但这时的鞍钢已是设备破败不堪，生产全面瘫痪。就是在这片废墟上，在日本人断言今后只能种高粱的地方，当家做主的鞍钢人创造了奇迹，仅用半年多的时间就开工生产。1949年6月27日，鞍钢恢复生产的第一炉铁水滚滚流出。7月9日，鞍钢举行了隆重的开工典礼，毛泽东特别委派中共中央东北局副书记李富春亲送"为工业中国而斗争"的锦旗，以祝贺鞍钢恢复生产。

曾经满目疮痍、荒寂无人的鞍钢从此得以重生和崛起，新中国的钢铁工业也由此开始了新征程。

鞍钢，作为新中国第一个恢复生产的大型钢铁联合企业，承载着共和国钢铁工业的希望。新中国成立后，毛泽东在第一次出访苏联商谈的首批援华项目中，鞍钢位列榜首，成为苏联援建的"156项"重点工程最早确定下来的工程之一。

无缝钢管厂、大型轧钢厂和七号高炉是鞍钢的"三大工程"。1951年12月13日，李富春在给毛泽东、周恩来的报告中，请求动员全国力量支援鞍钢。四天后，毛泽东亲笔批示："完全同意，应大力组织施行。"在"全国支援鞍钢""为鞍钢就是为全国"的口号鼓舞下，全国57个大中城市的200多家企业伸出援助之手，为鞍钢制造所需设备和建筑材料；全国5万多名干部、技术人员、大中专毕业生和军人陆续奔赴鞍钢，苏联政府也先后派遣了340多名专家来到鞍钢。1952年7月14日，无缝钢管厂破土动工；8月1日，大型轧钢厂动工兴建；1953年春，七号高炉开始施工。这标志着鞍钢由恢复生产开始转入大规模建设。

鞍钢职工献给毛泽东的一段我国自制的第一根重型钢轨

在那激情燃烧的岁月里，有着强烈责任感和使命感的鞍钢建设者迸发出高昂的劳动热情和冲天的干劲。时任鞍钢炼铁厂副厂长的周传典曾这样回忆说，当时办公楼彻夜灯火明亮，工地上人喧车鸣，到处搭起脚手架，闪烁着电焊火花。人们走起路来大步流星，像是在跑步。

1953 年 10 月 27 日，新中国第一座无缝钢管厂建成并轧制出第一根无缝钢管；11 月 30 日，新中国第一座大型轧钢厂竣工并生产出第一根重型钢轨；12 月 19 日，新中国第一座现代化高炉——七号高炉奔腾出第一炉铁水。

"三大工程"的建成投产，使鞍钢职工倍感兴奋与自豪。他们从第一根无缝钢管和第一根重型钢轨上分别切割下来一段，作为礼物献给了毛泽东主席。与此同时，朱德总司令也收到了同样的礼物。

鞍钢"三大工程"因占有多个新中国工业建设"第一"而备受瞩目。12 月 21 日，周恩来总理第一次亲临鞍钢视察，并题词祝贺，称"三大工程"是"我国社会主义工业化建设中的重大胜利"。也就是在这一天，一封写给毛泽东主席的

报喜信由鞍钢寄往北京。12 月 24 日，毛主席给鞍钢职工复信，称赞"三大工程"的提前竣工投产"是一九五三年我国重工业发展中的巨大事件"。同时指出，鞍钢职工的英勇劳动，是对实现我国的社会主义工业化目标的"重大贡献"，勉励他们"争取更大的成就"。12 月 26 日，鞍山城沉浸在一片喜庆中，这一天隆重举行了鞍钢"三大工程"开工典礼。

鞍钢"三大工程"是苏联援建的"156 项"重点工程首批竣工投产的项目，也是鞍钢在新中国成立后建起的首批大型现代化骨干工程。从此，鞍钢在新的起点上，担负起更加光荣和艰巨的使命，为国家大规模经济建设源源不断地输送优质钢铁和优秀人才，用钢铁的臂膀支撑起共和国的经济大厦。

如今，静静陈列在展厅中的这段钢材，向世人诉说着 63 年前鞍钢"三大工程"建设的那些人和事，唤起人们对"共和国钢铁长子"的青春追忆，以及对共和国火热的钢铁年代的记忆。

65

鞍钢走出的人大代表

孟泰当选为第一届全国人民代表大会代表的证书

龚青

1954 年 9 月，正值金秋时节，首都北京迎来了新中国成立后的第一次盛会——第一届全国人民代表大会的召开。来自全国各地、各行各业的 1200 多名人大代表汇聚一堂，共商国是。

在出席会议的人大代表中，有一位闻名全国的人物，他就是来自鞍山钢铁公司的新中国第一代全国劳动模范、钢铁战线的杰出代表——孟泰。这是他的代表当选证书，纵 17.5 厘米，横 23 厘米，上面写着：年龄五十六岁，代表单位鞍山市。当年，在 1226 名全国人大代表中，鞍山市有 6 名，其中 4 名来自鞍钢。

孟泰以自己的实际行动赢得了人大代表的崇高荣誉。他的先进事迹首先要从著名的"孟泰仓库"说起。

1948 年，鞍山解放后，为使几经战火摧残、千疮百孔的鞍钢尽快恢复生产，当时还只是一名高炉配管工的孟泰以主人翁的精神，默默无闻地跑遍偌大的厂区，思考着各种修复高炉的办法。正当他心急发愁时，意外捡到的一个三通阀门使他兴奋不已，因为这正是修复高炉需要的部件。此后，已是 50 岁的孟泰起早贪黑，顶风冒雪，深一脚、浅一脚，泥一身，油一脸，在高炉旁、废墟下、草丛中、水沟里，扒出和收集起一件件被丢弃和散落的器材，小到一颗颗螺丝钉，大到几十斤乃至上百斤重的器件。在孟泰的感召和带动下，工友们也纷纷行动起来。经过几个月的艰苦努力，收集起上千件材料、上万件零部件。孟泰将存放工具的破铁皮房收拾出来，建起了

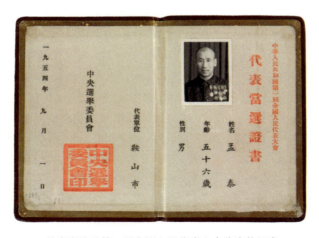

孟泰当选为第一届全国人民代表大会代表的证书

器材备用仓库，这就是后来被世人广为传颂的变废为宝的"孟泰仓库"。在当时极其艰苦的条件下，这些修旧利废的零部件在鞍钢2号、1号、4号高炉的修复中发挥了重要作用，大家纷纷称赞："孟泰和他的这座仓库可立了大功啦！"

在修复2号高炉的那些日子里，孟泰连续十余日奋战在岗位上。1949年6月27日，这是孟泰和鞍钢职工兴奋而难忘的一天，第一座修复一新的高炉——2号高炉奔腾出金色铁流，鞍钢人自豪地将这第一炉铁水称为"争气铁"。因为当时日本人曾断言："今后在这里只能种高粱，恢复生产至少需要20年。"孟泰和工人们硬是凭着艰苦创业、拼搏奉献的精神，仅用半年多时间就让高炉冒出了滚滚白烟。

1950年6月，朝鲜战争爆发后，美国打着"联合国军"的旗号，武装干涉朝鲜内政，并将战火烧到鸭绿江边。美国侵朝军队的飞机不断侵入中国领空进行狂轰滥炸，刚刚恢复生产的鞍钢受到了严重威胁。在那些紧张而危险的日子里，一些人因恐慌而撤退了，而孟泰却将铺盖卷搬到了高炉下的简易房里，24小时坚守高炉。每当警报拉响，他总是挺身而出，手拎大管钳跑上高炉，严防险情发生，誓与高炉共存亡。8月的一天，一座高炉发生了高温铁水遇冷却水爆炸事故，孟泰闻声，第一时间冲上高炉，冒着生命危险带领工人排除险情，避免了一场炉毁人亡的悲剧发生，保证了高炉的安全生产。由此，孟泰有了"老英雄""高炉卫士"的称号。

孟泰为鞍钢恢复和发展生产立下了汗马功劳，他勤俭节约、爱厂如家、艰苦创业、无私奉献的精神，深深感染和鼓舞着鞍钢职工。国家和人民也给予他极高的荣誉。1949年7月，在鞍钢开工典礼上，孟泰等9人被授予特等功臣；8月，孟泰光荣加入中国共产党。1950年9月，他被推选出席在北京召开的全国战斗英雄和工农兵劳动模范代表会议，并受到毛泽东等党和国家领导人的接见。当时，毛主席握着孟泰的手，亲切地说："钢铁战线老英雄，欢迎你，祝贺你！代我向鞍钢的工人们问好。"此后，孟泰又连续两次荣获全国劳动模范的称号。1954年，他在鞍山市当选为第一届全国人民代表大会代表，后又连任第二届、第三届全国人大代表。

作为一名共产党员、人大代表，孟泰以自己的模范行动生动诠释了人大代表的神圣职责。他常说："我是人民代表，就应该替人民办事情。"他是人民群众的贴心人，时刻牵挂着群众的安危冷暖，为群众排忧解难。无论在厂里还是在家里，无论是干部、普通职工，还是家庭妇女，只要找上门，他都热情接待，耐心倾听。凡是孟泰听到的意见和要求，他总是想方设法妥善处理。为此，他常常废寝忘食，奔波劳碌，群众交口称赞："老英雄孟泰，人民的好代表。"

66

开启汽车工业的巨轮
第一汽车制造厂奠基石

龚青

这块镌刻着毛泽东亲笔题词的"第一汽车制造厂奠基纪念"基石，是1953年7月15日一汽奠基典礼上的基石，纵70厘米，横120.5厘米，厚5.5厘米，重250公斤，汉白玉质地。

这块奠基石是如何从一汽来到博物馆的呢？这要从1987年10月的文物征集工作说起。当时的中国革命博物馆（今中国国家博物馆）派人赴一汽征集有关建厂时的文物。当时，这块奠基石正陈列在一汽一号门展览室。在一汽领导的

全力支持下，同年11月19日，经请示铁道部，这块重250公斤的奠基石随60次特快列车运往北京，一汽派专人全程护送。20日下午，在中国革命博物馆举行了隆重的文物交接仪式。

如今，陈列在展厅中的这块奠基石，见证了新中国第一个汽车制造厂的奠基兴建，承载着共和国对中国汽车工业的希望与重托。

新中国成立前，中国没有自己的汽车制造工业，仅有几家配件厂或装配

镌刻着毛泽东亲笔题词的"第一汽车制造厂奠基纪念"基石

厂。由于中国所用的各种型号的汽车全部依赖进口，外国人因此讥讽中国是一个"万国汽车展览馆"。建设中国自己的汽车工业是几代中国人梦寐以求的愿望。新中国成立后，毛泽东在第一次访问苏联期间就商定，由苏联援助中国建一座综合性的汽车制造厂，并将这一项目列入"一五"计划苏联援建的首批重点项目。

建汽车制造厂首先必须解决厂址问题，这是因为汽车制造厂能否顺利建成并长期产生效益，与汽车厂所在地区的地质、水文、电力、钢铁、木材、交通等诸多自然与经济条件有直接关系。1950 年 12 月，苏联专家来中国协助选择厂址。刚开始曾考虑在首都北京或附近建厂，在北京西郊的衙门口还进行了地质钻探，同时对石家庄、太原、西安、宝鸡、武汉等地也进行了调查勘察。陈云对汽车制造厂的建设特别是厂址的选择十分重视，他多次主持会议，听取汇报，组织讨论。在做了大量调查研究和反复比较后，陈云做出四点决定：建设目标同意苏方年产三万辆吉斯 150 型载重汽车的建议；厂址要定在东北，在四平至长春之间选择；建厂开始日期定在 1953 年，一次建成；协作配套问题由有关部门解决。此后，中苏双方经过多次的调查、勘测、研究，最终将厂址选在长春市郊孟家屯附近。

厂址确定后，1952 年 4 月，重工业部任命郭力为厂长。同年 12 月，第一机械工业部任命饶斌为厂长，郭力任副厂长兼总工程师，孟少农、宋敏之任副厂长。同时，即将破土动工的汽车制造厂被正式命名为"第一汽车制造厂"。1953

年 6 月 9 日，毛泽东亲自签发《中共中央关于力争三年建设长春汽车厂的指示》。从此"三年建厂"成为最响亮、最鼓舞人心的奋斗目标。

1953 年 7 月 15 日，第一汽车制造厂举行隆重的奠基典礼。之前，毛泽东为一汽奠基亲笔题词："第一汽车制造厂奠基纪念"，一汽专门请手艺精湛的石匠师傅将毛主席的题词镌刻在汉白玉基石上。典礼当天，李岚清等 6 名年轻的共产党员将这块基石放置到厂区中心广场的基座上。当天，从祖国四面八方汇聚来的万名建设者还在一匹红绸上签名表决心。从此，在长春市郊的一片荒原上，开始了一场空前的轰轰烈烈的汽车工业建设。

在全国各地的支援和苏联的援助下，一汽的创业者边干边学，边建设边试生产。1956 年 7 月 13 日，中国人民盼望已久的第一批国产 CA10 型载重汽车试制成功。毛泽东为汽车命名"解放"牌。14日，全厂庆祝大会后，在一汽职工的欢声笑语和雷鸣般的掌声中，12 辆"解放"牌汽车缓缓开出厂区，前往吉林省委、长春市委报捷。这一天成千上万的长春市民涌向街道两旁，争相目睹国产汽车的风采。同年在国庆阅兵式上，受阅部队官兵乘坐着第一批国产"解放"牌汽车接受了党和国家领导人的检阅。10 月 15 日，"解放"牌汽车正式投入批量生产。

一汽的建成投产，结束了中国不能制造汽车的历史。从此，带着一汽人的光荣与骄傲的"解放"牌汽车，驰骋在祖国大江南北，中国的汽车工业也由此从无到有，从一厂到多厂，从单一品种到多品种，逐步发展壮大起来。

67

从文盲到识字
哈尔滨机车车辆修理厂职工业余学校颁发给苏广明的识字证书

龚青

这是 1956 年 11 月 7 日哈尔滨机车车辆修理厂职工业余学校颁发的识字证书，纵 30.8 厘米，横 22.3 厘米，上面写道：学员苏广明现年四十二岁，学完扫除文盲阶段课程，成绩合格，准予毕业。这张烙印着时代痕迹的识字证书，记录了哈尔滨机车车辆修理厂职工业余教育的成果，也见证了 20 世纪 50 年代新中国声势浩大的扫盲运动。

新中国成立时，文盲占全国人口的 80%。在旧中国，广大的工农群众被剥夺了享受文化和教育的权利。在新中国，党和政府要帮助工农群众摆脱不识字、做睁眼瞎的状态。

1949 年 12 月，新中国成立伊始，中央人民政府教育部就在北京召开了第一次全国教育工作会议，确定中华人民共和国教育的主要任务是，提高人民文化水平，培养国家建设人才。新中国教育的发展方针是普及与提高的正确结合。

1950 年 9 月，教育部和中华全国总工会在北京联合召开第一次全国工农教育会议，这是中国历史上第一次将工农教育问题提到国家的议事日程上。会议明确指出："推行识字教育，逐步减少文

哈尔滨机车车辆修理厂职工业工业学校颁发给苏广明的识字证书

盲。"9 月 27 日，毛泽东主席亲临会场，与模范教师和学习模范亲切握手，并与全体代表合影留念。

职工业余教育是工农教育的重要组成部分。1950 年 6 月政务院发出的《关于开展职工业余教育的指示》指出："开展职工业余教育是提高广大工人职员群众的政治、文化与技术水平的最重要方法之一。"目前，职工业余教育的对象以

工厂企业中的工人职员为主，职工业余教育的内容以识字为重点。

1952 年 11 月，中央人民政府成立了中央扫除文盲工作委员会。在党和国家的积极推动下，从新中国成立初期，一直到 20 世纪 60 年代初，在全国范围内持续开展识字教育。期间，曾掀起了四次轰轰烈烈的扫盲高潮。

哈尔滨机车车辆修理厂的前身是 1898 年沙俄在修建中东铁路时兴建的附属工厂，称"哈尔滨临时总工厂"。后来，随着时代的变迁，厂名几经改变。自 1953 年 1 月 1 日起，厂名更改为哈尔滨机车车辆修理厂（简称哈尔滨车辆厂）。

该厂开展的识字教育，是在全国大规模扫盲运动大潮下和职工业余教育政策推动下的具体实践。同时，也与 1950 年初毛泽东主席和周恩来总理视察工厂时的亲切关怀和殷切期望密不可分。

1950 年 2 月 27 日下午 2 时，毛泽东主席在结束访问苏联归国途中，来到了北国冰城哈尔滨，在此停留了短短 18 个小时。这是毛主席唯一一次到黑龙江（当时是松江省）视察。

那天下午，毛主席在听完松江省委书记张策和哈尔滨市市长饶斌的工作汇报后询问："哈尔滨有什么大工厂？"当得知只有哈尔滨车辆厂是当时哈尔滨最大的工厂时，他不顾旅途劳顿，提出："我要去看看。"随后，在有关领导的陪同下，毛主席和周总理来到工厂视察。这是新中国成立后毛主席第一次视察大型工厂，他直接来到生产车间，先后视察了锻冶、机械、机修、机车四个分工厂。他一边走一边听厂领导汇报，还不时地与普通工人接触、交谈。在视察过程中，毛主席指出："哈尔滨是全国最早解放的大城市，这个工厂是哈尔滨最大的工厂，你们要管理好这个工厂，应该给全国工厂做出榜样。"他还特别强调：政治是要学的，工人也应该学点文化、技术；要通过技工学校、职工夜校，提高工人的文化技术水平。同时他还对陪同的厂领导说："不懂要学习，我们都不懂，都要学习。你们要好好学习，向老工人学习，学会管理工厂，管好工厂。"周总理也寄语厂领导"要管好工厂，培养人才，出产品，出经验，出干部，为全国机车车辆工厂树立榜样"。

毛主席和周总理对哈尔滨车辆厂的视察，使全厂职工备感自豪和深受鼓舞，有力地推动了包括职工业余教育在内的各项工作的开展。

20 世纪 50 年代全国性的扫盲运动取得了显著成果，成人文盲率由新中国成立时的 80% 降到了 15% 以下，其中青壮年文盲降到了 5% 以下。无数像这张识字证书的主人苏广明一样的工人，通过文化学习，由文盲变成了识字人，实现了在政治翻身基础上的文化翻身，更好地增强了主人翁意识和服务国家的能力，许多人还成为所在工厂的骨干和劳动模范，甚至走上了领导岗位。

68

伟大的社会变革
全国工商界献给毛泽东的报喜信

尹静

1953 年，中共中央提出党在过渡时期的总路线和总任务，就是要在一个相当长的时期内，逐步实现国家的社会主义工业化，并逐步实现国家对农业、手工业和资本主义工商业的社会主义改造。当时有一种通俗的解释："好比一只鸟，它要有一个主体，这就是发展社会主义工业；它又要有一双翅膀，这就是对农业、手工业和私营工商业的社会主义改造。"

我国对资本主义工商业（指民族资本）的社会主义改造，采取了和平赎买的办法，通过国家资本主义的各种形式，把资本主义工商业逐步改造成为社会主义国营经济，使资本主义私有制转变为社会主义全民所有制。国家资本主义初级形式在工业中有加工、订货、统购、包销等，在商业中有经销、代销等，特点是国家仅控制原料的供应、产品的计划和销售，但企业的资本主义性质仍然没变；国家资本主义高级形式是个别企业公私合营和全行业公私合营，特点是企业性质已经变成半社会主义或社会主义性质。

过渡时期总路线公布后，许多资本家对自己的命运和前途感到深深的不安。党和政府通过细致深入的思想工作，使他们认识到社会主义是大势所趋，只有走社会主义道路才能掌握自己的命运。1955年 10 月，毛泽东两次邀请党外民主人士、全国工商联委员座谈，系统地阐述了中国共产党的和平改造和赎买政策，希望资本家安下心来，认识社会发展规律，主动掌握自己的命运，接受社会主义改造。

对资本主义工商业的社会主义改造经历了三个阶段：1953 年底前主要是国家资本主义的初级形式阶段；1954 年到 1955年夏主要是单个企业公私合营阶段；1955年秋到 1956 年是全行业公私合营阶段。

1956 年 1 月，全国出现了资本主义工商业社会主义改造的热潮。1 月 10 日，北京市首先宣布已全部实现全行业公私合营。1 月底，全国 50 多个资本主义工商业比较集中的大中城市相继实现了全行业公私合营。这张全国工商界报喜队在全国政协二届二次会议开幕式上为全国主要城市资本主义工商业实现全行业公私合营献给中共中央的报喜信，上面有李烛尘、盛丕华、胡厥文、荣毅仁等33 位全国工商界知名人士署名。同年 11月由中共中央办公厅秘书室拨交我馆。

在全国私营工商业实现全行业公私

全国工商界献给毛泽东的报喜信

合营的过程中，各大中城市都是敲锣打鼓，扭秧歌、游行，欢呼"跑步进入社会主义"。大多数资本家在党的教育下，还是愿意走社会主义的光明大道的。

荣毅仁当时曾对新华社记者坦言自己的矛盾心理："我是一个资本家，但是我首先是一个中国人……对于我，失去的是我个人的一些剥削所得，它比起国家第一个五年计划的总额是多么渺小；得到的却是一个人人富裕、繁荣富强的社会主义国家。"只是谁也没有想到，当时40岁的"红色资本家"荣毅仁事隔多年后竟然在工商界东山再起，还被《财富》杂志评为世界50名知名企业家之一，以自己的晚年见证了共和国改革开放的华丽转身。

到1956年底，全国的99%私营工业企业和82.2%的私营商业企业实现了全行业公私合营，标志着国家对资本主义工商业的社会主义改造基本完成。按照1956年全行业公私合营时核定的私股股额，总数为人民币24亿余元，在赎买政策实施过程中资本家所得，包括利润、定息和高薪，共32亿余元，仅利润和定息就相当于其原有的资产总额。

在改造中，由于进展急促（原计划18年实际上只用了7年），也有一些缺点和偏差。但社会主义基本经济制度的确立，为推进中国的工业化、现代化事业，奠定了根本的政治前提和制度基础。正如中共十一届六中全会决议所指出的："但整个来说，在一个几亿人口的大国中比较顺利地实现了如此复杂、困难和深刻的社会变革，促进了工农业和整个国民经济的发展，这的确是伟大的历史性胜利。"

69

共和国的钢铁记忆
武钢职工献给毛泽东的一号高炉浮雕

龚青

这是武汉钢铁公司献给毛泽东的一号高炉浮雕，金属质地，纵45厘米，横44.6厘米，厚2.5厘米。浮雕的右侧刻着"中国人民伟大的领袖毛主席"，旁边还刻有一个双"囍"字，左侧落款为"武汉钢铁公司全体职工 献"，下方为"武钢一号高炉出铁纪念 1958.9."。

凝视眼前的这件文物，人们不禁会产生这样的疑问：毛泽东与武钢一号高炉有着怎样的情缘？一号高炉有什么标志性意义？一号高炉出铁的日子又有哪些特别的故事？要解答这些疑问，首先要了解武钢是如何兴建的。

钢铁是一个国家重要的基础工业，是实现国家工业化的重要前提，是衡量国家经济实力的重要指标。1949年新中国成立时，全国的钢产量只有15.8万吨。基于当时的国情，钢铁工业被列为国家建设的重中之重。随着鞍钢恢复生产和改扩建工程的进行，国家开始筹划在华中地区、长江流域新建一座大型钢铁企业。

武汉位于我国腹地中心，枕江而立，通衢九省，地理位置独特，交通便利。武汉也是中国钢铁工业的诞生地，1890年开始兴建的汉阳铁厂，是当时中国第一家，也是最大的钢铁联合企业。新中国筹划兴建的第一座钢铁企业也选择在此落户，厂址定在武汉市青山镇。1954年12月，新建的钢铁公司正式定名为"武汉钢铁公司"。

武钢职工为纪念一号高炉出铁献给毛泽东的一号高炉浮雕

武钢是"一五"时期苏联援建的"156项"重点工程之一。由苏联黑色冶金设计院列宁格勒分院负责设计,苏方提供主要设备和技术指导。1955年10月,武钢一期工程破土动工。此后,从祖国四面八方汇集而来的建设大军,在一片荒滩原野上日夜奋战,开启了武钢的创业之路。

炼铁一号高炉是武钢一期的主体工程之一,1957年6月5日开工兴建。一号高炉设计高为70多米,炉容1386立方米,预计1959年7月1日建成投产。消息一经播出,引发了国外媒体的冷嘲热讽,英国的《泰晤士报》在转发这条消息时画了一个大大的问号,并断言中国人吹牛皮,3年内不可能完工。西方媒体认为不可能的事,在武钢建设者的艰苦努力下,不仅变成了可能,而且还大大缩短了工期,仅仅用了15个月,一号高炉就拔地而起。

一号高炉是当时亚洲第一高炉、世界一流高炉,日产生铁两千吨以上,位于世界前列。在高炉的建设过程中,近百位苏联专家给予技术指导,苏联许多机电制造厂提前交付了为武钢制造的特种设备;国内18个省市200多家工厂倾力支援,提前完成了重达34,000多吨的设备,这一切都为一号高炉的提前投产创造了有利条件。

武钢是新中国新建的第一座大型钢铁联合企业,从立项到建设,凝聚了党和国家领导人的深刻思考和关怀之情。毛泽东主席与武钢更是有着深深的情缘。

武汉是毛主席十分喜爱的地方。新中国成立后,除北京外,武汉是他来的

次数最多、居住时间最长的地方。1956年5月底,毛主席从广州来到武汉。6月3日傍晚,在东湖客舍听取武钢经理李一清和副经理韩宁夫的工作汇报,还特意把从广州带来的芒果递给他们吃,并由此有了一段"我吃西瓜,吐出瓜子;你们吃芒果,要吐出钢铁"的佳话。

1958年9月13日下午3时,在湖北省委书记王任重和武钢经理李一清的陪同下,毛主席兴致勃勃地来到武钢,登上一号高炉临时搭建的观礼台,观看一号高炉的第一炉铁水。3时25分,第一炉铁水奔腾而出,现场职工顿时爆发出经久不息的掌声,毛主席与大家一起鼓掌祝贺,并饶有兴致地对武钢领导说:"走,到炉台去看看。"由于第一炉铁水不多,毛主席走到炉台时,铁水已经流尽。当听到现场炼铁工人解释说,第一炉铁水不会出得太多时,毛主席立即说:"会多的,会多的,今后会多的。"离开武钢前,毛主席还特别对武钢领导说:"像武钢这样的大企业,除生产多种钢铁产品外,还要办点机械工业、化学工业和建筑工业等。"毛主席亲临武钢观看一号高炉出铁,给了武钢人巨大的鼓舞和鞭策。这也是毛主席唯一一次参加工厂的开工典礼。

一号高炉提前建成投产,标志着武钢这一新中国建造的第一艘钢铁巨舰从此扬帆起航。从此,9月13日这一天成为武钢的建厂纪念日。最为有趣的是,这一天也成了武钢人发放工资的日子。

70

记录历史的"号外"

《人民日报》为我国第一颗原子弹爆炸成功印发的"号外"

龚青

1964年10月16日，这是一个载入共和国史册的日子，也是一个令无数人彻夜难眠、激动和自豪的日子。

这一天北京时间15时，在我国西部罗布泊爆发出一声惊天动地的巨响，巨大的火球腾空而起，擎天的蘑菇状烟云不断翻滚上升，爆炸威力达2万吨梯恩梯当量以上，中国第一颗原子弹爆炸成功了！

当晚，中央人民广播电台连续播报《新闻公报》，喜讯随着电波迅速传遍全国。为了记录这一重大历史事件，也为了使这一特大喜讯广泛传播，《人民日报》临时编印发行了一版红色报头和标题的"号外"。这批印数有限、时效性强的"号外"，一部分专送国家相关机构，其余的主要向北京市民免费发送。展出的这张"号外"是由中国革命博物馆（今中国国家博物馆）人保科1964年10月拨交的。

在那个深秋的夜晚，按捺不住激动和喜悦心情的北京市民涌上长安街，追逐着正在散发《人民日报》"号外"的大卡车。当时人们争抢"号外"和争相阅读的火爆场面，可以从历史照片和纪录片中清晰地看到，也可从当时路透社的报道

中有所感知，"今晚，我看到兴高采烈的中国人拿着声明在大街上奔跑"。共同社的报道对此也做了生动描述："中国共产党机关报《人民日报》十六日深夜发行了红字报头的号外。在深夜的大街上，拿到号外的市民们高兴得四处奔跑，这种表情体现了对中国终于成为拥有原子弹的国

《人民日报》为我国第一颗原子弹爆炸成功印发的"号外"

家所感到的满意。"

"号外"全文刊登了《新闻公报》和《中华人民共和国政府声明》。对于中国首次核试验的重大意义，《新闻公报》指出："中国核试验成功，是中国人民加强国防、保卫祖国的重大成就，也是中国人民对于保卫世界和平事业的重大贡献。"

对于中国为什么要进行核试验，《政府声明》明确指出："保卫自己，是任何一个主权国家不可剥夺的权利。保卫世界和平是一切爱好和平的国家的共同职责。面临着日益增长的美国的核威胁，中国不能坐视不动。中国进行核试验，发展核武器，是被迫而为的。"同时指出："中国发展核武器，不是由于中国相信核武器的万能，要使用核武器。恰恰相反，中国发展核武器，正是为了打破核大国的核垄断，要消灭核武器。"

至于中国拥有核武器后应该履行的国际义务，《政府声明》更是郑重宣布："中国在任何时候，任何情况下，都不会首先使用核武器。"中国政府向全世界各国政府郑重建议："召开世界各国首脑会议，讨论全面禁止和彻底销毁核武器问题。"《政府声明》在最后再次郑重表明："我们深信，核武器是人制造的，人一定能消灭核武器。"

中国第一颗原子弹的爆炸成功，使中国成为继美国、苏联、英国、法国之后世界上第五个核国家。中国西部大漠深处的惊天巨响，震惊了世界。

当美国发现中国第一颗原子弹使用的是铀-235，而不是钚-239时，十分惊讶。因为其他四个国家在第一次内爆型核试验中使用的都是钚-239装置。美国也不得不承认中国在核技术上的发展速度和水平。

许多国家的主流报纸在中国原子弹爆炸的当天或第二天，都在显著的位置用醒目的标题报道了这一重大事件。法新社指出："这颗炸弹更多的是一个心理武器，而不是一个军事武器，它将使中国获得一个核国家的形象和在亚洲增加威信。"英国媒体认为，中国独立发展核武器始于1960年，不到4年就在没有苏联援助的情况下爆炸了原子弹，低估中国是"不智的"。共同社称，这是"向迄今由美、英、苏、法四国组成的核垄断体制打进了一个楔子，进一步提高了中国的发言权"。当时，一位富有远见的政治家更是形象地表述，那不仅是火红的云团，更像是举起的拳头，是中国人用能力和志气攥成的铁拳。

中国政府在声明中阐明的核武器政策，同样在国际社会引起强烈反响。因为中国是唯一宣布在任何情况下不首先使用核武器的国家。同时，中国旗帜鲜明地提出全面禁止和销毁核武器的建议。

《人民日报》1964年10月16日的这版"号外"，是新中国成立后该报系列少有的几个版本的"号外"之一。那天深夜，北京市民争抢"号外"的场景令人难忘。但更值得共和国和中国人民永远铭记的是那些为研制第一颗原子弹立下卓越功勋的广大科研人员，是他们用青春和热血使东方蘑菇云腾空而起，是他们的艰苦奋斗和无私奉献铸就了共和国的辉煌。

71

共和国水电事业的见证

周恩来视察新安江水电站时的题词

龚青

新安江是钱塘江上游的一大支流，发源于安徽省和江西省交界的怀来山脉，流经安徽屯溪、歙县和浙江淳安、建德境内。新安江水电站就坐落在浙西建德境内的铜官峡谷中。

这件 1959 年 4 月周恩来视察新安江水电站时的题词手迹，纵 40 厘米，横 29.5 厘米，为国家博物馆馆藏一级文物，1977 年 11 月由新安江电厂党委拨交。几行苍劲有力的大字道出了新安江水电站的重要特色，也将人们的思绪带回到水电站建设的火热年代。

新中国成立初期，为解决长江三角洲地区，特别是上海的电力供立紧张问题，国家决定在新安江上建一座大型水力发电站。浙江水力发电工程处和后来成立的华东水力发电工程局先后组织人力，在 1947 年中国水电专家对新安江进行的地质勘测和水文调查的基础上，进行了 4 年的前期准备工作。1955 年 10 月，国家建设委员会下达《对新安江技术经济调查报告的审核意见》，批准了新安江水电站的一级开发方案。1956 年 6 月，国务院批准由上海勘测设计院会同有关部门编制的水电站设计方案，同时批准将新安

江水电站提前列入"一五"计划和 1956 年计划。

1957 年 4 月，水电站主体工程开工兴建。1958 年 2 月，拦河大坝开始浇筑混凝土。1959 年上半年，正在施工的新

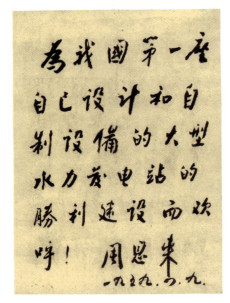

周恩来视察新安江水电站时的题词

安江水电站接连遭遇洪水溢过左岸坝体、左岸山体滑坡压住部分基坑、混凝土质量事故等严重挫折。

就在工程建设遇到重大困难时，1959

年 4 月 9 日，周恩来总理亲临建设工地视察。当时，工地发出的号召是"力争在 1959 年国庆节发电"，当周总理听完汇报后，工程建设指挥部的领导希望总理将这句话写在题词上，作为对广大建设者的鼓励。但周总理并没有采纳这个提议，因为他从当时的现实情况看，认为国庆节前发电是不可能的。沉思片刻后，周总理挥笔写下："为我国第一座自己设计和自制设备的大型水力发电站的胜利建设而欢呼！"

随后，周总理前往水电站大坝视察。当看到沿岸有大批库区移民正在搬家时，周总理主动走上前去，亲切地向移民询问拆迁安置情况。离开大坝后，来到电站工程技术革新展览馆，一名正在操作演示的电焊工不好意思地说："这台电焊机是我们用土办法做的，样子不太好看。"周总理听后却高兴地说："土办法没关系，能解决问题的办法就是好办法。"从展览馆出来后，周总理来到砂石料厂，当得知这里所用的设备全部是电站职工自己研制的，总理格外兴奋，对职工们艰苦创业、自力更生的精神给予高度赞扬，同时饶有兴致地说："这么好的事情，为什么不拍几个镜头啊！"说罢，他招呼现场的工人们合影留念。

周总理对新安江水电站的视察和题词，激发了广大建设者的劳动热情和创造智慧，工地上掀起了新一轮建设高潮。

1959 年 9 月 21 日，巍峨的拦河大坝开始关闸蓄水。拦河大坝是水电站最重要的工程。大坝呈倒梯形，坝高 105 米，坝顶全长 466.5 米，坝顶设 9 孔开敞式溢洪道，为国内首创的混凝土宽缝重力坝。1960 年 4 月，由哈尔滨电机厂试制成功的第一台 7.25 万千瓦水轮发电机组正式发电。同年 9 月，新安江水电站开始向杭州、上海输电。

仅仅用了 3 年时间，新安江水电站就实现了投产发电。这在当时既缺乏建设经验，物质条件又十分艰苦的情况下，堪称中国水电建设史上的奇迹。而铸就这一奇迹靠的是广大建设者的聪明才智和艰苦奋斗，以及全国近百家科研院校和工矿企业的大力支援。同时，30 万库区移民顾全大局，"舍小家，为大家"的牺牲和奉献也是功不可没，值得后人铭记。

1965 年新安江水电站竣工验收。1977 年 10 月，最后一台机组安装完毕。至此，9 台机组全部投入系统发电，总装机容量 66.25 万千瓦，年均发电量 18.6 亿千瓦时。

新安江水电站是我国第一座自己设计、自制设备、自行施工的大型水力发电站，是我国水电建设史上的一座里程碑。自建成运营以来，有力地保障了华东地区工农业生产的供电需要，发挥了防洪抗旱的作用。特别值得一提的是，因大坝截流形成的新安江水库，面积 580 平方公里，总蓄容量 220 亿立方米，为西湖的 3000 多倍。由于昔日大山深处的峰峦变成了水中大大小小的 1078 座小岛，水库因此得名"千岛湖"。今天，碧波万顷、景色旖旎、生态绿色的千岛湖成为闻名中外的休闲旅游胜地。

72

诞生在中国科学家手中的世界冠军

中国首次人工全合成牛胰岛素研究成果国家鉴定书

安莉

　　胰岛素，作为治疗糖尿病的特效药物被广泛应用，越来越为大众所熟知。1967年，世界上人工全合成牛胰岛素这一重大科研成果诞生在中国科学家手中，这是当时中国科学家在基础科学领域取得的顶尖成就。这一成果打破了英国《自然》杂志评论文章所说"人工全合成牛胰岛素还不是近期所能做到的"预言，在世界上引起极大轰动。

　　胰岛素是人和动物胰脏内的一种岛形细胞所分泌出的激素，具有降低血糖和调节体内糖类代谢的功能。胰岛素的分子具有蛋白质所特有的结构特征，被公认为典型的蛋白质。蛋白质是生物体内不可缺少的物质，是人类生命活动最重要的物质基础。因此攻克人工合成蛋白质成为各国科学家的一个重要研究课题。

　　1948年，英国生物化学家桑格（Fredrick Sanger）选择了一种分子量小，但具有蛋白质全部结构特征的牛胰岛素作为实验的典型材料进行研究。1952年搞清了牛胰岛素的G链和P链上所有氨基酸的排列次序，以及这两个链的结

人工全合成牛胰岛素研究成果国家鉴定书

合方式。次年，他宣布破译出由17种51个氨基酸组成的两条多肽链牛胰岛素的全部结构。这是人类第一次搞清一种重要蛋白质分子的全部结构。桑格也因此项成果荣获1958年诺贝尔化学奖。

　　中国的牛胰岛素的研制工作开始于1958年8月。刚刚成立的中国科学院（上海）生物化学研究所的王应睐、曹天钦、邹承鲁、钮经义、沈昭文等科学家，提出"世界上第一次用人工方法合成的蛋白质在中华人民共和国实现"的宏伟目标，并开始进行艰苦的创造性的科学研究。从当年12月起，由上海生化所、中科院上海有机化学研究所和北京大学化学系三个单位联合，以钮经义为首，由龚岳亭、

邹承鲁、杜雨苍、季爱雪、邢其毅、汪猷、徐杰诚等共同组成科学攻关小组，在前人对胰岛素结构和肽链合成方法研究的基础上，开始探索用化学方法合成胰岛素。

胰岛素分子由 A、B 两条链组成，A 链有 21 个氨基酸，两条链通过两个二硫键连在一起。胰岛素分子还具有空间结构，也就是说它的肽链能有规律地在空间折叠起来，具有空间结构的胰岛素分子还可以整齐地排列起来形成肉眼可见的结晶体。人工全合成胰岛素，首先要把氨基酸按照一定的顺序联结起来，组成 A 链、B 链，然后再把 A、B 两条链连在一起。这是一项复杂而艰巨的工作。

按照分工，有机化学研究所和北京大学化学系负责合成 A 链，生物化学研究所负责合成 B 链。合成工作分三步完成：第一步，先把天然胰岛素拆成 A、B 两条链，再把它们重新合成天然胰岛素结晶，并于 1959 年突破了这一难题，重新合成的牛胰岛素是同原来活力相同、形状一样的结晶。第二步，在合成了胰岛素的两条链后，用人工合成的 B 链同天然的 A 链相连接。这种牛胰岛素的半合成在 1964 年获得成功。第三步，把经过考验的半合成的 A 链和 B 链相结合。

在几年的时间里，20 多位科学家废寝忘食，夜以继日地工作。他们不断总结经验，肯定成绩，发扬团结协作的精神，在经历 600 多次失败、经过 200 多步的化学合成后，于 1965 年 9 月 17 日成功完成人工全合成牛胰岛素晶体。

1965 年 11 月，国家科学技术委员会在上海举行牛胰岛素人工全合成科研成果的国家鉴定。由中科院副院长吴有训任主任委员、高教部科研司长吴衍庆任副主任委员，由王应睐、邹承鲁、曹天钦、童第周等 26 位著名科学家组成的国家鉴定委员会，对人工全合成牛胰岛素的研究成果进行科学鉴定。他们就该项研究工作的设计方案、试验方法、原始数据及逻辑推理等方面进行严格审查和严肃的学术讨论后，得出鉴定结论，证明人工全合成牛胰岛素具有与天然牛胰岛素相同的生物活力和结晶形状。这是世界上第一个人工全合成的蛋白质，标志着人类在认识生命、探索生命奥秘的征途中，迈出了关键性的一步。1982 年，这项科研成果获得国家自然科学一等奖。

2000 年，中国革命博物馆为筹备"当代中国"展览，向中国科学院上海生物化学研究所征集相关文物。在该所工作人员的帮助下，我们从数以万计的记载着人工全合成牛胰岛素这项辉煌成果的科研档案中挑选了 10 页实验记录、《合成胰岛素惊厥法测定结果》报告和由吴有训、王应睐等 22 位科学家亲笔签名的国家鉴定书。在长达 6 年的科学攻关中，科学家们完成了大量精细的实验，写下了难以计数的实验记录，这 10 页实验记录和活力检测报告，仅仅是数以万计的实验记录的一小部分，它记载了实验取得成功的关键时刻。这次重复试验再次获得了具有生物活性的牛胰岛素蛋白。这些记载着中国科学家热爱祖国，献身科学事业，奋勇攀登世界科技高峰的顽强拼搏精神的科研档案，作为历史的见证，将永载史册。

73

破解"哥德巴赫猜想"的中国人
陈景润"哥德巴赫猜想"(1+2)论文手稿

刘艳波

　　"哥德巴赫猜想"即"(1)任何大于2的偶数都是两个素数之和(表为'1+1');(2)任何大于5的奇数都是三个素数之和",是德国著名数学家哥德巴赫在1742年6月7日给数学家欧拉的信中提出的,被国际数学界誉为数学皇冠上可望而不可即的"明珠"。此命题乍看容易,但要证明它却非常困难。许多数学工作者毕生殚精竭虑,却不得其解。

陈景润"哥德巴赫猜想"(1+2)论文手稿

　　1900年,德国数学家希尔伯特在国际数学会议上把哥德巴赫猜想看成是以往遗留的最重要的问题之一。1912年,德国数学家朗道在国际数学会上认为要证明哥德巴赫猜想是现代数学家力所不能及的。1921年,英国数学家哈代宣布,猜想(1)的困难程度可以和任何没有解决的数学问题相比。

　　然而,人们对证明"哥德巴赫猜想"的热情却依然不减。1920年,挪威数学家布朗改进古老的筛法首次证明,每个充分大的偶数都是两个素因子都不超过9个的正整数之和,将这一结果记为(9+9)。此后,各国数学家分别用筛法进行研究,先后证明了(7+7)、(6+6)、……(1+3)等,这些证明在逐渐向"哥德巴赫猜想"靠近。

　　1966年,中国数学家陈景润发表了"哥德巴赫猜想"证明,即《表大偶数为一个素数及一个不超过两个素数的乘积之和》(1+2)论文,这是"哥德巴赫猜想"的最佳证明结果。至今,陈景润的研究成果仍保持着"哥德巴赫猜想"证明上的国际领先地位,成为"哥德巴赫猜想"研究史上的里程碑。

　　陈景润(1933—1996),福建福州人。早在读初中时,他就被老师讲述的"哥德巴赫猜想"深深吸引,萌发了摘取这颗数学皇冠上宝石的梦想。1953年陈景润从厦门大学数学系毕业,1957年被调到中科院数学所。1963年,经过10年的准备和积累,他开始向"哥德巴赫猜想"进军。他以惊人的毅力，在数学领域里艰苦跋涉，仅用 3 年时间，就找到了解答 200 多年来悬而未决的哥德巴赫猜想的必由之路！1966 年 4 月，他将（1+2）证明论文投给中科院的《科学通报》，该刊在 5 月 15 日第 17 卷第 9 期上予以发表，但刊登的只是简要论文。在当时并未引起国内外数学家的注意。由于不久"文化大革命"开始，《科学通报》停刊，他的详细证明没有了发表机会。

北京大学教授闵嗣鹤在审阅陈景润 (1+2) 详细证明论文稿时提出：篇幅过长，加以简化。于是，陈景润开始修改他的长篇命题证明。在 6 平方米的锅炉房里，他仍在煤油灯下的床板上看书阅读、演算……，即使书稿被毁，积蓄被没收，挂着"白专典型、寄生虫陈景润"的牌子受批斗，一时想不开从被囚禁的专政队三楼跳下去未死又被关起来，他仍痴心未改。1968 年被放出来后，他又执着地投入钻研工作中。

1971 年"九一三事件"后，主持中央日常工作的周恩来，提出要加强自然科学基础理论的研究。中科院的部分学术杂志恢复出版。陈景润不顾罹患重病，以常人难以想象的毅力夜以继日地工作，终于完成"哥德巴赫猜想"(1+2) 的简化证明论文，并于 1973 年发表在中科院《中国科学》杂志上。

该论文受到了国内外数学界的高度重视和称赞。英国数学家哈伯斯坦和德国数学家李希特把陈景润的论文写进新著的《筛法》中，称为"陈氏定理"。

1978 年陈景润参加全国科学大会时，受到邓小平的接见和关怀。1980 年他当选中科院院士。

1984 年 4 月 27 日，陈景润横过马路时被自行车撞倒，诱发帕金森氏综合征。1996 年 3 月 19 日，陈景润永远地离开了他挚爱的事业，终年 62 岁。

1997 年初，中科院数学所在进行科技档案整理时，意外地发现了一份陈景润的论文手稿，交给陈景润夫人由昆。经有关权威人士认定，这份手稿就是 1966 年陈景润在《科学通报》发表的"表大偶数为一个素数及一个不超过两个素数的乘积之和"(1 + 2) 论文简要手稿。

当得知由昆有意将陈景润手稿献给国家时，我馆当即与中科院联系。陈景润生前秘书李小凝带着由昆的捐赠委托书和中科院数学所的公函前来接洽。由昆在委托书中写道："先夫景润去世后，国内某拍卖公司曾书面致函有关人士，间接向我探询是否有意拍卖景润的数学手稿。我当即表示，景润一生并不富有，但是为了他所奋斗的数学事业，他始终保有安贫乐道的本色。如有机会我愿意将景润的 (1+2) 数学论文手稿无偿捐献给国家……"1998 年 3 月 19 日下午 3 时整，我馆举行了隆重的手稿捐赠仪式。当晚，中央电视台新闻联播节目播出了捐赠仪式盛况。

这份手稿分为"引言""若干引理""定理的证明"和"参考文献"四部分。用钢笔写在"40×15=600（京文电制）"稿纸上，中、英文各 3 页，纵 26.5 厘米，横 29.8 厘米。这是目前所知陈景润 (1+2) 手稿仅存的一份，其历史价值和科学价值弥足珍贵。

74

见证辉煌的"喜报"

《人民日报》《解放军报》为我国第一颗人造地球卫星发射成功印发的"喜报"

龚青

1970年4月24日北京时间21时35分，在我国西北大漠深处的酒泉卫星发射场，随着震耳欲聋的轰鸣声，"长征一号"运载火箭携带着"东方红一号"卫星呼啸升空，中国成功地发射了第一颗人造地球卫星。

4月25日18时，新华社《新闻公报》一经播出，举国欢庆。当天《人民日报》《解放军报》联合印发了一版套红的"喜报"，上面刊登了《新闻公报》全文，其中提到"卫星运行轨道，距地球最近点439公里，最远点2384公里，轨道平面与地球赤道平面的夹角68.5度，绕地球一圈114分钟。卫星重173公斤，用20.009兆周的频率播送《东方红》乐曲"。

当晚，首都北京沉浸在一片欢乐中，锣鼓喧天，鞭炮齐鸣，兴奋的人们手举彩旗和标语，游行庆祝。长安街、天安门广场散发"喜报"之处，掀起了一个又一个激动人心的高潮。展出的这张"喜报"就是中国革命博物馆（今中国国家博物馆）的工作人员当天收集的。这一天，《人民日报》还用整版刊登了卫星经过祖国各地上空的时间表。在祖国的大

《人民日报》《解放军报》为我国第一颗人造地球卫星发射成功印发的"喜报"

江南北，城市乡村，人们纷纷走出家门，仰望浩瀚星空，寻找那颗属于中国的卫星。这一天成为那个年代中国人难忘的集体记忆。

"东方红一号"卫星的成功发射，引起了国际社会的强烈反响。各国驻华记者在第一时间向本国报道了这一重大新闻，

称这是"轰动世界的大事"，中国"毫不含糊地进入了空间俱乐部"。当时，卫星发射场根据周恩来总理的指示，还将卫星通过各国首都上空的时间进行预报，以便各国观测。

"东方红一号"卫星的成功发射，实现了毛泽东主席1958年发出的"我们也要搞人造卫星"的号召，使中国成为继苏联、美国、法国和日本之后，世界上第五个自主研制并成功发射人造地球卫星的国家，中国由此跨入了太空时代。

中国航天人历经12年艰苦努力研制的"东方红一号"卫星，到底有哪些中国特色呢? 概括地讲，实现了"上得去、抓得住、看得见、听得着"的研制目标。

"长征一号"运载火箭是我国自主研制的中华航天第一箭。它是一种三级航天火箭，一、二级和控制系统是在我国成功发射的中远程导弹的基础上稍加修改而成的，第三级采用新研制的固体燃料发动机。火箭全长29.46米，最大直径2.25米，起飞重量81.5吨，起飞推力104吨。这样，既保证了运载能力，也加快了火箭的研制时间。同时，这种火箭本身也是中国研制远程和洲际导弹的技术起点。

"东方红一号"卫星重173公斤。之前，苏联、美国、法国、日本四个国家发射的第一颗卫星分别重83.6公斤、8.22公斤、38公斤、9.4公斤，中国第一颗卫星的重量超过了前四个国家首颗卫星的重量总和。同时，在卫星的跟踪手段、信号传输形式和星上温控系统等技术领域，也都超过了前四个国家第一颗卫星的水平。

地面上的人用肉眼能"看得见"。"东方红一号"卫星是一个直径只有1米的近似球体的72面体，由于卫星体积小，自身亮度只相当于六等星左右，地面上的人很难用肉眼看到。科技人员经过反复研究，想出了一个办法，即为随卫星一起入轨、前后距离不远的第三级火箭加上一个球形气套，并在其表面镀上铝。发射时气套是捆绑在火箭上，等到火箭与卫星入轨，卫星弹出去后，气套充气撑开，直径可达到4米。这样，气套产生的亮度就可以达到二等星的水平。也就是说，当年无数人眺望星空看到的那颗卫星，实际上是火箭上的气套，而真正的卫星则正在前方"领航"呢。

在太空奏响《东方红》乐音。苏联第一颗卫星发出的是滴滴哒哒的信号，遥测信号是间断的。"东方红一号"卫星采用电子音乐，模拟铝板琴声奏出《东方红》乐曲的前8小节，卫星以20.009兆周的频率播送《东方红》乐曲。当年普通的收音机无法接收到这个频率的信号。于是，先由大型地面站接收，然后再通过中央人民广播电台转播。当时人们聆听到的从遥远太空传来的《东方红》乐音，都是经广播电台转播的卫星信号。

"东方红一号"卫星的设计寿命是20天，但实际工作了28天，传回了大量遥测参数和空间探测数据。由于"东方红一号"卫星运行轨道近地点高度较高，卫星的工作寿命虽然早已结束，但轨道寿命依然没有停止。时至今日，"东方红一号"卫星仍在太空运行，成为无数天文爱好者的观测对象。

75

伸过最辽阔的海洋来握手
尼克松赠给毛泽东的嵌月球表面岩石碎片摆件

曹亚玲

中国国家博物馆"复兴之路"基本陈列中陈列着一件珍贵的国际礼品——美国总统理查德·尼克松赠给毛泽东主席的"嵌月球表面岩石碎片摆件"。这件礼品是由美国得克萨斯州休斯敦载人宇宙飞船中心技术勤务处制作而成的。它通高28.5厘米、纵18厘米、横24厘米，有机玻璃板下嵌有七粒月球表面岩石碎片及美国国旗，木座上嵌有两块英文金属说明牌，即"美利坚合众国总统理查德·尼克松赠""这面旗曾被阿波罗12号带到过月球。而月球表面的碎石，由载人登月机组于1969年11月带回。"1971年7月美国总统国家安全事务助理基辛格秘密访问中国时，作为尼克松总统的礼品，请周恩来总理转赠给毛泽东主席。1978年5月31日，中共中央办公厅警卫局和人民大会堂管理局将此件礼品拨交我馆。

用登月采集的月球表面岩石碎片作为礼品赠送，显示了美国具有世界领先的空间技术和科技实力。

1969年7月21日，美国"阿波罗11号"宇宙飞船首次成功载人登月，实现了人类登上月球的梦想。时隔数月，1969年11月14日，美国"阿波罗12号"宇宙飞船载三名宇航员升空，19日在月球表面安全着陆，停留了32小时。

尼克松赠给毛泽东的嵌月球表面岩石碎片摆件

20 日，两名宇航员进行了两次月球漫步，开展了精确测定登月舱的位置，采集月球表面岩石和土壤标本，架设一组科学仪器等月球表面活动。24 日安全返回地球。礼品上嵌在有机玻璃板下一球体内的七粒月球表面岩石碎片就是"阿波罗 12 号"宇航员登月采集的。

这件国际礼品不仅是人类征服太空的标志，更是见证了中美两国关系从对立到开始实现关系正常化的历史转折。

1969 年尼克松就任美国总统以后，开始调整对中国政策，通过多种方式向我国领导人发出改善关系的信息。毛泽东、周恩来等中国领导人审时度势，及时对中国外交工作做出重大的战略调整，采取灵活的措施，打开了外交工作的新局面。

1971 年 4 月，美国乒乓球代表团应邀访问中国。周恩来在北京接见他们时说："你们这次应邀来访，打开了中美两国人民友好往来的大门。"这就是被国际舆论誉为"小球转动了大球"的"乒乓外交"。就在周恩来接见美国乒乓球队的同一天，尼克松宣布取消已经实行 20 多年之久的对中国的贸易禁令，放宽对中国的货币和航运管制。

1971 年 7 月 9 日至 11 日，美国总统国家安全事务助理基辛格秘密访问北京，为尼克松访问中国做准备。在这期间，周恩来同基辛格举行了六次会谈。经过会谈，双方就尼克松总统访华一事达成协议。7 月 16 日，中美双方同时发表公告宣布，周恩来总理和尼克松总统的国家安全事务助理基辛格博士在北京举行了会谈，尼克松总统将于 1972 年 5 月以前的适当时间访问中国；中美两国领导人的会晤，是为了谋求两国关系的正常化，并就双方关心的问题交换意见。这一公告的发表震惊了全世界。

1972 年 2 月 21 日，是一个具有历史意义的日子。美国总统尼克松乘专机抵达北京，他是第一位到中国访问的美国总统。停机后，尼克松走出舱门，走下舷梯，面带微笑，主动伸出手来，紧紧握住周恩来的手。周恩来同样报以微笑，并意味深长地对尼克松说："你把手伸过了世界上最辽阔的海洋来和我握手，25 年没有交往了啊。"一个时代结束了，历史翻开了新的一页。

当天下午，毛泽东会见了尼克松、基辛格等美国客人，宾主进行了寓意深刻而又幽默风趣的谈话，就中美关系和国际事务认真、坦率地交换了意见。

从 2 月 22 日起，周恩来和尼克松等就国际重大问题和中美两国关系举行了会谈。中美双方经过反复磋商，终于达成协议。2 月 28 日，两国在上海发表《联合公报》。《联合公报》强调，双方同意以和平共处五项原则来处理国与国之间的关系。双方郑重声明：中美两国关系走上正常化是符合所有国家利益的。中美上海《联合公报》的发表是中美关系史上的里程碑。它标志着曾经长期尖锐对立的中美两国从此走上实现关系正常化的道路。

五

走中国特色社会主义道路

76

中国进入改革开放的新时期

邓小平《解放思想，实事求是，团结一致向前看》的讲话稿提纲

仲叙莹

1978年12月18日—22日，中国共产党第十一届三中全会在北京召开，全会批判了"两个凡是"的错误方针，重新确立了党的"实事求是"的思想路线，做出了把全党工作的重心转移到社会主义现代化建设上来的决定，形成了以邓小平为核心的党的第二代领导集体。

十一届三中全会是我们党历史上的伟大转折。以这次全会为起点，中国进入了改革开放和现代化建设的历史新时期！邓小平所做的《解放思想，实事求是，团结一致向前看》的讲话实际上是十一届

三中全会的主题报告。在中国国家博物馆"复兴之路"基本陈列中，有一件与之相关的文物——邓小平亲手拟定的《解放思想，实事求是，团结一致向前看》讲话提纲手稿。这份手稿的产生有其深刻的社会背景和历史根源。

说到十一届三中全会，不能不提到全会前召开的中央工作会议。1978年11月10日—12月15日，中央工作会议在京西宾馆召开。这次会议共召开了36天，为十一届三中全会的召开做了充分的准备。按照事先计划，中央工作会议的主要议题

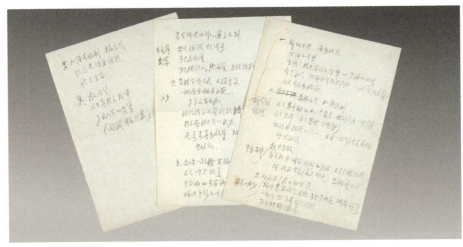

《解放思想，实事求是，团结一致向前看》的讲话稿提纲

是讨论农业和未来两年国民经济计划的安排。根据会议安排，先用两三天的时间讨论从 1979 年起把全党工作重点转移到社会主义现代化建设上来的问题。11 月 12 日，在东北组分组讨论中，在党内仅保留中央委员职务的老一辈革命家陈云指出：发展安定团结，是保证党的工作重点顺利转移的关键。怎样能实现安定团结，条件是要解决"文化大革命"及其以前"左"的错误造成的一些重大历史遗留问题和一些重要领导人的功过是非问题。陈云的发言引起与会者的强烈反响，会议主题逐渐偏离了预先设置的轨道。很多人都说，只有把遗留问题解决好，才能真正达到全党、全军、全国各族人民的团结，把党的工作重心转移到社会主义现代化建设上来。因此如何实现党的工作重心的转移成为这次中央工作会议的主要议题。

按照以往的习惯，起草一篇讲话稿，邓小平一般是先约谈起草人，中间多次反复修改，直到最后满意了，在快要定稿的清样上，稍作改动即可。中央工作会议的讲话稿，从 1978 年 10 月起，邓小平便开始准备起草了。初稿的主要内容是结合当前实际论述重点转移的战略方针和实事求是的思想路线。中央工作会议召开后，邓小平敏锐地意识到，会议形势已经发生了明显的变化，大家对工作重点转移的问题意见比较一致，天安门事件已经得到平反，重大历史遗留问题顺利得以解决，原来准备的讲话稿中着重讲的重点转移问题不需要特别加以强调了，解放思想等问题原来的讲法显得不够，可以进一步结合现实存在的问题讲得更加

深透；同时，在历史转折关头，许多新的情况、新的问题凸显出来，需要党的领导人抓住机遇，及时提出，做出回答，指明方向。在这种情况下，邓小平决定重新起草讲话稿，并亲自拟定讲话提纲，于是便有了这份珍贵的讲话提纲手稿的诞生。

这份由邓小平亲自拟定的提纲手稿，现陈列在中国国家博物馆"复兴之路"基本陈列的展柜里，提纲写在 16 开的白纸上，一共三页，近五百字，字是用铅笔写的，由于年深日久，纸面已微微泛黄，共罗列了七个方面的问题：一、解放思想，开动机器；二、发扬民主，加强法制；三、向后看是为的向前看；四、克服官僚主义、人浮于事；五、允许一部分先好起来；六、加强责任制，搞几定；七、新的问题。在最前边，还加了"对会议评价"一句。手稿上有删改和增加的字迹，体现出邓小平在拟定大纲时思想变化的过程。这份珍贵的手稿一直留在讲话起草人之一于光远手中，于光远夫妇于 1997 年 2 月将其找出，并在《百年潮》1997 年第 4 期上首次披露。2013 年 12 月 24 日，根据于光远生前遗嘱，其家属将这份讲话稿捐赠给中国国家博物馆，2014 年 1 月 7 日，在中国国家博物馆举行了正式的捐赠仪式。

以这份手稿为基础，经过反复多次修改，形成了邓小平在中央工作会议闭幕会上《解放思想，实事求是，团结一致向前看》的讲话，这也充分证明了讲话是在邓小平的精心设计和直接指导下完成的。这份手稿的发现，也为研究邓小平的理论思想，研究十一届三中全会的历史提供了十分重要的资料。

77

科学的春天到了！

陈景润在全国科学大会上获得的 先进工作者奖状

仲叙莹

历时 10 年的"文化大革命"给中国的经济建设和科学技术事业造成了极大的摧残，同时也使广大科学技术工作者的积极性受到极大的挫伤。为了迅速恢复和发展在"文化大革命"中受到严重破坏的科研事业，党和国家采取了一系列的措施推动科技事业的发展。1978 年 3 月 18 日召开的全国科学大会便是其中之一，这是我国科学史上一次空前的盛会！

全国科学大会的会场内，红旗飘扬，主席台上悬挂着郭沫若为大会题写的"全国科学大会"的横幅，10 面红旗分立两边，两条红色巨幅标语横贯大会会场，一幅是"高举毛主席的伟大旗帜，为在本世纪内把我国建设成为社会主义的现代化强国而奋斗！"另一幅是"树雄心，立壮志，向科学技术现代化进军！"出席大会的近 6000 名代表是来自科研机构、高等院校、工厂、农村、部队、医院等不同领域的科技人员，与会代表之中年纪最小的只有 22 岁，年纪最大的 90 岁。他们齐聚一堂，满怀激情地共商振兴科技大计。在主席台就座的除了各部委、解放军各总部和国防科委的负责人、大会领导小组成员、各代表团团长之外，还有老中青

科学家代表，陈景润就是其中之一。

陈景润是中国科学院数学研究所的一名研究人员，他在数学领域的杰出贡献是证明了哥德巴赫猜想。这一享誉世界的成就，却是在中关村 88 号集体宿舍三楼一间六平方米的锅炉房里完成的。"文化大革命"期间，陈景润受到了"四人帮"的严重迫害，却始终孜孜不倦地进行着数学研究，"四人帮"不准他搞科研，他就在演算纸上面放一本《毛泽东选集》，只要有人进来，就拿起"毛选"盖上。1978 年 1 月，《人民文学》发表了作家徐迟的报告文学《哥德巴赫猜想》，这篇文章用生动的文笔，记述了陈景润不畏艰苦、勇攀科学高峰的动人事迹。2 月 17 日，《人民日报》《光明日报》破例用三大版的篇幅转载了这篇文章。此前默默无闻的陈景润因此成为全国最为轰动的新闻人物，人们从他的奋斗和追求中，捡拾起失落太久的理想，感受到知识的力量，感受到知识分子的可敬和可爱。

在全国科学大会开幕式上，邓小平做了重要讲话，主要讲了以下三个问题：第一，对科学是生产力的认识问题；第二，建设宏大的又红又专的科学技术队

陈景润在全国科学大会上获得的先进工作者奖状

伍；第三，在科学技术部门中实现党委领导下的分工负责制问题。在报告结束后，邓小平接见了一批有突出贡献的科学家，陈景润就是其中之一。当邓小平微笑着走过来时，陈景润立即佝偻着背疾步跨上前去，用双手紧紧握住了邓小平的右手，有些局促紧张，却掩不住一脸的真诚和感激，千言万语，尽在这无声一握之中了。

3月27日—3月31日，大会进入代表发言阶段，陈景润做了《科学有险阻，苦战能过关》的发言。3月31日，在人民大会堂举行了全国科学大会的授奖仪式和闭幕式，陈景润的这张奖状就是由此而来。让我们来看看这张珍贵的奖状吧：大红的封面上印着中华人民共和国国徽，下面是金灿灿的两行字"全国科学大会""奖状"，底端印有年份"1978"。打开内页，一面是华国锋的题字"树雄心，立壮志，向科学技术现代化进军——华国锋"，一面是陈景润奖状的正文，"奖状"两字赫然印在正上方，下方书写：为表扬在我国科学技术工作中作出重大贡献的先进工作者和先进集体，特颁发此奖状，以资鼓励。受奖者：陈景润。落款是全国科学大会，一九七八年。

这不是一张简单的奖状，这份奖状代表着党和国家对知识分子的亲切关怀，体现了党中央在科技教育领域进行拨乱反正的决心和意志，象征着我们国家的科技事业将迎来崭新的一页。邓小平在这次大会上提出的"四个现代化的关键是科学技术现代化""科学技术是生产力""知识分子是工人阶级的一部分"等科学论断对我国的科学技术事业产生了深远的影响。正如中国科学院院长郭沫若在全国科学大会闭幕会的报告中所说："现在，我们可以扬眉吐气地说，反动派摧残科学事业的那种情景，确实是一去不返了！科学的春天到了！让我们张开双臂，热烈地拥抱这个春天吧！"

78

一份义无反顾的"生死状"
小岗生产队包干到户合同书

季如迅

1978 年的一个冬夜，安徽凤阳县小岗村 18 位农民代表秘密聚会，郑重地在一份包干到户合同书上按上了鲜红的手印。这是党的十一届三中全会前向旧的经济体制挑战的中国农村第一份包干到户合同书。这个由农民自发的大胆创举已被载入中国改革开放的辉煌史册，小岗村因此成为天下闻名的"中国农村改革第一村"，这份合同书也成为国家博物馆收藏的珍贵文物。

凤阳县在历史上是全国闻名的穷地方。改革开放前，梨园公社是凤阳最穷的公社，小岗生产队又是穷社中最穷的队。这里的土地半岗半洼，十年九灾。新中国成立初期刚刚踏上互助合作之路，曾获得过几年好收成，农民初得温饱。但随着"左"的生产管理体制的形成，1957 年小岗第一次吃了国家的救济粮。此后一路走下坡：地荒、人穷、集体空。年人均收入不到 30 元，口粮不到 200 斤。"三年自然灾害"时，全队饿死数十人。以后年年外出逃荒，年年吃救济粮，年年向国家伸手要救济粮、贷款、化肥。

粉碎"四人帮"后，凤阳人，包括小岗人都在思索如何改变这里的落后面貌。

就在此时，万里出任中共安徽省委书记。1978 年，为了战胜前所未有的大旱，省委下发了落实农村政策的《六条》，并决定借给每个农民三分地种菜度荒。

这一年，小岗的队干部也在为战胜大旱担忧，他们曾准备把社员分成 4 个组，以后又分成 8 个组，但社员们仍然弄不到一块儿去，原因是几经折腾，社员们对集体生产早已丧失了信心。队干部忧心如焚。几位年长的社员向上门讨教的副队长严宏昌提出，1961 年搞责任田，救了不少人的命，今年又是大旱，不分田到户恐怕会死人。严宏昌与队长严俊昌和会计严立学三个队干部商议后，一致认为小岗已经穷极梢（穷到极点）了，不分田到户没办法了，问题是上面不会同意，只好先瞒着干，大不了撤职。

11 月 24 日夜，全队 20 户农民的 18 位代表秘密聚集在一间泥巴草屋里，有人提出：分田到户出了事谁负责？最后，大家一致同意如果出了事，要把队干部的孩子养活到 18 岁。有人说，口说无凭，要立字据。于是严宏昌执笔写了这个合同书。到会的 18 位代表在合同书上庄严地摁上了鲜红的手印。因为农村人时间概念不

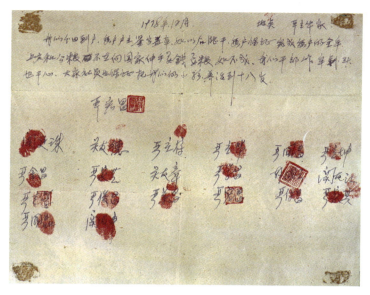

小岗生产队包干到户合同书

强，时间误写为 12 月，另有两户单身汉外出讨荒，由到会的亲属代摁了手印。

历史将永远铭记这一天——1978 年 11 月 24 日。这一天，离具有历史转折意义的党的十一届三中全会还有 24 天。

合同签订后，小岗队只用几天便分了田，全队 20 户 115 人，每人分到 4 亩半地。

1979 年，全队的粮食产量由上年的 2 万余斤猛增到 13 万余斤，油料 3.5 万余斤，相当于 1960 年到 1978 年的总和，人均收入从 20 元增至 400 元。小岗第一次向国家交售了粮食、油料，第一次偿还了国家的贷款。社员们高兴地编了两首顺口溜："大包干，大包干，直来直去不拐弯，保证国家的，留足集体的，剩下全是自己的。""大包干，就是好，干部群众都想搞，只要准干三五年，吃陈粮，烧陈草……"

小岗"大包干"的做法得到了上级领导的及时肯定和支持。凤阳县首先推广了包干到户，全县粮食产量和农业产值短短几年就翻了番。1980 年 5 月，邓小平听取万里的汇报后，肯定了安徽肥西县包产到户和凤阳县包干到户的做法。9 月，中共中央发出了 75 号文件《关于进一步加强和完善农业生产责任制的几个问题》。

到 1981 年 6 月，全国实行农民家庭承包的生产队已占总数的 87%。1983 年初，全国实行包产到户、包干到户的生产队达到 93%，绝大多数实行了包干到户。中国经济体制的改革首先在农村取得了突破性的进展。

1984 年 9 月，我馆举办"三中全会以来的伟大成就展览"，几经周折，征集到了这份"大包干"合同书。合同书纵 19 厘米、横 23.6 厘米，字迹蓝黑色，手印为红色。小岗"大包干"红手印一经展出，便引起了空前的轰动，各家新闻媒体争相报道、转载。小岗人和中国亿万农民在党的改革开放路线指引下走上致富之路的第一步将永留史册。

79

前门情思大碗茶

北京大碗茶青年茶社牌匾

何志文

2005 年，北京老舍茶馆向中国国家博物馆捐赠了一批反映老舍茶馆发展历史的实物资料，其中最有代表忹的一件，是老舍茶馆初创时期的"北京大碗茶青

北京大碗茶青年茶社牌匾

年茶社"牌匾。这件形制简单的牌匾用实木和金属制成，底色为金色，上面用红、黑两种颜色分别书写着"青年茶社"和"北京大碗茶"，在岁月的侵蚀下，金属面的底部已经锈蚀。牌匾虽普通，但可以说，老舍茶馆从卖两分钱一碗的大碗茶的茶摊，变成现在蜚声国内外的知名企业，这件牌匾是最好的见证物。

那么，这个小茶摊是如何变成一家知名公司的？国家博物馆又为何要收藏与老舍茶馆有关的实物资料呢？

1978 年，中央调整政策，改变了"文革"中要求城市知识青年上山下乡的做法，允许中学毕业生留在城市升学和就业，同时放松了上山下乡知识青年因病、因家庭困难返回城市的限制（当时称为病退、困退），大量知青开始返城。据统计，1979 年近 1700 万上山下乡的知识青年返回城市，其中北京的待业知青就多达 40 万。就业问题一下子变得异常严峻。

为了扩大就业门路，国家放宽政策，发展城镇集体经济和个体经济，鼓励和支持待业人员组织起来就业和自谋职业，并为他们提供便利条件。

1979 年 5 月，北京前门大栅栏街道办事处干部尹盛喜接到任务，要解决 20 名返城知青和待业青年的就业问题。作为北京传统的商业地区，前门地区聚集着"月盛斋""同仁堂""瑞蚨祥"等众多老字号，车水马龙，游人如织。从人潮涌动当中，尹盛喜看到了其中隐藏着的无限商机。经过仔细考虑，他起了卖大碗茶的念头。他和几个待业知识青年开始在前门搭棚子，卖起了两分钱一碗的大碗茶。因为参加此事的主要是返城知青，他们便给自己的茶摊起名为"青年茶社"。

茶社初创之时十分简陋。据当时参与茶社建设的老舍茶馆员工回忆，当时他们把茶摊的地址选在前门箭楼西侧公共厕所旁的一块空地旁，"背靠一堵墙，能省下一些原材料，另外关键是有了水

青年茶社卖大碗茶的茶碗

源。当时选地俗称是跑马占地，没人找你就先使着，找你了再说"。在尹盛喜和员工们的努力下，茶社的生意越来越红火，到年底便有了比较可观的盈利。

随着生意的发展，尹盛喜辞去了街道办事处的工作，专门卖起了茶水。此后，茶社的经营规模有了很大的变化，

仅有一个茶摊的青年茶社开始发展壮大，变为"大栅栏青年综合服务社""大栅栏工艺美术服务合作社""大栅栏贸易货栈""大栅栏贸易公司"等。经营范围涉及食品、生活用品、手工艺品、珠宝玉器等等。1987 年，定名为"北京大碗茶商贸集团公司"，并在深圳和海南等地建起了分公司。

虽然多种经营带来了巨额利润，但尹盛喜不但没有舍弃经营二分钱一碗的大碗茶，而且决定把大碗茶发扬光大。1988 年，公司将原来卖大碗茶的地方改建为一幢古色古香的茶楼，并定名为"老舍茶馆"，将传统戏曲曲艺、北京小吃、各种名优茶汇集一起，运用茶馆舞台空间，传承和展示中国灿烂悠久的民族艺术。

现如今，历经近 40 年的沧桑，前门大碗茶已形成以"老舍茶馆"为标志，集京味文化、茶文化、戏曲文化、食文化于一身，内设书茶馆、餐茶馆、茶艺馆的综合性的京城第一家京味大茶楼，成为一张声名远扬的"京城名片"。从大碗茶摊到北京老舍茶馆，北京大碗茶青年茶社的发展，和改革开放密切相关，它的脉搏始终在随着改革开放跳动。

80

中国教育体制改革的历史见证

高考准考证

丁纯怡

　　中国国家博物馆"复兴之路"基本陈列中，展出了1977年和1978年高等学校招生准考证、高考试卷等恢复高考的文物，它们见证着当代中国一段特殊的历史转折。

　　对于许多"文革"后的大学毕业生来说，1977年是改变他们一生命运的一年。1966年"文化大革命"开始，学校停课闹革命，大学一律停止招生，一代人求学的阶梯到高中甚至初中就中断了。此后中学毕业生多数上山下乡，少数人应征入伍，或进工厂。1970年北大、清华等部分高校试点招生，但招生很少，并明文规定废除考试制度，学习内容是政治课和教学科研、生产相结合的业务课，学制仅二至三年。以"推荐与选拔相结合"招收的工农兵学员完全是"唯成分论"和"哪来哪去"，个人的志愿和文化知识水平不受重视。上大学对于大多数青年学子来说，仍然是一个可望而不可即的梦想。

　　1977年7月，第三次复出的邓小平分管教育和科技工作。8月，他主持召开了全国科学和教育工作座谈会。在这次会议上，教育部报送中央的延续"文革"中推荐上大学的当年招生方案，对高校录取的政治条件依然规定了许多"左"的条条框框，引起了与会的科学家和教育工作者的强烈反对，他们建议党中央、国务院立即恢复高考，为此宁可推迟当年招生。这一意见得到邓小平的支持，他在座谈会总结讲话中宣布："高等院校今年就要下决心恢复从高中毕业生中直接招考学生，不要再搞群众推荐。"

　　一个重大决策——恢复中断10年之久的高考制度——就这样由邓小平果断做出了。1977年10月12日，国务院批转教育部《关于1977年高等学校招生工作的意见》，正式恢复高等学校招生统一考试的制度。21日公布，招生对象为工人、农民、上山下乡和回乡知识青年、复员军人、干部和应届高中毕业生，年龄不超过25周岁，未婚。对实践经验比较丰富有成绩有专长的，可放宽到30周岁，婚否不限。意见还特别提出允许老三届（即1966至1968年初、高中毕业生）报考。

　　当年冬天，570多万年轻人，怀揣着难得的准考证和朦胧的梦想，意气风发地走进高考考场，向命运挑战。由于参加高考的人数大大超过预期，一时竟拿不出足够的纸印刷试卷。最后，中央决定紧急调用印刷《毛泽东选集》第五卷的纸张，及时解决了这一问题。

这是一次汇集年代最长、考生年龄差距最大、复习时间最短的创纪录的高考，也是十年积压造就的新中国教育史上竞争最激烈的一届高考，录取比例为29∶1。然而它却是一个国家和时代的拐点，中国的教育迎来了期待已久的春天。据说，在当时大学的一个班中，年龄从十几岁到三十几岁不等。有应届毕业生，也有两个孩子的父亲，有带工资上学的，还有处级干部。在当时的大学校园里，还常能看到一些穿着军装的学生，他们从部队考入大学，不但拿着津贴，还保留着军籍。20世纪80年代初，77、78级学生走上工作岗位，这时各行各业对人才的需求"如饥似渴"，大学生成为名副其实的"天之骄子"！

恢复高考后北京市首个文科状元刘学红就是"天之骄子"之一。1976年3月，刘学红高中毕业后，来到北京密云水库北边的高岭公社插队。虽然身在农村，但她依然心怀大学梦，幻想凭自己的热情、知识和能力，干出一番大事来。

1976年春节探亲时，她专程坐332路公共汽车，只为能在车上看一眼心仪的北京大学。

1977年10月下旬，刘学红从广播里听到恢复高考的消息。她深知这是一次实现自己梦想的机会，格外珍惜，积极备战。最初是白天劳动，晚上复习，后来抓紧劳动间歇的时间复习，在离考试只有半个月的时候，她又特意请假回城做最后的冲刺。由于当时找不到像样的复习资料，他只能重新翻出中学课本，还想方设法

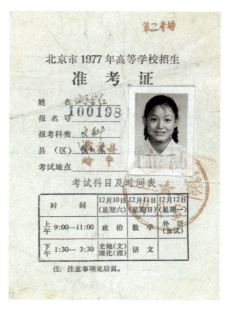

高考准考证

地弄到了"文革"前的高中数学教材和高考历史试卷。在选择专业时，填报了北大新闻专业，她觉得当记者是一个非常符合她天性的理想职业。

刘学红称自己很幸运，幸运地赶上了第一年恢复高考制度，幸运地成为1977年恢复高考后的第一批大学生，幸运地以第一志愿考上了全国最高学府北京大学，幸运地从事着自己理想的职业。如今已经事业有成的刘学红一直珍藏着当年的准考证以及北京大学的学位证、毕业证，在纪念中国恢复高考30年的特殊日子里，将它们捐献给中国国家博物馆。从这个时候起，这张小纸片开始承载着特殊的使命，它成为当代中国一段特殊的历史转折和发端的真实见证。

81

证券市场的起步

我国首批公开发行的上海飞乐音响股票

何志文

1994 年，为筹办"当代中国"展览，原中国革命博物馆（现中国国家博物馆）工作人员前往上海飞乐音响公司，征集该公司发行的被称为"新中国第一股"的飞乐音响股票。对于博物馆的征集工作，飞乐音响公司非常重视。经双方协商，公司领导将他们保存的 1984 年 12 月第一批上市的两张股票捐给了博物馆。飞乐音响公司捐赠博物馆的两张股票中的一张，编号为 II0004863，股东户名为孟金妹，由中国人民银行上海市分行批准发行。由于捐赠给博物馆的这两张股票不再具有上市流通的功能，因此票面盖有"作废"字样。

博物馆为什么要收藏这两张股票呢？究其原因，还在于这两张股票展示了中国改革开放的成就和股票证券市场的发展

历程，展示了中国社会从计划经济体制逐渐到市场经济体制的转型。

20 世纪 70 年代末期开始的改革开放政策，启动了中国经济从计划经济体制向市场经济体制的转型。经济体制改革迫切需要探索与之相适应的金融制度。同时，企业的发展，特别是中小企业的发展，也面临着开辟新的筹资渠道和转换经营机制的难题。

飞乐音响股票就是在这种背景下产生的。

20 世纪 80 年代初，随着改革开放的逐步展开，人们的物质文化需求慢慢提高，对文化娱乐设施的需求不断增大。据飞乐音响股份有限公司首任董事长秦其斌回忆，1984 年，他被任命为上海电

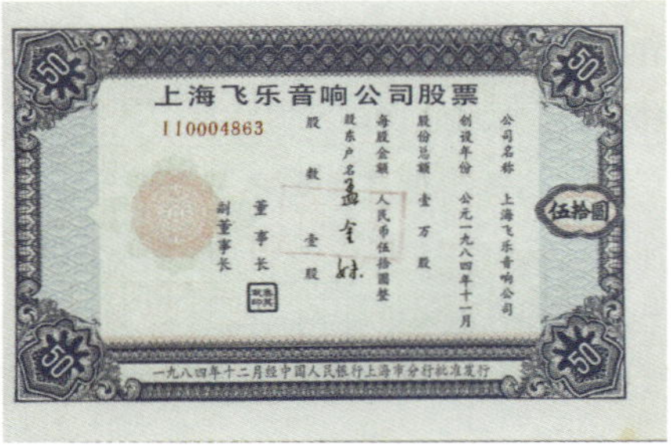

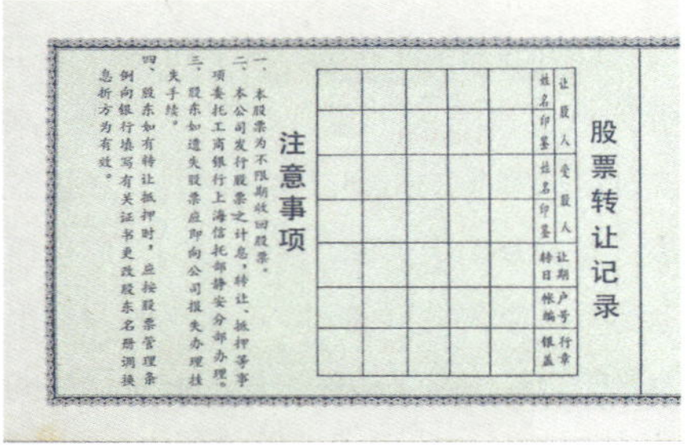

我国首批公开发行的上海飞乐音响股票

声总厂厂长，看到上海市场对音响的需求越来越大，他开始琢磨是否可以扩大音响生产。但在计划经济还没完全退出历史舞台的年代，计划外的经营活动最缺乏的就是扩大经营生产的资金。1984年上半年有一天，他在长宁区参加工商联的会议，听一些老工商业者聊天说起旧上海很多民族企业用股票集资。在偶然中了解到这个信息后，他突然有了一个大胆的想法，那就是通过发股票，向其他单位和内部职工集资，扩大生产。他的这个想法得到了上级领导的支持。

1984年11月18日，经中国人民银行上海市分行金融行政管理处批准，上海飞乐音响股份有限公司正式开业（人称小飞乐），成为全国首家向社会公开发行股票的股份制试点企业。在公司正式开业的当日下午，《新民晚报》第一版刊登了一则消息：上海飞乐音响公司18日开业接受个人和集体认购股票发行1万股，每股50元。新闻舆论的推动，使"飞乐音响"股票在股份制道路上迈出了一大步。最后，飞乐公司拿出10%的股份向社会个人发行。1986年9月26日，上海飞乐音响公司的股票在中国工商银行上海静安信托业务部上市交易。就这样，上海飞乐股票成为改革开放后中国股票市场较早出现的股票之一。

1986年11月14日，美国纽约证券交易所董事长约翰·范尔林先生访华，向邓小平赠送了一枚纽约证券交易所的证章。按国际惯例和中国礼节，中国领导人也必须回赠一件礼物。经再三考虑后，决定赠送范尔林先生一张股票。当时，中国人民银行行长陈慕华和副行长刘鸿儒紧急从各地调来股票样张，经仔细挑选，最后决定

用50元面值的飞乐股票作为回赠。于是，邓小平同志正式将一张飞乐股票赠给这位国际友人，由当时的中国人民银行上海市分行副行长周芝石亲自交给了范尔林。用这种象征的方式，中国向世界宣告了改革开放的决心。

从新中国改革开放后开始发行第一张股票，到1986年9月26日中国第一个证券交易柜台静安证券业务部开张，再到1990年11月26日上海证券交易所正式成立，以及1991年7月3日深圳证券交易所开业，这一系列事件标志着改革开放后中国的证券交易从无到有，从起步到逐渐发展成熟，正在大踏步向前迈进。飞乐音响股票，则是这一发展最好的见证。

82

"我们建立经济特区的政策是正确的"
邓小平为深圳特区的题词

安莉

在中国国家博物馆"复兴之路"基本陈列中，展示着邓小平为深圳特区题词："深圳的发展和经验证明，我们建立经济特区的政策是正确的"。这一题词，是对特区的建设成就和方向的充分肯定，也是对一些有关深圳经济特区的指责和非议的有力回击。

1978年党的十一届三中全会后，全党的工作重点转移到社会主义现代化建设上，确立了以经济建设为中心的发展方向，提出并确立了改革、开放、搞活的重大战略方针，实现了从封闭到开放、从墨守成规到各方面改革的历史性转变。在推进城乡改革的同时，沿海对外开放也启动

了，1980年首先开设了深圳、珠海、汕头、厦门4个经济特区。

但是社会变革从来不是一帆风顺的，有些人对改革始终持怀疑态度，关于特区姓"社"姓"资"的争论不断，关于深圳特区的各种非议指责也是沸沸扬扬。有些人甚至无端指责深圳是靠内地输血过日子。那么，经过几年的改革，特区究竟是什么样子? 成功不成功? 对特区的种种指责、怀疑对不对? 改革成效到底如何? 都需要认真地进行一次实地检验和总结。带着这样的目的，中国改革的总设计师邓小平一行，于1984年1月24日至2月10日，用了近20天的时间，视察了深圳、珠海、厦门3个经济特区。

1月24日邓小平一行首先抵达深圳。邓小平深情地对时任广东省省长的梁灵光说："特区是我的建议，中央的决定，5年了，到底怎么样，我要来看看。"深圳，是邓

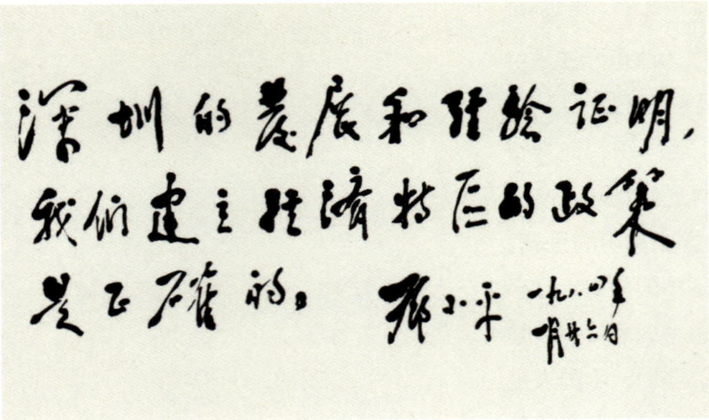

邓小平为深圳特区的题词

小平难以割舍也放不下心的地方。早在1981年，国家处于国民经济调整期，拿不出钱来投入和支持特区。邓小平在这年的中央工作会议期间，语重心长地对广东省负责人说："经济特区要坚持原定方针，步子可以放慢一些。"5 年来，深圳人突破重围，独立作战，摸着石头过河，光着脚爬山，没有任何先例可循，一切都是在需要中探索。他们受够了外人的冷遇和白眼，急于诉说自己的委屈和不平，更渴望得到邓小平的一个鼓励与肯定的答案。当天，邓小平认真听取了深圳市委书记、市长梁湘40分钟的汇报。期间，他没有插一句话，汇报结束后也没有立即表态，而是平静地说："你们讲，我听。""你们讲的我全装在脑壳中，不发表意见。"

1月29日，邓小平视察珠海后，写下"珠海经济特区好"的题词。这是他到广东后，首次题词赞扬特区。当得知邓小平为珠海题词的消息后，深圳人的心情非常复杂。这几年对深圳的议论一直不断，他们也想得到邓小平的题词，让他给深圳打个"分"，看看"及格""不及格"？于是，深圳市委领导经过商量，决定派时任市接待处处长的张荣赶往广州，去请邓小平题词。

此时，邓小平正在返程的路上，在顺德稍作停留后回到广州。邓小平下榻广州珠岛宾馆，他还不知道深圳的同志已赶到广州，正在等待他的题词。张荣通过有关方面将深圳人的请求向邓小平做了汇报，但是老人家再次使深圳人感到意外。他说："回到北京再题吧。"这时已是农历的腊月二十九，深圳人还在焦急地等待最后的机会。大年三十这天，邓小平早早

起来，领着小外孙在住处的小花园内散步。邓小平的女儿邓楠看到迟迟不肯回去过年的张荣，想了想说："那，就这样吧，将他一军！我们把纸、笔都准备好了，他一回来，我就同他说。"邓小平散步回来，看见桌上摆着纸、笔，还有研好的墨，便问："啥子事？"邓楠把张荣介绍给他，邓小平笑笑说："认识，认识。还没回去过年？"邓楠说："你没给题词，人家哪有心思过年？！"邓小平听后笑了笑说："这么严重，还要等着过年？"于是在沙发上坐下来，问道："你们说，写什么好呢？"张荣赶忙递上几个准备好的字条：有"深圳特区好""总结成绩和经验，把深圳经济特区办得更好"等。邓小平看了看，随手搁到一边，然后拿起笔，略作思索后便俯下身，一字一字地题写："深圳的发展和经验证明，我们建立经济特区的政策是正确的。邓小平　一九八四年一月廿六日"。这一天是2月1日，但细心的邓小平却落的是他离开深圳的1月26日。显然，题词的内容是邓小平在深圳经过两天考察后得出的结论，是他几天来深思熟虑的结果。

第二天是农历大年初一。邓小平为深圳特区的题词，通过深圳电视、广播及报纸公布了。这天上午的黄金时间，香港电视台立即转播，并且反复播放。邓小平的题词在海内外引起强烈反响。

在邓小平一行离开广东后的第二个月，中共中央做出重大决定，宣布"向外国投资者开放14个沿海城市和海南岛"。中国的对外开放由点及面，最终形成了沿海全面开放的格局。

83

中国奥运会"零的突破"
许海峰获得的第23届奥运会金牌

董帅

1984年7月28日至8月12日，第23届奥运会在美国洛杉矶举行。中国派出了由225名选手组成的大型体育代表团参加，这是中国重返奥运大家庭后首次派代表团参加奥运赛事。中国运动员参加了总计16个项目的角逐，一举获得15枚金牌、8枚银牌和9枚铜牌，取得金牌总数第四的好成绩。一个新的体育强国诞生了，世界为之震惊！

7月29日，比赛的第一天，射击赛场传出捷报，中国射击运动员许海峰在男子自选手枪慢射比赛中以566环的成绩获得冠军，这是本届奥运会的第一枚金牌。许海峰成为中国奥运史上的首位奥运会冠军。他为中国体育赢得了三个第一：中国人自1932年参加奥运会以来夺得的第一枚金牌，实现了中国奥运史金牌榜和奖牌榜上"零的突破"；第一次在奥运赛场上升起了鲜艳的五星红旗，奏响了中华人民共和国国歌；第一个为中国体育代表团首次出征夏季奥运会赢得荣誉，来了个"开门红"。

许海峰获得冠军实现零的突破的那一刻，多少中国人激动得热泪盈眶，人们记住了"零的突破"四个字和创造这个奇迹的许海峰。

许海峰获得的第23届奥运会金牌

许海峰生于1957年，小时候喜欢用弹弓打鸟，人称"弹弓大王"，曾创下一个晚上打下200多只鸟的记录。他第一次接触射击训练是在1979年，只训练两个月就打破了安徽省记录。他1982年调入安徽省队，开始了真正的射击生涯；1983年打破全国纪录，年底调入国家队备战奥运会。

奥运会开幕那天，许海峰没有出现在入场的队伍当中。不是27岁的他不爱热闹，而是他想让自己最大限度的平静。许海峰回忆到："还怪了，比赛的头天晚上，一般人都紧张得睡不着，我那天睡得特别好，躺下就睡着了。"

29 日 9 时整，37 个国家和地区的 55 名选手，提着放枪的箱子走进普拉多射击赛场的靶棚，各国记者都簇拥在夺冠热门——参加过四届奥运会的世界冠军瑞典名将格罗纳·斯卡洛卡尔的靶位后。几乎没有外国记者关注 40 号靶位上身穿红色运动服的中国选手许海峰和他的战友王义夫。

此时的许海峰心静如水。在重大比赛中极端冷静是许海峰能够力压群雄获得金牌的重要因素。"比赛时前两组 97 环，打得非常顺利，后来第三组打到第 8 发的时候，我打了一个 8 环，我就下来休息，跑到射击场的外面，一个人坐在大门口的台阶上，坐了将近半个小时。一般人沉不住气，不可能说这么重大的比赛跑到外面坐半个小时，可我就在外面坐了半个小时，把心理调节好后进去再打。"他沉住气，第三组、第四组都打了 93 环，第五组射击时他的心情平静了很多，打了 95 环，这个时候王义夫已经以 564 环完成比赛，许海峰回忆："前五组平均是 95 环，如果最后一组我再打 95 环的话，我就 570，那肯定是冠军。"许海峰打最后一组前，赛场上只剩下他一个人。众目睽睽之下，许海峰的精力有点分散，第六组一开始接连几发环数不高，分别是 5、6、8、9 环。他意识到这样下去非前功尽弃不可，心惊之余，他干脆坐下来什么都不想，休息片刻以调节心情，做深呼吸使自己迅速冷静下来。决定性的 3 发子弹，前两发打了一个 9 环、一个 10 环。

当许海峰还剩最后一枪时，场外的人都在凝神关注，因为瑞典名将已经打完，总成绩是 565 环，而许海峰已打了 557 环，如果最后一枪打 9 环以上，冠军就是中国人了！此时许海峰并不清楚这一点。他只想着珍惜这次机会，打好这最后一枪。他几次举枪又几次放下，当这最后一颗子弹射出后，恰恰打中 9 环。现场观众报以热烈掌声。当裁判长宣布许海峰的成绩为 566 环时，许海峰才意识到自己已经出人意料地改写了历史。本届奥运会的第一个冠军诞生了！另一位中国运动员王义夫获得第三名。

国际奥委会主席萨马兰奇闻讯赶来，主持发奖仪式。大会组委会事先根本没有想到，在第一天比赛的第一个项目，一个国家只允许参加两名运动员的情况下，中国的两名运动员都进入前三名，要同时升起两面国旗。由于主办方事先只准备了一面五星红旗，不得不临时再去取一面，这样颁奖仪式推迟了 40 分钟。萨马兰奇在颁奖时紧握着许海峰的手说："中国人获得本届奥运会第一枚金牌，这是中国体育史上伟大的一天，我为我能亲自把这块金牌授给中国运动员而感到荣幸。"

1984 年 10 月 14 日，许海峰将这枚宝贵的奥运会金牌捐献给国家。他说："这块金牌不只是属于我一个人的，我能在那么短的时间里夺得这枚奥运金牌，离不开国家的培养和教练以及队友的帮助。""把金牌放在博物馆里，可以让更多人看到，让更多的人了解历史，我认为这个意义更大。"如今，这枚金牌在国家博物馆"复兴之路"基本陈列中展出，向人们述说着中国体育的辉煌历程。

84

洗刷百年国耻　香港更加繁荣

中英两国政府代表签署关于香港问题联合声明时用的签字笔

张玉兰

1997年6月30日午夜至7月1日凌晨，香港会展中心灯火辉煌，举世瞩目的中英两国政府香港政权交接仪式在这里隆重举行。23时59分，英国国旗缓缓降落，标志着香港被英国侵占一个半世纪的历史宣告结束。

7月1日零时整，中华人民共和国国旗和香港特别行政区区旗在国歌声中徐徐升起。江泽民主席庄严宣布："中国对香港恢复行使主权，中华人民共和国香港特别行政区正式成立。"

香港回归祖国，洗刷了中华民族的百年国耻，也翻开了香港历史新的一页。

香港自古以来就是中国的领土。1840年鸦片战争后，英国政府先后以《南京条约》《北京条约》《展拓香港界址专条》三

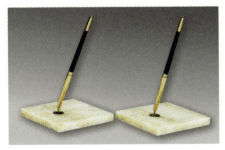

中英两国政府代表签署关于香港问题联合声明时用的签字笔

个不平等条约，强迫清政府割让香港岛、九龙半岛，并强租新界。历届中国政府均不承认英国对香港地区的永久主权，并多次进行交涉，但由于旧中国积贫积弱，中国人民收回香港的夙愿始终未能实现。

中华人民共和国成立后，立即宣布废除过去所有外国强加给中国人民的不平等条约。但中国政府对香港、澳门问题，在相当长的一段时间内，从当时的国内外形势和港、澳居民的利益出发，主张在条件成熟时，经过谈判和平解决，之前暂时维持现状。

改革开放后，中国国力增强，国际地位不断提高，邓小平提出"一国两制"的构想和各项具体方针政策日臻完善，为解决香港、澳门问题指明了方向。同时，随着1997年"新界"租约届满的临近，英国政府不断试探中国政府关于解决香港问题的立场和态度。这样，解决香港问题的时机首先到来。

1982年9月23日，被誉为"铁娘子"的英国首相撒切尔夫人访华，拉开了中英两国关于香港问题谈判的序幕。撒切尔夫人挟刚刚打胜与阿根廷的马岛之战的余威，态度十分强硬。她首先亮出"三个条

约"和"维持香港的繁荣离不开英国"两张牌，强调"有关香港的三个条约在国际法上仍然有效"，只可通过协商加以修订，不可单方面予以废除。

中方拒绝了撒切尔夫人的主张，严正声明，中国政府决定于1997年"新界"租约届满之际收回整个香港地区，在恢复行使主权的前提下，中国将实行一系列特殊政策，以保持香港的稳定和繁荣。中方并强调，国家主权始终是第一位的。

24日，撒切尔夫人同邓小平会谈时，仍然坚持"三个条约有效论"，要求1997年以后继续维持英国对整个香港地区的管辖不变，并以威胁的口气说："要保持香港的繁荣，就必须由英国人来管制。如果中国宣布收回香港，就会给香港带来灾难性的影响和后果。"

面对英国首相的挑战，邓小平针锋相对地指出："我们对香港的问题基本立场是明确的，这里主要有三个问题，一个是主权的问题；再一个问题，是1997年后中国采取什么方式来管理香港，继续保持繁荣；第三个问题，是中国和英国两国政府要妥善商谈如何使香港从现在到1997年的15年不出现大的波动。"

邓小平坦率指出：主权问题不是一个可以讨论的问题，在这个问题上中国政府没有回旋的余地。我可以明确地告诉你们，中国在1997年要收回的不仅是"新界"，而且包括香港和九龙。中国和英国是在这个前提下进行谈判。如果在新中国成立48年后还不把香港收回，任何一个国家领导人和政府都不能向中国人民交代，甚至也不能向世界人民交代。中国希望通过谈判和平收回香港，如果谈不成，

也要收回。不迟于一两年的时间，中国就要正式宣布收回香港的这个决策。香港继续保持繁荣，根本上取决于中国收回香港后，在中国管辖之下，实行适合于香港的政策。如果在15年过渡期内香港发生严重的波动，中国政府将不得不对收回的时间和方式另作考虑。

此后，双方通过外交途径继续就谈判的原则与程序交换意见，由于中方毫不动摇的立场，1983年3月，英国首相不得不首先妥协，她表示只要两国政府能就确保香港未来繁荣与稳定的行政安排达成协议，她愿建议将整个香港的主权交回中国。

在此后双方的谈判中，中方坚持原则性和必要的灵活性，对谈判成功起了积极的作用。在"一国两制"构想的指引下，中英双方经过两年22轮拉锯式的谈判，终于圆满解决了中国恢复对香港行使主权的问题。

1984年12月19日下午，在北京人民大会堂西大厅，中英两国政府正式签署《中华人民共和国政府和大不列颠及爱尔兰联合王国政府关于香港问题的联合声明》，确认中国政府将于1997年7月1日收回香港，恢复行使主权，并设立特别行政区，维持其现行社会制度、经济制度、生活方式50年不变。

这是中、英两国政府首脑在联合声明上签字用的英雄牌金笔，它是香港问题和平解决和"一国两制"构想实现的历史见证。1985年12月25日，由外交部礼宾司拨交我馆。

85

中美关系进入新阶段
邓小平访问美国时戴的牛仔帽

仲叙莹

　　1978年12月15日，中美两国政府分别公布了《中华人民共和国和美利坚合众国关于建立外交关系的联合声明》，宣布中、美两国将于1979年1月1日正式建交，两国关系掀开了新的历史篇章。中美建交后，1979年1月28日—2月6日，邓小平应卡特总统的邀请访问了美国。一张流传甚广的照片就拍摄于邓小平访美期间，照片的背景是美国休斯敦的一家牛仔竞技场，在这张著名的照片里，邓小平戴着一顶美国式牛仔帽，面带微笑，看上去神采奕奕。邓小平友好而自信的形象已定格在历史中，成为中美关系的一段佳话。这张照片里邓小平所戴的牛仔帽就陈列在中国国家博物馆"复兴之路"基本陈列的展厅里。

　　新中国成立后，封锁与对抗，甚至是兵戎相见曾是中美关系的主旋律。在美苏长期处于冷战状态的历史时期，美国一直对中国采取一种敌视的态度。20世纪60年代末，美苏争霸加剧，苏联对美国的威胁加大，这种局势的变化使冰冻的

邓小平访问美国时戴的牛仔帽

中美关系有了解冻的契机。随着中国国家实力的逐渐增强，美国开始调整对华政策。20世纪70年代初期，时任美国总统尼克松采取了一系列行动来打开中美关系的大门。1971年的乒乓外交结束了中美两国20多年来人员交往隔绝的局面，1972年2月21日至28日，尼克松对中国进行了为期7天的访问，并于28日在上海发表了《中美联合公报》，这是中美关系史上具有历史意义的重大成果，中美两国开始走向关系正常化发展之路。

邓小平此次访美是新中国领导人第一次到美国访问。美国方面对此十分重视。邓小平当时的正式职务是副总理，但考虑到他在中国政坛中举足轻重的地位，美国方面决定破例，以国家元首的规格接待邓小平。当地时间1月28日下午三点三十分，邓小平一行乘专机到达美国。次日，美国总统卡特在白宫南草坪为邓小平举行了隆重的欢迎仪式，随后中美双方进行了三次颇具成果的会谈。2月1日，邓小平离开了华盛顿，开始了访美之行的后半程。如果说此次访美的前半程以政治会谈为主，那么后半程则是以科学技术考察为主。在接下来五天的时间里，邓小平考察了亚特兰大的福特汽车装备厂、美国国家航空和航天局、波音747飞机装备车间。通过这一系列的考察，邓小平进一步了解了世界现代化的先进水平，也大大丰富了中国改革开放的设计蓝图。

2月2日晚，邓小平在休斯敦考察科技和工业项目之余，终于可以放松一些，亲自感受一下美国独特的西部牛仔文化——RODEO秀。当邓小平走进环形竞技场时，现场两千多名观众对他的到来报以热烈的掌声。这时，一位骑马的女牛仔，将一顶白色牛仔帽赠给邓小平。邓小平坦然自若地拿起来戴在头上，微笑着向大家挥手致意。这不是美国民众心目中刻板的中国共产党领导人形象，邓小平的亲切和蔼一下子拉近了两国人民的感情和友谊。看完比赛后，场中出现了一辆仿古马车，主持人邀请邓小平乘坐。邓小平爽快地从贵宾席走出，登上马车绕场而行，不断地向四周观众挥手致意，现场的美国民众有的高声呼唤，有的使劲鼓掌，有的吹口哨，用他们惯有的方式表达喜悦之情。此时此刻，中国人民和美国人民的感情完全融合在一起。当时的媒体报道：当时的情况像美国总统大选一样热闹，场外卖牛仔帽的生意也兴隆起来，价格直线上涨，一顶能达到30美元。

第二天，邓小平头戴牛仔帽的照片和电视镜头就通过各大新闻媒体传遍了整个世界，成为一大新闻。正是邓小平的举止风度赢得了美国民众的信任。在邓小平访美之后的两年里，中美两国相继签订了多项协议，在高层互访、经贸合作、科技交流和民间交往各方面都有了长足的发展，中美关系进入了全新的发展阶段。2003年9月28日，为筹备邓小平100周年诞辰，中共中央文献研究室将小平同志家属捐赠的一批遗物捐赠给中国国家博物馆，这顶牛仔帽就是其中之一。至今，这顶牛仔帽作为中美关系发展历程的重要见证陈列在"复兴之路"基本陈列的展柜里，供世人观览。

86

唱起春天的故事
邓小平视察南方时穿的夹克衫

李翠萍

邓小平是中国改革开放的总设计师，是中国共产党第二代中央领导集体的核心，曾担任过中共中央顾问委员会主任、中共中央军委主席等重要职务，其地位和威望极为崇高。但是，作为一位历经了许多艰难困苦岁月的革命老人，他衣着简朴，一件普普通通的中山装和夹克衫伴随着他走过了很多年……

翻开图片资料，你会发现，除了在公开场合穿中山装的老习惯外，从1991年底起，邓小平也开始穿夹克衫了。这件在"复兴之路"基本陈列中展出的深蓝色纯棉夹克衫，见证了中国改革发展进程中的一个重要时刻。

1992年，改革开放的中国迎来了又一个灿烂的春天。1月17日至2月21日，邓小平第二次踏上南行列车。虽然已近88岁高龄，但他精神矍铄，身体健康，头脑清楚，纵观世界风云，思考中国未来，运筹改革大计。此行的目的，就是要回答在变化了的形势下某些人提出的改革开放姓"社"还是姓"资"的问题。

1月18日邓小平抵达武昌，与湖北省委领导进行了重要谈话。1月19日，他身穿这件深蓝色夹克衫，神采奕奕地踏上了深圳这块8年前视察过的改革开放的前沿阵地。他急切地想看看深圳的变化，一杯茶没有喝完，就开始了视察的行程。在深圳他待了整整4天，随后前往珠海、上海等地。每到一处，他听取汇报、参观城市建设、视察高新企业，其间多次发表谈话。

邓小平南方谈话有许多精彩、精辟的论断，如"基本路线要管一百年，动摇不得""社会主义的本质，是解放生产力，发展生产力，消灭剥削，消除两极分化，最终达到共同富裕""改革开放胆子要大一些，抓住时机，发展自己，关键是发展经济。发展才是硬道理""要坚持两手抓，两手都要硬。两个文明建设都搞上去，这才是有中国特色的社会主义"……

邓小平视察南方的消息和谈话迅速传达到全党全国，引起强烈反响。

20世纪80年代末到90年代初，中国的改革开放和社会主义现代化建设正面临着严峻的挑战。东欧剧变，苏联"红旗落地"，社会主义在世界范围内处于低潮，国际上刮起了一股否定马克思主义和社会主义的歪风。而在国内，面对复杂的形势，一部分干部群众的思想产生困惑，有的人对社会主义前途缺乏信心，有的人甚至怀疑和否定改革开放的社会主义性质，对党的基本路线产生动摇。由于经济改革过程中各种社会利益的调整和新旧体制的转轨不可避免地出现了一系列问题，引起人民群众的不满。有人把这些问题的出现归咎于以市场为取向的社会主义改革。在理论界引发了一场关于计划经济与市场调节关系问题的争论。争论的实质性问题是社会主义能不能搞市场经济，公有制能否与市场经济相容。

面对1991年反对改革的思潮，邓小平毅然再次视察南方，完成了一次伟大的思想跨越。邓小平以巨大的理论勇气，冲破禁区，回答了长期困惑人们的一系列重大思想认识问题，使我们在社会主义建设问题上彻底冲破了传统的僵化思维模式，获得了空前的思想解放，同时给中国改革开放的深入发展指明了方向。

1992年10月召开的党的十四大，确立了邓小平建设有中国特色社会主义理论在全党的指导地位，明确了经济体制改革的目标是建立社会主义市场经济体制，要求全党抓住机遇，加快发展，集中精力把经济建设搞上去。以邓小平南方谈话和党的十四大为标志，中国的改革开放和社会主义现代化建设进入了一个加速发展的新阶段。

邓小平两次视察特区，相隔8年，特区的面貌大为不同，国际国内形势也有很大变化。面临着不同的质疑和问题，邓小平为我们吹开了心中的迷雾，廓清了认识和理论上的误区，为改革开放的不断深入注入了推进剂。邓小平视察南方讲话，是邓小平理论重要的组成部分，是对改革开

邓小平视察南方时穿的夹克衫

放以来的基本实践和基本经验的科学总结，是对社会主义本质和现代化建设规律认识的又一次飞跃，是中国人民宝贵的理论财富和精神财富。

由于邓小平生前一直不主张宣传个人，因此一直到2004年，中共中央决定隆重纪念邓小平100周年诞辰时，邓小平的家人通过中共中央文献研究室，分别向四川广安邓小平故里和中国国家博物馆转赠了一批邓小平文物。这件邓小平女儿送给父亲的深蓝色夹克衫就是其中之一。夹克衫身长75.2厘米，为纯棉质地，稍有磨损。曾经在邓小平视察南方期间为他挡风遮雨的普通夹克衫，是中国改革开放和社会主义现代化建设重要历史时刻的珍贵物证。

87

共产党员的生死誓言
抗洪抢险"生死牌"

陈禹

1998年入夏，我国长江流域发生了继1954年以来第二次全流域性历史上罕见的特大洪水。滔滔洪水牵动了全国亿万人民的心。在人民的生命财产和国家财产受到严重威胁的时候，党和政府把抗洪抢险作为头等大事，领导全国军民进行了艰巨的抗洪斗争。党和国家领导人亲临抗洪第一线，在两个多月的时间里，战斗在抗洪第一线的广大军民团结奋战，顽强拼搏，日夜防守着险象环生的长江大堤，全国人民踊跃捐款捐物，在当代中国历史上谱写了一首中华民族自强不息、团结奋斗的壮丽凯歌！这一壮举将永载我们共和国的史册。

那年的8月11日夜从外地出差回到办公室，当我们翻阅当天的《北京青年报》

时，该报第一版有关"生死牌"的新闻报道，使我们的心灵受到极大的震撼！

"生死牌"矗立在武汉市江汉区防汛指挥部把守的武汉龙王庙闸口。这里是汉江与长江交汇处，更是武汉全市14个险段中的险中之险。此处如果出现问题，700万江城人民的生命将会受到洪水的直接威胁。同时，由于此处长期受到两股方向相反的水流的冲刷，极易造成崩堤、溃口等险情。为此，驻守在闸口上，来自武汉市江汉区委宣传部、武汉市公安局江汉分局等单位组成"武汉市江汉

抗洪抢险"生死牌"

区防汛抗旱指挥部"的32名抗洪勇士24小时轮流昼夜值守，其中由16名共产党员组成的临时党支部更是发挥了战斗堡垒作用。

在坚守数十天抗洪抢险岗位中，为了表达守闸人员"誓与大堤共存亡"的决心，8月7日，32名抗洪勇士中的16名共产党员黄义成、唐仁清、李建强、易光之、黄启雁、骆威、黄志刚、马晓君、王开若、陈晓建、徐斌、喻传喜、余光约、雷宽喜、王全、李立华在"生死牌"上庄严地签上了自己的名字。这块用广告色写在纸上，再贴在小黑板上制成的纵79厘米、横120厘米的"生死牌"，当时与"严防死守、人在堤在、水涨堤高、确保安全"的巨幅横幅一起展现在武汉市江汉区防汛指挥部把守的武汉龙王庙闸口上，表达了抗洪勇士拼搏到底战胜洪水的大无畏英雄气概，体现了共产党员在关键时刻的先锋模范作用，形成了长江抗洪抢险前线一道亮丽的风景线，时时刻刻鼓舞着武汉人民与洪魔进行殊死的搏斗!

但是，如何将"生死牌"这一见证共和国重大历史事件的珍贵文物征集入馆呢? 这成了一道难题。我们并不怕死! 我们如果能亲赴江城抗洪第一线当然是最好的，或许通过征集"生死牌"，能使征集线索得以扩大，那样，将会有更多有关抗洪抢险的文物资料为我馆收藏。据了解，当时长江沿岸的险江险段均被戒严封锁，无证人员不可能随意接近大堤。如果我们通过联系硬上大堤，出于安全考虑，地方政府一定会派员陪同，这样就会给处于前线的抗洪抢险大军本已超负荷的工作再增添许多额外负担，那是我们最不愿看到的! 但我们如果不上大堤，而只是在武汉城里等文物，那与在北京等又有什么差别? !

在进退两难万般无奈的情况下，我们通过北京青年报社的领导，当晚便与在武汉抗洪抢险前线采访的记者取得联系，讲明我馆的征集意图，委托他们代为征集。两名记者为了国家博物馆的事业，非常高兴地接受了这项光荣而又艰巨的任务。通过两位记者牵线，我们很快便与武汉市江汉区党委宣传部的工作人员取得联系。当他得知我馆的请求后更是满口答应。在履行了相关程序后，8月26日，当北京青年报社的这两名记者在武汉结束采访返京时，将抗洪抢险"生死牌"等一大批珍贵文物一同运到北京。为此我馆特地举行了隆重的收藏仪式。

当党和国家领导人将抗洪精神提升为民族精神后，收藏"生死牌"的意义也得到了升华! 这块牌子不再是一块简单的牌子，它是我们当代中国共产党人精神的象征! 是我们民族精神的象征! 抗洪抢险"生死牌"更成为见证这种当代中国共产党人精神和民族精神的标志性文物!

抗洪抢险的"生死牌"入藏我馆后，先后在我馆举办的"历史的丰碑——纪念党的十一届三中全会二十周年""百年自强——近代中国的崛起"和"中华百年风云"等展览中展出。2009年，我馆举办"复兴之路"基本陈列，这一充分反映共产党员先锋模范作用的重要文物，在"复兴之路"基本陈列中予以展出。

88

中国需要世界　世界需要中国

开启中国改革开放新阶段的"入世槌"

杨志伟

　　世界贸易组织，简称世贸组织，英文缩写WTO，成立于1995年1月1日，其前身是1947年由美国等国发起的关税及贸易总协定。它是处理国家间贸易事务的机构，与世界银行、国际货币基金组织并称为世界三大经济组织。其主要职能是制定和监督实施多边贸易协议，提供多边贸易谈判场所和框架，定期审议各成员国的贸易政策和统一解决成员间发生的贸易争端，以实现全球经济决策的一致性。

　　2001年11月10日，卡塔尔首都多哈喜来登酒店的萨尔瓦会议大厅，灯火通明，世贸组织第四次部长级会议在这里举行。会议主席、卡塔尔财政经济和

贸易大臣卡迈勒手中木槌轻落，一锤定音，在没有任何反对意见的情况下，宣布《中国加入世界贸易组织的决定》。这个木槌，后被称为"入世槌"，现在国家博物馆"复兴之路"基本陈列中展出。

　　加入世贸组织是中国改革开放和经济发展的自身需要，同时也是世贸组织本身的需要。加入世贸组织将进一步加强中国与世界各国各地区的经贸联系。同时，中国是世界上最大的发展中国家，没有中国的参加，世贸组织是不完整的。

　　中国是关贸总协定的创始国之一。自1986年中国申请恢复缔约国地位以来，为复关和加入世贸组织做出了不懈的艰苦努力，先后完成了加入双边谈判

开启中国改革开放新阶段的"入世槌"

和多边谈判，分别与美国、欧盟等国家和国家联盟达成加入世贸组织的协议。

其中中美双边艰巨而漫长的谈判进行了13年。中美作为世界上最大的发展中国家和最重要的工业化国家，两国间的谈判对双方及世界经济贸易意义重大，也是中国"入世"最关键的一步。1989年5月，正当中美第五轮复关问题双方磋商取得进展时，中国发生政治风波，以美国为首的西方国家借机对中国施压。中国顶住压力，经济继续保持快速发展，使西方国家认识到制裁无效，并逐渐解除制裁，中美复关谈判随之得以恢复。

1998年6月，江泽民主席在接受美国记者采访时提出了中国入世的三项原则：第一，世贸组织既然是一个国际组织，没有中国这个最大的发展中国家的参加是不完整的；第二，中国只能作为一个发展中国家参加；第三，中国加入世贸组织，其权利和义务一定要平衡。1999年4月，中美签署《中美农业合作协议》，并就中国加入世贸组织发表联合声明，美方承诺"坚定地支持中国于1999年加入世界贸易组织"。1999年11月15日，中美两国谈判代表结束了最后六天夜以继日的谈判，最终达成了双方满意的协议，为中国的"入世"扫清了最大障碍。此前，中国已经与日本、澳大利亚、智利等12个世贸组织成员结束了双边谈判。

2001年9月17日，世贸组织中国工作组第18次会议在世贸组织总部举行正式会议，通过了中国加入世贸组织的所有法律文件。

在2001年11月10日卡迈勒宣布中国加入世界贸易组织的决定30天后，该文件生效，中国成为世贸组织第143个成员。

世贸组织第四次部长级会议结束的当晚，北京晚报派赴多哈采访的两位记者再次来到会场，为第二天的新闻稿寻找素材。在征求了工作人员的同意后，他们挑出5个分别印有中国、香港、卡塔尔字样的椅套。当看到中国记者还挑选了卡塔尔字样的椅套，这名工作人员显得尤其高兴。两位记者又提出将卡迈勒先生敲响的木槌也一起带回去，这名工作人员又是干脆的一声："No problem"（没问题）。于是，在采访工作结束后，征得会议主办方许可，他们将"入世槌"和几件椅套带回国。遗憾的是，由于一时激动，他们只顾将木槌装进电脑包，以至忘了木槌的配套物——木盘，致使它的另外一半仍然留在多哈。

新闻见报的当晚，我馆文物征集人员便与北京晚报社领导取得联系，表达收藏的意向。北京晚报社为如何保存入世槌和椅套向社会广泛征询了意见，专门邀请热心读者召开了座谈会，请他们就如何收藏入世槌献计献策。几经努力，在有关各方的理解、支持和帮助下，报社最终同意将入世槌捐赠我馆，并于2001年12月12日我国正式加入世贸组织这一天举行了隆重的捐赠仪式。

"入世槌"长32.2厘米，木质，深棕色。它体积虽小，却是我国当代历史进程的重要见证。

89

进军神秘大陆
首支中国南极考察队日志

郭幼安

1984年，中国首次组队赴南极科学考察，并于1985年2月20日在南极乔治王岛建立我国第一个常年考察基地——中国长城站。这在中国远洋航海和科学考察史上是一个伟大创举。今天，当走进中国国家博物馆参观"复兴之路"基本陈列展览时，你会在"极地科考——探索地球未知领域"展柜中看到一本普普通通的硬皮笔记本，它便是真实记录下这次中国极地探险破冰之旅的"首支中国南极考察队日志"。

被称为"神秘大陆"的南极洲，面积1400万平方公里，95%以上的南极大陆终年冰雪覆盖，厚厚的冰层下隐藏着诸多科学之谜，开展南极科学考察，对地球环境气候、天文学、地质学、生物学等多项学科具有重要意义。

1984年6月，中国政府决定组建首支中国南极考察队，并于1984—1985年度赴南极建站和科学考察。

首支南极考察队主要由南极洲考察队、南大洋考察队以及"向阳红"10号科学考察船船员和海军J121打捞救生船官兵组成，总计591人，分别来自全国23个部委局的60个单位。其中，南极洲考

察队负责长城站建设和南极洲考察。这本《日志》记述的就是该队自1984年10月8日建立到1885年2月15日长城站建成期间的主要活动。《日志》的封面中央贴着中国南极考察队队标，扉页上是90岁高龄的老书法艺术家肖劳在考察队欢送会上亲笔题写的"中国首次南极考察队日志"几个大字，首页为著名画家黄苗子的题词：考察南极、造福人类、勇攀高峰、为国争光！

1984年11月20日，中国南极考察队

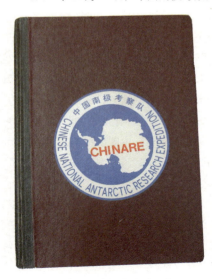

首支中国南极考察队日志

乘"向阳红10号"考察船和海军"J121"打捞救生船，从上海港出发，斜向横跨太平洋，经南美大陆的顶端阿根廷的乌斯怀亚港，穿越德雷克海峡，于12月25日进入南极。这是中国船只首次进入南极。

乔治王岛是南极洲与其他大陆距离最近的南设得兰群岛中最大的一个岛屿，许多国家都选择在此建站。当年，我们国家还没有破冰船，不具备直接去南极大陆建站的条件。因此，在通盘考虑到地质、水源、运输、科学考察、外事关系以及今后的发展等多方因素后，决定将长城站建在乔治王岛上。考察队到达后，立即开展了对岛内和周边环境的实地勘察。据《日志》记载，考察队在选择具体站址时十分谨慎，从长计议。如有队员提出"在此建站，对植被、生物研究有利，但一定要很好保护该区的生态环境"。经过几天的讨论研究，最终将长城站的具体站址选定在乔治王岛菲尔德斯半岛的南部地区（南纬62°12'59"、西经58°57'52"）。

12月31日，长城站奠基仪式在乔治王岛举行。中国南极考察总指挥陈德鸿庄严宣告："今天，我们奠基，我们为中国南极考察事业奠基，为长城站奠基，为人类和平利用南极做出贡献奠基！"

南极素以"寒极""风极"和"白色沙漠"著称，暴风雪天气频繁，风力强。即便是在夏季，风雪也时常光顾，气候瞬息万变。有队员曾计算过，在乔治王岛的59天里，8天晴、26天雨、25天雪。大风来袭时，最大风力可达每秒40米，强度超过12级台风。就是在这样恶劣的天气条件下，考察队员们顶风雨、战严寒，争分夺秒修建考察站。《日志》中写道：

元月29日凌晨二时左右，听到发电班值班同志喊叫发电房被狂风破坏了！从睡梦中惊醒的同志，在站长、副站长带领下，立即投入了抢险战斗。发电房的北侧屋顶被狂风抬起，大有揭盖而起的危险，几个考察队员奋不顾身地立即爬上房顶，用自己的身体压住随时可能被狂风掀起的房顶。正是凭借着这种"理想、纪律、拼搏"的精神，考察队在有限的夏季时间内，仅用了45天，就完成了建站任务。

1985年2月14日，站长郭琨与队员们一起将长城站站标镶嵌在第一栋房屋正门的上方，完成了建站的最后一道工序。2月20日，中国南极长城站举行隆重的落成典礼。在庄严的国歌声中，五星红旗缓缓升起。乔治王岛上的阿根廷、智利、巴西、波兰、苏联、乌拉圭等国南极站的同行应邀前来参加典礼，共同见证了这一激动人心的历史时刻。

2月28日，随着"向阳红10号"一声长鸣，首支中国南极考察队（除留守长城站的5名队员外）撤离乔治王岛返航，于4月10日顺利回到上海。

这次南极考察，历时142天，海上航行4.8万多公里，完成了我国首个考察站的建立和对南极洲及南大洋地质、生物、气象、地球物理、海洋环境等方面的科学考察，获取了大量的数据、样品和资料，为我国的极地考察事业奠定了基础，为人类认识南极做出了贡献。

90

见证香港第一任特首选举

选举香港特区首任行政长官人选的投票箱

郭幼安

在国家博物馆"复兴之路"基本陈列展览的大型文物组合"港澳回归——洗雪中华民族百年耻辱"展柜中，香港政权交接仪式的巨幅图片前，陈列着一件高102.5厘米、横40厘米、纵20厘米的红色投票箱，格外醒目，它就是选举香港特区首任行政长官人选时使用的投票箱，见证了香港首任行政长官人选诞生的历史时刻。

推选香港特别行政区最高行政长官

选举香港特区首任行政长官人选的投票箱

人选是香港特别行政区筹备工作的一项重要任务，也是每一位港人，乃至全体中国人民十分关注的一件大事。香港回归前的150多年间，英国先后派出28位总督代表英国统治香港，从未征求过香港人民的意见。1984年，中英政府双方签署《联合声明》，宣布中国政府将于1997年7月1日恢复对香港行使主权，设立香港特别行政区，香港将回到祖国的怀抱。根据《中华人民共和国香港特别行政区基本法》及全国人大的有关决定，香港特别行政区第一任行政长官由推选委员会在当地以协商方式或协商后提名选举产生，报中央人民政府任命。这是香港首次以协商与选举的方式产生行政领导人，600多万香港民众对未来的香港特区首任行政长官人选寄予了期待与厚望。

在行政长官推选进程中，推委会的组建至关重要。为能更好地体现广大港人的意愿，1996年4月，香港特别行政区筹委会就推选委员会的具体产生办法在香港开展了大规模的咨询活动，广泛征求香港各界和各阶层的意见与建议，先后举行了16场咨询会议，香港各界的336个团体、1000多人次参与了咨询。在充分吸纳港人意见的基础上，筹委会制定了《中华人民共和国香港特别行政区推选委员会的具体产生办法》。

11月2日，筹委会召开第六次全体会议，委员们在建议名单的基础上，以无记名投票方式，选举产生340名推委。其中工商、金融界100人；专业界100人；劳工、基层、宗教界100人；原政界人士40人。根据全国人大的相关决定，26名具有香港永久居民身份的全国人大代表为当然的推委会委员，香港地区全国政协委员通过协商方式产生了34名推委会委员。由此，全部由香港永久居民组成，具有广泛代表性的香港特别行政区第一届政府推选委员会400名推委全部产生。

12月11日，是个举世瞩目的日子，推委会第三次全体会议在香港会议展览中心二楼会议厅举行，来自香港各界各阶层的400名推选委员会委员，以无记名投票方式从3位候选人中选出未来香港特别行政区第一任行政长官人选。为了便于委员们填写选票，会场设立了一个个小隔间。票封选用红色，黄色的票面上印有3位候选人的名字。

10时50分投票开始，委员们怀着激动的心情，走向投票箱，郑重投出了自己的一票。选举现场的情况，通过电视、电台传送到香港岛、九龙、"新界"的每一个角落，人们驻足在电视机前，屏息静待。11时55分，当董建华的名字第201次为唱票人念出时，会场内掌声如潮，300多位与会的中外记者打开无线电话、手提电脑，迅速将这一消息传向世界各地。此次选举，400名推委会委员悉数到场，共发出选票400张，收回400张，其中一张废票、一张弃权票、398张为有效票。选举的最终结果，董建华以320票当选为特区首任行政长官人选。选举结果一宣布，香港的8家报纸便以第一时间抢发了《号外》。

得知自己当选后，董建华对记者说：感谢400名推委会委员和600万香港市民给予我最高的荣誉。我不会低估未来工作的难度和面临的挑战，但我对香港的前途充满了信心。我可以保证，会尽一切力量，去为香港创造一个更好的明天。

12月16日，国务院总理李鹏签署国务院第207号令，正式任命董建华为中华人民共和国香港特别行政区第一任行政长官。1997年7月1日凌晨，中国对香港恢复行使主权，中华人民共和国香港特别行政区正式成立，香港特别行政区首任行政长官董建华在国务院总理李鹏监誓下宣誓就职。香港同胞从此有了自己的"当家人"，成为这块土地上的真正主人。

由香港人自己来选举最高行政长官，在香港历史上还是第一次。这次选举依据一国两制、港人治港、高度自治的原则，贯穿着公平、公正、公开的精神，得到广大香港市民的拥护。

91

功臣！功臣！
姚桐斌的"两弹一星"功勋奖章

刘艳波

　　"两弹一星"最初是指原子弹、导弹和人造卫星。后来"两弹"中的一弹演变为原子弹和氢弹的合称，另一弹是导弹；"一星"为人造卫星。"两弹一星"是中华民族在20世纪下半叶创建的辉煌伟业，充分显示了中华民族的伟大创造力，在国内外产生了巨大而深远的影响。

　　1999年9月18日，为表彰在研制"两弹一星"事业中做出突出贡献的23位科学家的光辉业绩，宣传和弘扬老一辈科学家的"热爱祖国、无私奉献，自力更生、艰苦奋斗，大力协同、勇于攀登"精神，中共中央、国务院、中央军委在人民大会堂举行隆重的表彰大会，授予钱学森等15人"两弹一星"功勋奖章，追授姚桐斌等7人"两弹一星"功勋奖章。

　　1945年，世界上第一个成功研制原子弹的国家——美国，向日本的广岛和长崎投下原子弹，加速了日本的投降，也让全世界认识到原子弹这个大规模杀伤性武器的威力。1949年8月29日，另一超级大国苏联也成功研制出原子弹。面临着超级大国的核讹诈和核垄断的严峻国际形势，1955年，为了保卫国家安全、维护世界和平，以毛泽东为核心的第一代领

导集体高瞻远瞩，果断地做出了发展中国核工业、研制核武器的战略决策。中国原子能事业悄然拉开序幕。

　　1964年10月16日，随着一声惊天动地的巨响，一朵硕大无比的蘑菇云在戈壁滩上空带着光焰轰然升起，翻滚腾跃！中国第一颗原子弹爆炸成功了！中国成为继美、苏、英、法之后的第五个拥核国家。1965年氢弹研制全面展开。1967年6月17日，随着巨大的响声和闪光，空中升腾起巨大的蘑菇云，中国第一颗氢弹空投爆炸试验成功！中国成为继美、苏、英后第四个掌握这种具有更强大威慑力的热核武器国家！从原子弹到氢弹，美国用了7年4个月、苏联用了4年、英国用了4年7个月、法国用了8年8个月，而中国仅仅用了2年8个月。

　　1956年10月8日，冲破重重险阻刚从美国回国的钱学森受命组建中国第一个导弹研究机构——国防部第五研究院。从此，中国的导弹研究事业起航。1964年，中国第一枚自主研制的中近程东风二型导弹发射成功，揭开了中国导弹、火箭、卫星事业发展的序幕。钱学森、赵九章、屠守锷、杨嘉墀、任新民、孙家

姚桐斌的"两弹一星"功勋奖章

栋、钱骥、姚桐斌、黄纬禄、陈芳允、王希季、王大珩等众多优秀科学家成为这一领域里的骨干力量。

1966年10月27日，罗布泊戈壁滩上空又传出让世界为之震惊的一声巨响！东风二型导弹携带原子弹弹头，经过894公里的飞行，准确命中目标，并成功实现核爆炸！它标志着中国继美、苏、英、法之后，成为世界上第五个能用自己的导弹发射核武器的国家。

1970年4月24日，中国长征号运载火箭成功地发射了第一颗人造地球卫星"东方红一号"，"东方红"乐曲响彻太空！中国成为继苏、美、法、日之后第五个能独立研制并发射人造地球卫星的国家。

中国的核武器事业从无到有、从小到大，如今已实现了核武器的系列化和现代化，中国军队已成为核装备种类配套齐全的军队，中国被世界公认为五个独立

掌握核技术的国家之一。中国的航天技术也已拥有了完整的地地、地空、海防导弹武器系统，从研制探空火箭到具备发射各种卫星和载人飞船的能力，中国的航天事业已跻身于世界的先进行列。

为了祖国"两弹一星"科研事业，科学家们做出巨大的牺牲。有人放弃了在国外的优厚待遇，毅然回国。因保密需要，他们隐姓埋名，默默无闻，有的甚至在世界各种学术交流活动中失踪……他们依靠科学，顽强拼搏，运用有限的科研和试验手段，自力更生地攻克了一个个技术难关，在较短的时间里，掌握了制造原子弹、氢弹、导弹和人造卫星等尖端技术。

姚桐斌就是这些为祖国科研事业默默奉献的科学家中的一员。姚桐斌，1922年出生于江苏无锡，中共党员，1951年在英国获冶金博士学位。1957年，他应周恩来邀请回国后，主持航天材料及工艺研究所工作，为我国航天尖端新材料、新工艺、特种测试方法和设备的研究奠定了坚实的基础。期间，他率领科研人员经过两年的刻苦攻关，终于研制出耐几千度高温的钎焊合金材料，为中国导弹的成功研制扫清了"拦路虎"，姚桐斌是中国航天材料工艺研究的开拓者和奠基人。1999年12月，此枚追授给姚桐斌的功勋奖章由他的夫人彭洁清捐赠我馆。奖章直径8厘米、重约515克，为纯金质地；背板、证书纵28.5厘米、横20.5厘米，为钛金、红木、纸等质地。奖章主体图案为五星、长城、橄榄枝和光芒，体现了中共中央、国务院、中央军委最高奖特征。

92

十年磨一剑
走向世界的"星光中国芯"

刘艳波

在当今世界集成电路市场的竞争中，美国在通用 CPU 芯片领域、韩国在存储器芯片领域、英国在嵌入式 CPU 领域一直分别占据着世界领先地位。来自中国的"星光中国芯"经过多年努力后，终于一举成为世界数字多媒体芯片的领先者，电子产品有了"中国芯"！

信息产业的核心是芯片设计软件开发，芯片技术是一个国家综合国力的重要标志。1999 年 10 月，在国家信息产业部的提议和支持下，由曾在美国硅谷创业的海外留学博士企业家邓中翰等在北京中关村科技园区成立了中星微电子有限公司，启动和承担了国家"星光中国芯工程"。

2000 年 11 月，清华中星微电子联合研究中心在清华大学设立，周光召为名誉理事长，邓中翰博士为理事长。2001 年 3 月，中星微研发出首块世界领先的百万门级超大规模 CMOS 数码图像处理芯片"星光一号"，实现了核心技术产品化，被誉为是结束了"中国硅谷无硅"历史的产品，名列"中关村十大 IT 创新产品"榜首。这项具有中国自主知识产权的产品打入国际市场后，被三星等国际知名品牌视频摄像头采用。之后，中国国家计委将中星微的数码相机芯片项目纳入 2001 年国家高技术产业发展计划。"星光一号"通过了微软 WINDOWS XP 的 WHQL 认证，中星微成为中国首家通过微软 XP 技

走向世界的"星光中国芯"

术认证的企业。

2001 年 9 月始，"星光一号"开启了在互联网和 PC 平台上可视通信的应用。北京电信使用中星微电子有限公司提供的 ISDN 视讯系统，使用户可在 128K 宽带情况下尽情享受"面对面"交流，网上可视交流浮出水面。2003 年 5 月，VXP 可视通信系统在中国人民解放军小汤山医院全面启用，"中国芯"进入抗击非典第一线。

2002 年 1 月，中星微与微软联手将多媒体数码影像技术推向全球市场的合作备忘录在北京签署，这标志着中国已同世界信息产业同步发展。这一年，中国第一、世界领先的集声音和图像于一体的"星光二号"和人工智能视觉芯片"星光三号"相继问世并打入国际市场。年底，中星微开发的手机彩信处理芯片"星光四号"，被美国全球第一大 CDMA 移动通信运营商大批量采用。翌年，中星微研发的集"星光一号"到"星光四号"全部功能的新一代 PC 图像输入芯片"星光五号"，被国际知名品牌大规模应用，这标志着拥有中国自主知识产权的中国芯片技术已成为国际业界公认的技术标准。

中星微以硅谷的开发速度研发出的众多产品中，以"星光一号"至"星光五号"最为典型，成为中国第一代也是目前唯一能出口的超大规模集成电路。"中国芯"正卷起全球风暴，引领集成电路由中国制造走向中国创造。

2003 年 12 月 28 日，中国国家信息产业部、北京市政府在人民大会堂举行了"中国芯工程"成果报告会，宣布拥有中国自主知识产权的"中国芯"首次成功打入国际市场，彻底结束了"中国无芯"历史。同时，中星微实现了七大核心技术突破，拥有近 200 项国内外发明专利，开发研制的五代数字多媒体芯片全球销量突破 1000 万枚，以占有全球 40% 的市场份额名列计算机图像输入芯片的世界首位，到 2006 年，"星光中国芯"数字多媒体芯片在全球的销量突破一亿。

截止到 2007 年 9 月，中星微申请国内外专利已突破 1000 项，凭着完全的自主知识产权体系，还未遭遇任何知识产权纠纷。2008 年，中星微电子计算机图像输入芯片已占有全球 60% 以上的市场份额，同时能用完备的产品线满足客户对手机多媒体芯片的任何需求。中星微电子以闪耀全球的中国之芯，成为世界上多媒体芯片的绝对领导者。

2009 年 1 月，中国移动、中国电信和中国联通获得中国工业和信息化部发放的第三代移动通信牌照，标志着我国正式进入 3G 时代。这将使在数字多媒体领域有着多年经验的中星微电子有了更为广阔的发展前景。

为筹办"复兴之路"基本陈列，2007 年 6 月 7 日，中国国家博物馆与中星微电子公司联系，并获赠"星光中国芯"系列产品"星光一号"至"星光五号"。这 5 块芯片，最小尺寸约为纵 0.9 厘米、横 0.9 厘米，最大的尺寸也不过为纵 1.3 厘米、横 1.3 厘米。芯片体积虽小，但每一个芯片的研发都像是发射航天飞机，其中凝结着巨大的科技含量。它们在向人们昭示，高新科技企业只有坚持自主创新，以市场为导向，以自主知识产权为核心才是发展的必由之路。

93

中国农村土地制度改革的探索
见证瓦窑村"新土改"的"红手印"

张维青

全面建设小康社会最艰巨、最繁重的任务在农村。"三农"问题的核心是土地问题。改革开放之初，党和国家尊重农民的首创精神，以农村土地承包经营为开端，拉开了中国农村改革的序幕，解放和发展了农村社会生产力，实现了人民生活从温饱不足到总体小康的历史性跨越。但制约农业和农村发展的深层次矛盾仍未消除。随着工业化、城镇化和农业现代化的发展，农村土地制度面临新的问题和挑战，需要进一步改革和完善。

按照党的十六大提出的"统筹城乡经济社会发展"的要求，2007年6月，四川省成都市作为全国统筹城乡综合配套改革试验区，将农村产权制度改革作为突破口，对土地进行确权、颁证，把土地使用权、收益权和转让权全部交给农民，保障农民的土地权益。

作为首批试点的瓦窑村，地处成都市近郊，全村700余户人家，5000余亩耕地。村民们推举村里有威望的人组成村民议事会，在确保村民享有充分的知情权、参与

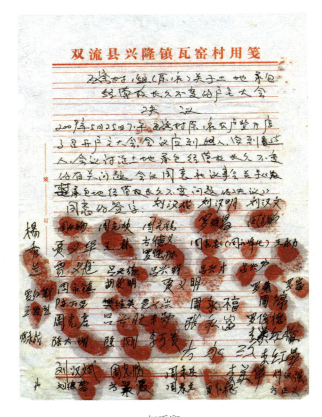
红手印

权、决策权和监督权的基础上，经过民主协商，半年内就完成了全村土地的确权颁证。2008年5月，村民们高兴地领到了《中华人民共和国农村土地承包经营权证》，但"承包期限"一栏写着的"30年"，即从1998年10月1日至2028年9月30日，又让他们心里犯嘀咕。

村民们担心承包期满后会重新调整土地，因此不愿意在提高土地肥力上下功夫。随着取消农业税、实行粮食直补政策，农村土地承包经营权流转产生的土地收益增加。此外，成都市创新耕地保护机制，每亩土地每年发放300至400元耕地保护基金，由此形成的利益分配使农村土地承包经营权调与不调的矛盾更加突出。而那些准备在瓦窑村投资的企业也有顾虑。如有意在此投资的玫瑰天堂项目，流转土地万余亩，投资数以亿计，16年才能收回成本。而按照目前的承包期限，只剩3年利润期。

此时，恰逢党的十七届三中全会在北京召开。大会通过了《中共中央关于推进农村改革发展若干重大问题的决定》，提出"赋予农民更加充分而有保障的土地承包经营权，现有土地承包关系要保持稳定并长久不变"。这让瓦窑村村民们眼前一亮。在征得上级党委和政府同意后，瓦窑村开始进行土地承包经营权"长久不变"的大胆尝试。

瓦窑村村民议事会先后召开了8次村议事会议，65次组（社）议事会议，对村民们关心的集体经济组织成员固化、集体收益分配固化等问题充分酝酿，反复讨论，形成12条初步建议。最后，在召开社员或户主大会达成一致意见的基础上，村民签字按手印形成决议。

2009年5月25日下午，瓦窑村一组的村民们聚在组长卢登万家的小茶馆里召开户主大会。实际到会的55位村民对土地承包经营权长久不变问题进行认真讨论后，在一张印有"双流县兴隆镇瓦窑村用笺"的16开信笺纸上，郑重地写下自己的名字，并按上鲜红的手印，同意社议事会关于《农村承包地经营权长久不变问题的决议》，将土地承包经营权期限由"30年"改为"长久不变"。

按照决议，瓦窑村对全村耕地面积进行实际测量，按户进行分配。土地流转获得的收益该谁的就归谁，不再由集体经济组织成员平均分配，也不再调整土地。土地承包经营权"长久不变"像一颗"定心丸"，让村民们放心流转自己的土地。经过产权制度改革后，瓦窑村成功引进了玫瑰园、玫瑰天堂、锦绣城、老猎户等项目，一个穷山村开始悄然发生变化。

瓦窑村率先实践的土地承包经营权"长久不变"，是继小岗村"包产到户"之后，中国农村改革迈出的重要一步。这张按满"红手印"的村民决议，见证了中国农村产权制度的变迁，也折射出农村基层治理机制改革的创新和深化。2009年，为筹办"复兴之路"基本陈列展览，国家博物馆的工作人员将其征集入馆，并在基本陈列中展出。

94

见证“皇粮国税”的消失
逐渐尘封的农业税完税凭证

万婷

中国国家博物馆收藏的山东省平度市大泽山镇三山东村农民刘元九保存的1988年至2004年度交付的各种农村税费票据，是农业税逐渐消失的历史见证。

农业税是国家对一切从事农业生产、有农业收入的单位和个人征收的税，是国家参与农业收入分配的主要形式。

我国此前农业税制实际上包括了农业税、农业特产税和牧业税等三种形式。为了调节粮食生产与多种经营，促进农业生产的全面发展，1983年11月12日，国务院发布了《关于对农林特产收入征收农业税的若干规定》。1994年1月30日，国务院又发布了《关于对农业特产收入征收农业税的规定》，将农林特产税与产品税、工商统一税中的农、林、牧、水产品税目合并，改为征收农业特产税。20世纪90年代以来，我国农民收入增长迟缓，

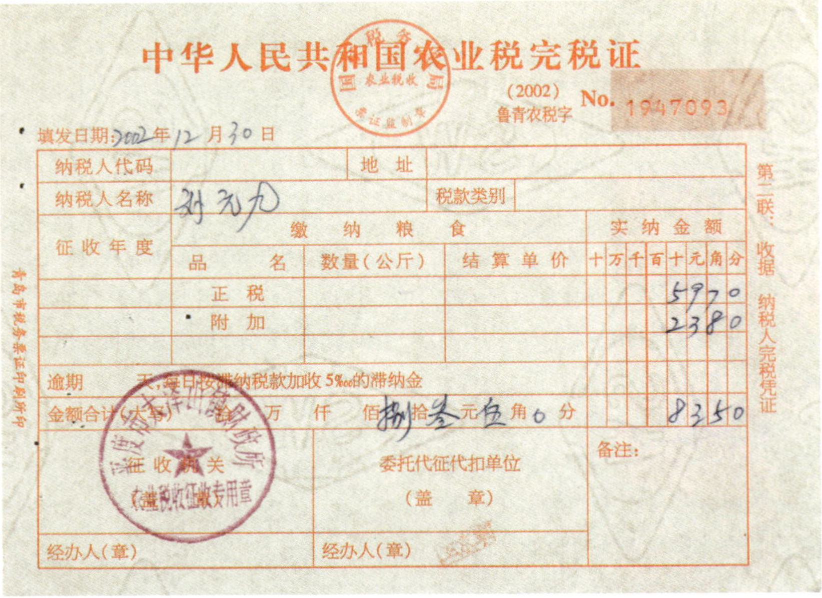
中华人民共和国农业税完税证

(2002) 鲁青农税字 No. 1947093

填发日期：2002年12月30日

纳税人代码		地址	
纳税人名称	刘元九	税款类别	

征收年度	缴纳粮食 品名	数量(公斤)	结算单价	实纳金额
	正税			5970
	附加			2380

逾期　天，每日按滞纳税款加收5‰的滞纳金

金额合计(大写)　拾　万　仟　佰　捌拾叁元伍角0分　8350

征收机关　委托代征代扣单位（盖章）　备注：

经办人(章)　经办人(章)

第二联：收据　纳税人完税凭证

青岛市税务票证印刷所印

逐渐尘封的农业税完税凭证

城乡收入差距逐步拉大，农业、农村、农民这三个问题即"三农"问题，成为制约我国经济、社会发展的"瓶颈"，阻碍了我国的可持续发展。

面对严峻的"三农"问题，党中央从国民经济全局出发，对城乡发展战略和政策导向做出了重大调整。2003年12月，中共中央、国务院印发了《关于促进农民增加收入若干政策的意见》的"一号"文件，明确提出了坚持统筹城乡发展的方略和"多予、少取、放活"的方针，把实现好、维护好、发展好农民的物质利益、保护农民权益作为基本出发点，把增加农民收入作为事关全局的头等大事。"一号"文件充分体现了党中央、国务院把解决"三农"问题作为全党工作重中之重的战略意图。

2004年3月5日，温家宝总理在十届全国人大二次会议作的政府工作报告中提出：解决农业、农村和农民问题，是我们全部工作的重中之重。今年要按照统筹城乡发展的要求，采取更直接、更有力的政策措施，加强农业，支持农业，保护农业，努力增加农民收入。要继续推进农村税费改革，在五年内取消农业税。

2005年10月，中共十六届五中全会通过的《中共中央关于制定国民经济和社会发展第十一个五年规划的建议》，提出了"建设社会主义新农村"的目标，核心内容是发展农业和建设农村，增加政府对农业和农村的投入，改善基础设施包括乡村道路建设，强调以工促农、以城带乡，基本建立农村合作医疗制度，巩固九年义务教育，对农村学生免收杂费。

2005年12月29日，十届全国人大常委会第十九次会议决定，自2006年1月1日起废止农业税条例，已实行了近半个世纪的农业税条例完成了历史使命，中国两千年以来征收农业税的历史也到此为止。农业税的全面取消，体现了党中央、国务院加快解决"三农"问题的决心，具有重大的政治、经济和社会意义。

我馆收藏的刘元九保存的1988年至2004年度交付的各种农村税费票据，共42张，反映了他在近20年间交付各种农业税费的情况，也间接地记录了山东大泽山镇农村税费改革的进程与成果。从1982年到1986年，基本上没有什么税费。1988年以后，一直到20世纪90年代末，各项税费有所增加，2000年刘元九向国家缴纳的农业税连同其他的附加费达到了1227元，是缴纳税费最多的一年。从2001年到2004年，税费开始逐年下降。2001年，刘元九向国家缴纳的各种税费是847.4元，2002年减少到655.9元，2003年和2004年就只有农业税274.04元和137.06元了。

农业税的取消对于以种地为生的农民来说是一种经济上的解放，有利于降低农业成本，减轻农民负担，增加农民收入。农业税的取消使中国农民获得了实实在在的利益，进一步加强了农业基础地位，增强了农业竞争力，提高了农业综合生产能力和农产品的国际竞争力，促进了农村经济健康发展。

95

"说说咱农民工的心里话"
十一届全国人大代表康厚明的提案

黄黎

2008 年 3 月 5 日，康厚明、朱雪芹、胡小燕这三名分别来自重庆、上海、广东的新任农民工全国人大代表出席十一届全国人大一次会议，反映他们所代表的一亿多农民工的心声。康厚明时任重庆市城建控股（集团）第一市政工程公司路面处农工班班长，是 2005 年"全国劳动模范"，多次被评为先进工作者。他回忆说："重庆农民工代表的候选人肯定不只我一个。我是由我们公司工会推荐到重庆市总工会，又由市总工会推荐到重庆市人大参加选举的。我们公司是国有大企业，光农民工就有十几万人。我的材料都是报上去的，代表们可以根据这些材料了解我。另外，我所在的班组比较出名，当过多年先进，我也当选过全国劳动模范。"

在接到通知的那一刻，康厚明身边的 20 多名工友比他还兴奋，他回忆说："我正在上班的时候，工友就跟我说，你当了人大代表，今后你要呼吁给我们农民工更好的福利待遇和生活待遇，让我们的工作条件得到改善。""我们农民工付出

十一届全国人大代表康厚明的提案

的不只是汗水，更多的是辛酸。"康厚明不仅这样说，也是这样做的，他始终把维护农民工的合法权益作为自己的重要责任。在他看来，走进人民大会堂的时候，他身后矗立着一个两亿多人的庞大群体，而他就是这两亿多人的代言人。

来北京之前，康厚明特地到工地上收集工友们的建议。"我提了4个建议，都交上去了。"康厚明表示，他建议关注农民工职业病，加强农民工的劳动保障，加强对农村留守老人小孩的照顾，加强对农民工的培训。

在这次会议上，康厚明提交的建议主要有：

一、关于加强农民工职业培训的建议。我国当前农民工职业培训仍面临较大困境，为适应城市和市场的发展，适应企业对高素质技术人才的需求，国家应进一步加强对农民工的职业培训。为此，建议增加农村劳动力培训中心，进行高层次多形式的培训，制定相关政策规定等。

二、关于提高建筑定额人工单价的建议。建筑定额与目前市场的实际情况仍有相当大的差距，直接影响到农民工待遇的规范化和制度化。为此，建议国家按市场价格及时提高建筑定额人工单价，出台相应规定加强监督管理。

三、关于加强农民工职业病防治的建议。近些年来，严重危害农民工健康的职业病随着农民工的增多而呈上升趋势，如果不采取有效的措施，将给农民工、用人单位和国家造成严重的经济负担。为此，建议用人单位改善工作环境、发放防护用品和劳动保健补贴等；职业病管理

机关加强对用人单位工作的指导监督等；农民工学习相关职业卫生知识，学会保护自己等。

会后，在接受记者采访时，康厚明说："刚当上人大代表时，我只是感到非常光荣，认为自己把农民工中间存在的问题，向党和政府提些建议就行了。现在，我更关心的不仅仅是农民工，还有国家和社会的发展。回去以后，我要向工友们宣传大会精神，自己还要学习法律、代表职责等知识。这次会上发了很多书，各种手册、法律法规等，我都装了满满一纸箱。我得先把这些东西基本掌握了，才能履行好代表的职责，否则，去跟人家交涉，都不知道该怎么说。"

改革开放以来，农民工成为中国工人的重要组成部分，目前中国农民工的总数已超过两亿，占城市劳动力的三分之一以上，对经济社会发展贡献很大。随着中国改革开放和城镇一体化步伐的推进，今后必将会有更多农民离开农村，到城市务工。因此，作为一个逐渐为社会所承认的新兴群体，它理应有自己的利益代表和申诉人，体现在人民代表大会制度上，就是应该有农民工中的人大代表。只有在最高国家权力机关增加他们的声音，才更有利于更好保障人民当家做主。

农民工代表首次进入最高国家权力机关参政议政，无疑是一个十分重要的新闻。就在 2008 年 3 月，第十一届全国人民代表大会还在召开期间，中国国家博物馆的同志第一时间与康厚明取得联系，征得了他本人的同意，成功地将其向十一届全国人大一次会议提交的建议，及其代表证征集入馆收藏。

96

"天路"是这样建成的
青藏铁路建设者的压力锅

安莉

经过多年的艰苦奋战，在攻克许多罕见的科技难题之后，2006年7月1日青藏铁路全线通车。从此，在"除了月亮之外最神秘的地方"——青藏高原上，一条举世瞩目的钢铁巨龙蜿蜒前行，它突破生命禁区，穿越戈壁昆仑，飞架裂谷天堑……以无可争议的事实告诉世人：它是目前世界上青藏铁路建设者的压力锅路！

西藏自治区地处祖国西南边陲的青藏高原，面积122万平方公里，平均海拔4000米以上，有"世界屋脊""地球第三极"之称。这里虽然地大物博，有着丰富的自然资源和旅游资源。但过去由于受严酷的自然条件限制，交通闭塞，物流不畅，高原人只能长期固守自给自足的农牧业经济。1950年，人民解放军遵照毛主席"一面进军，一面修路"的指示，和汉藏人民一起艰苦奋斗，在高原上修筑了4360公里的川藏和青藏公路。在此之前，整个西藏仅有1公里多便道可以行驶汽车，水上交通工具只是溜索桥、牛皮船和独木舟。在青藏铁路通车前，西藏自治区是我国唯一不通铁路的省级行政区。多年来，在中央财政的大力支持和全国各族人民的支援下，西藏自治区的经济有了长足的进步，然而由于交通运输的落后，严重制约了这一地区经济、社会的发展，使之长期被列为我国贫困地区。

青藏铁路建设者的压力锅

随着改革开放和西部大开发战略的实施，运往西藏的物资大幅度增加，原有的以公路为主体的运输通道无论从运能、运量上，还是从运输的快捷、方便上，都远远不能满足经济发展的迫切要求。修建青藏铁路已是势在必行。在新世纪之初，党中央、国务院做出了建设青藏铁路的战略决策，它是西部大开发的标志性工程，对克服交通"瓶颈"，加快青海、西藏两省区经济、社会发展，增进民族团结，造福各族人民，具有重要的现实意义和深远的历史意义。

由于跨越了世界上最高的高原，青藏铁路被人们赞叹为"天路"。这条"天路"的起点在青海省西宁市，终点是西藏自治区拉萨市，全长1956公里。早在20世纪50年代，党和国家就着力研究解决进藏铁路建设问题。在经过1958年动工修建、1960年停工缓建、1974年挥师复建之后，1979年，青藏铁路一期青海省西宁至格尔木段814公里建成，1984年通车运营。青藏铁路二期格尔木至拉萨段自格尔木市沿青藏公路南行，途经纳赤台、五道梁、沱沱河、雁石坪、翻越唐古拉山，再经西藏自治区安多、那曲、当雄、羊八井，进入拉萨市，全长1142公里（含格尔木至南山口既有线改造32公里）。新线于2001年6月29日开工，2005年铺轨通过唐古拉山，并提前实现全线铺通。

被誉为"地球第三极"的青藏高原，以海拔高、空气稀薄、含氧量少、紫外线强烈、常年积雪、气候复杂而著称于世。青藏铁路是目前世界上海拔最高穿越永久性冻土地带最长的高原铁路，沿线常年平均气温在零摄氏度以下，空气中的含氧量仅为平原地区的一半。其中海拔4000米以上的路段960公里，多年冻土地段550公里，翻越唐古拉山的铁路最高点海拔达5072米。青藏铁路建设面临着多年冻土、高寒缺氧、生态脆弱等三大世界铁路建设难题的严峻挑战。当年铁道兵第十师（中铁二十局的前身）在修建青藏铁路一期工程时，曾先后有201名战士长眠雪域。整个青藏铁路共建有85个车站，全部建在高原上。安多火车站位于海拔4700米的西藏自治区那曲地区安多县城南站，长1601米，占地面积14万平方米，是青藏铁路进入西藏的第一大客货两用车站，有14列旅客列车经过此站，其中4列停靠此站。

在安多火车站的建设中，建设者们克服了许多难以想象的困难。首先面临的就是生活问题，由于海拔高，用普通的锅烧水，根本烧不开，这样，大家的吃饭、喝水都成了问题。为了解决职工的生活难题，他们采购了这口特制高压锅，用于烧水、做饭。高压锅为铝合金质地，通高61厘米，直径60厘米，为普通高压锅的二三倍；重达20多公斤，比普通高压锅重了好几倍。锅体标识1980年12月出厂。由于长时间使用，这口巨大而沉重的高压锅底部被烧漏，已经光荣退役。

2006年5月，前去青藏铁路工地采访的《北京青年报》记者特意征集了这件青藏铁路建设所特有的历史见证物，带回北京，转赠中国国家博物馆永久收藏。目前，此高压锅在"复兴之路"基本陈列中展出。

97

"神舟"飞天圆了中华民族的千年梦想

"神舟"五号飞船返回舱

万婷

在国家博物馆的"复兴之路"基本陈列中，有这样一个非常吸引人的展区——"飞天揽月——实现中华民族千年梦想"。这个展区用我馆馆藏的"神五""神六"的珍贵文物来表现我国在航空航天领域取得的伟大成就。

新中国的航天工业起步于1956年，迄今已经达到了相当的规模和水平。我们建成了一批具有世界先进水平的研制和试验基地，形成了较为完整的航天科技工业体系，成功研制开发了包括科学试验卫星、气象卫星、资源卫星、通信卫星、导航卫星在内的多种应用卫星，成功研制了12种型号的长征系列运载火箭。中国航天事业的蓬勃发展，促进了国家经济和社会的持续发展，带

动了科学技术的全面进步，增强了国防实力，提高了中国的综合国力和国际地位。作为世界上少数独立掌握空间技术的大国之一，中国为人类航天事业的发展做出了自己的贡献。

载人航天研究的历史可以追溯到1970年7月，"东方红一号"卫星上天不久，科学家就上报了关于发展载人航天的报告。1992年9月21日，中央正式批复载人航天工程可行性论证报告，标志着中国载人航天工程正式立项，代号为"921工程"。

1999年11月20日，我国自主研制的第一艘航天试验飞船"神舟"一号发射成功，经过21小时11分的太空飞行，顺利返回地球。

2001年1月10日，"神舟"二号无人飞船发射

"神舟"五号飞船返回舱

升空并于 10 分钟后成功进入预定轨道，飞船按照预定轨道在太空飞行了近七天，环绕地球 108 圈，完成了预定空间科学和技术试验任务。

2002 年 3 月 25 日，"神舟"三号发射成功。"神舟"三号具备了航天员逃逸和应急救生功能，飞船改进和完善了伞系统。这次试验搭载了人体代谢模拟装置、模拟人生理信号装置以及形体假人，能够定量模拟航天员呼吸和血液循环系统中的心律、血压、耗氧等多种太空生活的重要生理活动参数，为将来航天员进入太空提供了相关数据。

2002 年 12 月 30 日至 2003 年 1 月 5 日，技术状态与载人飞行完全一致的"神舟"四号成功发射并顺利返回，这是我国载人航天工程实施的最后一次无人飞行试验。

经过上述四次无人飞行试验后，2003 年 10 月 15 日 9 时整，我国用长征二号 F 型运载火箭在甘肃酒泉卫星发射中心成功发射了第一艘载人飞船——"神舟"五号，航天员杨利伟搭乘该飞船进入太空，绕地球飞行了 21 小时、14 圈后，于 10 月 16 日 6 时 23 分，"神舟"五号飞船返回舱顺利在内蒙古着陆，6 时 45 分航天员杨利伟自主出舱。中华民族千年的飞天梦想由此实现，也标志着我国成为世界上第三个实现载人航天的国家，为人类航天事业的发展做出了自己的贡献。

自"神舟"五号载人飞船成功发射并顺利返回后，航天文物的收藏成为众多博物馆追逐的热点。经过我馆征集人员的不懈努力，终于在 2004 年 9 月征集到"神舟"五号载人飞船返回舱、主降落伞、航天员杨利伟穿的舱内航天服等珍贵文物，具有极高的科研价值和收藏价值。

"神舟"五号载人飞船由推进舱、轨道舱、返回舱和附加段组成。返回舱是飞船唯一返回地球的舱段，航天员在飞船的发射阶段和返回阶段都必须乘坐在返回舱内。返回舱重 3 吨多，通高 250 厘米，直径 250 厘米，外形呈钟形。经过这次非同寻常的太空之旅，返回舱的舱体已呈暗褐色，因烧蚀留下了斑斑印记，这些都是由于飞船经过大气层时摩擦剧烈造成的。返回舱是飞船的指挥控制中心，舱内安装了飞行中需要航天员监视和操作的各种仪器设备，这些设备显示了飞船各系统和设备的工作情况，以便航天员随时判断、了解飞船的工作状况，在必要时人工干预飞船的系统和设备的工作。返回舱是密封的舱段，舱内是一个与外界完全隔绝的世界，内部安装的环境和生命保障系统，为航天员提供了一个与地球一样的生活环境。飞船返回舱侧壁上开设了两个圆形窗口，一个用于航天员观测窗外的情景，另一个供航天员操作光学瞄准镜观察地面，驾驶飞船。返回舱的底座是金属夹层密封结构，上边安装了返回舱的仪器设备。

"神舟"五号载人飞船的此次航天飞行，是中华民族智慧和精神高度凝聚的硕果，是中国航天事业在新世纪的一座新的里程碑。

98

汶川地震废墟上的一抹亮色
北京电力医院医疗队自制的党旗

黄黎

2008 年 5 月 12 日下午 14 时 28 分，四川省汶川县发生了里氏 8.0 级特大地震。这是中华人民共和国成立以来破坏性最强、波及范围最广、救灾难度最大的一次地震。大地震发生以后，胡锦涛总书记立即做出重要指示，党中央和国务院迅速成立了以温家宝总理为总指挥的抗震救灾总指挥部，第一时间赶赴灾区指导开展抗震救灾工作。

大地震给四川人民群众的生命财产和经济社会发展造成了巨大损失。但是，在党中央、国务院的坚强领导和亲切关怀下，广大党员干部奋不顾身、舍生忘死、冲锋在前，用鲜血和生命谱写了感天动地的救援篇章，用双手和脊梁挑起了气壮山河的抗灾和灾后重建重担。这其中，北京电力医院医疗队自制的党旗，高高地飘扬在地震废墟上，为抗震救灾活动增添了的一抹亮丽的色彩。

大地震发生后，北京电力医院紧急组建第一批 22 人医疗队，由院长林方才带队，火速到达灾区。进入灾区后，队员们徒步奔赴震中映秀镇，转战重灾区北川县，争时间抢速度救治电网职工和受伤群众。

5 月 20 日晚，北京电力医院医疗队成立了临时党支部，召开党支部会议，由党支部负责对医疗队的统一组织指挥。5 月 21 日晚，为了鼓舞士气，激励斗志，临时党支部决定尽快组织一次面对党旗的宣誓仪式。离开北京时医疗队并没有携带党旗，此时的灾区也无处购买党旗。于是，队员们决定自制一面党旗，他们拿出带在身边的 30 余枚别在胸前的小党徽，立即动手连夜制作。那时的灾区没有恢复通电，几个队员有的打手电筒、有的打应急灯，一名队员从宣传横幅旁空白处裁下一截，制作成 60 厘米高、70 厘米宽的红色旗面，另几名队员用止血钳夹住小党徽的别针，在旗面左上角位置用 27 枚小党徽小心翼翼地别成党旗上的大党徽形状，经过近 1 个小时精心制作，终于做成了这面特殊的党旗。

5 月 23 日傍晚，北京电力医院医疗队的 22 名队员身穿迷彩服在这面特殊的党旗下庄严宣誓：我们自愿来到了汶川大地震的前线，看到了饱受摧残的同胞，震撼了我们的心灵，激发了我们的斗志。现在，为了灾区的人民，我宣誓：坚决拥护党中央的号召，坚决执行国家电

北京电力医院医疗队自制的党旗

网公司的决定，认真贯彻指挥部的指示，发扬不怕苦、不怕累、不怕牺牲的大无畏的精神，全身心地投入抗震救灾的行动中，为取得抗震救灾的最后胜利贡献自己的一切。通过这次宣誓，大大激发了北京电力医院全体队员的斗志，坚定了打胜这场战斗的决心和信心。医疗队员范磊回忆说："地震是十分可怕的自然灾害，发生大地震会使很多人失去亲人和家园，给人们心理带来巨大冲击和伤害。地震发生后，对灾难的幸存者的心理治疗非常重要。我曾在救治伤病员的过程中，目睹过很多悲欢离合。当时我曾尽最大努力挽救生命，同时也安抚他们受伤的心灵，减少他们在灾难后的恐惧感和失去亲人后的无助内疚感。"

险情下，医疗队员们临危不惧，冲锋在前，让鲜红的党旗高高飘扬在灾区第一线。随着抗震救灾工作的深入，队员们又推进到县区乡镇供电局、变电站和社区。北京电力医院医疗队先后为四川省

电力公司映秀湾电厂、成都电业局电力建设指挥中心、什邡供电公司、什邡明珠电力公司、水电十局医院、水电十局安装分局等24个单位提供医疗救治、送医送药、消毒防疫等服务。

抗灾中让人感动的故事很多，催人泪下的场景比比皆是。除了北京电力医院医疗队之外，还有用自己的奶水喂养孤婴的女民警蒋小娟；有背着病人转移导致自己流产的护士陈晓泸；有用自己的躯体去护佑孩子们的最美女教师袁文婷；有忍着失去10位亲人的巨大悲痛，毅然坚守岗位、认真履行使命的女民警蒋敏；有写好了遗书，从超出平常训练高度5倍以上的5000米高空纵身跃出的15名伞兵；还有冒险挺进灾区，在余震不断的废墟上以命救命的十几万解放军战士。

面对灾难，广大人民群众之所以能够万众一心，团结互助，取得抗震救灾的伟大胜利，是因为共产党员在其中起到了模范带头作用。共产党员来自群众，属于人民，融于百姓而又普通而平凡。但是在大灾面前，他们团结带领受灾群众开展自救、恢复生产、重建家园，成为抗击灾害的中流砥柱，成为灾区人民的主心骨和受灾群众的贴心人。

99

嫦娥应无恙，留个影吧

中国首次月球探测工程拍摄的全月球影像图

仲叙莹

2008 年 11 月 12 日，在国家国防科技工业局举行的绕月探测工程全月球影像图发布暨科学数据交接仪式现场，随着一张红色幕布的缓缓落下，由我国首颗探月卫星"嫦娥一号"拍摄数据制作的中国第一幅全月球影像图正式亮相。这是迄今为止世界上已公布的最清晰、完整的月球影像图。仪式结束后，这幅全月球影像图与此次月球探测工程其他相关实物资料一起由中国国家博物馆永久收藏。

月球是距离地球最近的星球。由于其空间位置独特、潜在资源丰富，又是研究地月系统和太阳系起源与演化的重要对象，被人们视为开展深空探测的首选目标和前哨站。我国自 1962 年起开始对月球探测器进行研究。1970 年 4 月 24 日，第一颗人造卫星"东方红一号"成功发射。此后，科学家们从未间断对月球的研究。2000 年 11 月 22 日，我国政府公布航天白皮书——《中国的航天》，明确提出"开展以月球探测为主的深空探测的预先研究"，探月工程取得重大进展。2004 年 1 月，绕月探测工程正式立项，工程命名为"嫦娥工程"。这幅全月球影像图的制成发布，便是"嫦娥工程"首次探月任务的

一部分。以这幅全月球影像图的制作完成为基础，用轨道参数和控制点制作全月球三维影像图的工作也正在开展之中。三维立体影像图用以明确月球表面的基本构造和地貌单元，为后期着落探测优选合适的区域提供科学数据。

这幅全月球影像图为横幅，中心尺寸纵 128 厘米，横 243 厘米，两侧各有画轴。图像数据获取于 2007 年 11 月 20 日至 2008 年 7 月 1 日，覆盖了月球西经 180 度到东经 180 度，南北纬 90 度之间的范围。图幅左边的影像图为正轴等角割 35 度墨卡托投影，包括神秘的月境南北纬 70 度之间的区域，约占全月球面积的 94%。图幅右边为月球南北极区影像图，包括南北纬 60 度到 90 度区域，采用等角割 70 度方位投影。

制成全月球影像图的所有数据，均来源于"嫦娥一号"卫星上搭载的 8 种 24 台科学探测仪器，这些科学探测仪器是依据此次探测任务所设置的，获取制作全月球影像图数据的 CCD 相机便是其中之一。CCD 相机是一台 1024pixel×1024pixel 大面阵相机，分别取面阵上沿垂直于飞行方向上的第 11 行、

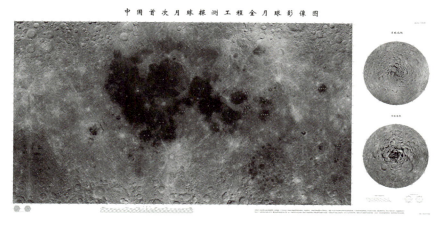

中国首次月球探测工程拍摄的全月球影像图

第 512 行和第 1013 行，每行取 512 列，作为前视、下视、后视对应的 CCD 线阵。探测器在飞行过程中连续获取前视、下视、后视三个线阵的数据，对同一月面目标以不同视角拍摄 3 幅二维平面图，并可依此重构三维立体影像。"嫦娥一号"卫星从"奔月"、"绕月"、CCD 相机开始获取数据到最终完成数据的搜集用了近一年的时间。2007 年 10 月 24 日 18 时 05 分，"嫦娥一号"卫星由"长征三号甲"运载火箭发射升空。在成功进入环月飞行轨道后，11 月 20 日 16 时 49 分，"嫦娥一号"卫星上搭载的 CCD 立体相机开机工作，成功获取了第一轨月球表面影像数据。通过两个正飞期的拍摄，至 2008 年 5 月 12 日，实现了月球表面南北纬 70 度范围内的图像数据覆盖。按照工程总体方案，CCD 立体相机的设计工作条件是太阳高度角大于 15 度，因此没有获取月球极区图像的计划。2008 年 1 月通过实验验证了相机在月球极区进行成像的效果和能力，工程指挥部决定对月球极区展开影像拍摄试验。至 2008 年 7 月 1 日，成功获取了 70 度以上南北极区的全部图像数据，补充制作了月球极区影像图，向世人展现了一个完整的月球图景。

CCD 相机拍摄的所有月球表面的图像数据和其他科学探测数据，都是由地面应用系统负责完成数据接收任务的。位于国家天文台密云地面站的 50 米天线接收系统和位于国家天文台昆明地面站的 40 米天线接收系统并行工作，同时接收"嫦娥一号"卫星的探测数据，以保证数据接收的完整性。在月球影像图的数据接收完成后，经过辐射校正、系统几何校正、光度校正的数据处理阶段，再对其进行镶嵌拼接，最终制成全月球影像图。让我们将目光回收，再次凝望这幅月图：图像质量清晰、层次分明、定位精准，数据翔实。它的发布，不仅意味着我国首次月球探测工程获得圆满成功，也标志着我国已经进入世界具有深空探测能力的国家之列。

100

祥云朵朵飘向世界
北京 2008 年奥运会的火炬

黄黎

奥运会火炬承载着奥林匹克的精神内涵，跃动着公平公正和平的希望，凝聚着对更快更高更强的追求。从 1936 年的第 11 届奥运会开始，奥运圣火正式进入现代奥林匹克运动会，成为奥林匹克精神的一大象征。从此，每届奥运会都有一支体现主办国的文化特色、符合高科技要求的火炬。

在 2004 年雅典奥运会结束后不久，北京奥运会火炬的设计工作便紧锣密鼓地展开了。2006 年 3 月 1 日，共有 388 件火炬设计方案摆在了火炬评审委员们的面前。在随后进行的多次投票中，有一件作品屡次引起了专家们的注意。这是一件造型源于纸卷轴，并以立体浮雕手工艺手法镌刻着"祥云"图案的作品。祥云、漆红、纸卷轴等中国元素的融入，使得古老的东方文明和现代的奥林匹克精神再一次完美结合，迸发出耀眼的火花。

"祥云"火炬的设计来自联想创新设计中心，在五种语言的交流和东西方智慧的碰撞中，一张充满创意、灵气的火炬草图跃然纸上。经过认真评选，这件承载着中国五千年古老文明的纸张和传承渊远中华文化的"卷轴"，成为北京奥运火

炬的雏形。

本着精益求精的精神，北京奥组委组织评委和设计单位对火炬上云纹的纹路、方向等细节不断地进行修改，2008 年奥运会火炬的外形终于确定。火炬以受力变形后形成的纸卷轴为造型，红色的祥云图纹精雕细琢在上半部分的银色基底上，立体浮雕式的工艺使其显得雍容华美，下半部分选用了承载千年中国印象中国漆红，强调柔和的手感。"高雅华贵，内涵厚重，独具特色，体现了中国文化的特色和奥林匹克精神的结合"，北京奥组委执行副主席蒋效愚用这句话概括了"祥云"火炬的特点。

北京2008年
奥运会的火炬

纸上的设计方案虽然确定下来了，但北京奥运火炬的生产却面临严峻的挑战：其一是火

炬设计为异形结构，这意味着不能按照数学表达式来进行加工；其二是在异形壳体外表做出立体的云纹，蚀刻和着色有很大难度；其三壳体壁厚仅 0.8 毫米，这对中间连接件的设计以及上下壳体配合造成困难。为了交出合格的手持火炬正样，南京航天晨光股份有限公司经历了近 90 天的"阵痛"，研制了 7 批样品。2006 年 12 月 21 日，在北京奥运会火炬正样产品的交付现场，三支火炬犹如旷世奇珍的艺术品让评审专家啧啧称赞。

"祥云"火炬长 72 厘米，重 985 克，能在每小时 65 公里的强风和每小时 50 毫米雨量的情况下保持燃烧。火炬的火焰高 25—30 厘米，在强光和日光情况下均可识别和拍摄。整个"祥云"火炬带有浓郁的中国特色，和谐地将中国传统文化与奥林匹克精神结合在一起，其中所蕴含的"渊源共生，和谐共融"理念无疑是对奥林匹克精神和奥林匹克圣火内涵的一次独特诠释。

为了给火炬提供可靠的燃烧系统，实现"奥运的火，航天的心（芯）"的梦想，航天科工集团项目组发扬"特别能吃苦、特别能战斗、特别能攻关、特别能奉献"的航天精神，为奥运圣火贡献了一颗可靠的"芯"。与往届奥运会火炬的混合燃料不同，"祥云"火炬采用的燃料是丙烷。丙烷在燃烧以后只形成水蒸气和二氧化碳，符合绿色奥运的要求。而且丙烷适合比较宽的温度范围，便于世界范围内的传递，其燃烧的颜色为亮黄色，也便于识别和转播。

2007 年 1 月，国际奥委会正式批准了北京奥运会的火炬设计，国际奥委会主席罗格还专程参加了"祥云"火炬发布仪式，并给予了高度的评价。他说：北京奥运会火炬的出色设计为火炬接力增添了独特的中国色彩，北京奥运会火炬接力将会在全世界人们的记忆中留下许多不同寻常的记忆，创造出新的梦想。

每一届奥运会的火炬传递活动都体现出了主办方创意的独特性，而北京奥运火炬传递则是奥运史上传递范围最广、时间最长、参与人数最多的一次火炬接力活动。其中，让圣火登上珠峰是北京奥运会火炬传递过程中的最大亮点。2008 年 5 月 8 日 9 时 17 分，"祥云"火炬终于在珠峰顶峰 8844.43 米处熊熊燃烧。这是中华民族挑战人类极限的一次壮举，是百年奥运历史上的一道奇观，更是中国奉献给全世界的一大杰作。

从某种意义上说，奥运会在中国举行，本身就是世界对开放的中国的承认。正如国际奥委会《奥运会火炬接力技术手册》所言：奥林匹克火炬接力所代表的价值观被全世界人民普遍接受和赞美，人们认为"世界上没有任何一种力量能像奥林匹克火炬接力那样将全世界人们连接在一起"。神圣的"和谐之旅"将促进世界文明的融合，促进各国人民之间的互相认同和尊重，为世界和平做出自己的贡献。随着奥运圣火在世界范围内的传递，奥林匹克的精神将踏着渊源共生和谐共融的祥云传遍世界，传递人们和平共处、和谐发展的梦想。中国的古老文明，也在奥林匹克运动的史册上写下了浓重的一笔。